EINZELARBEITEN AUS DER KIRCHENGESCHICHTE BAYERNS
63. Band
Georg Rusam: Österreichische Exulanten in Franken und Schwaben

EINZELARBEITEN AUS DER KIRCHENGESCHICHTE BAYERNS

Herausgegeben vom Verein für bayerische Kirchengeschichte
unter verantwortlicher Schriftleitung
von Dr. Helmut Baier

63. Band

Georg Rusam

Österreichische Exulanten in Franken und Schwaben

2. Auflage
Durchgesehen und ergänzt von
Werner Wilhelm Schnabel

Neustadt a. d. Aisch 1989

In Kommission bei Verlag Degener & Co., Inh. Gertraud Geßner
8530 Neustadt a. d. Aisch, Nürnberger Straße 27

Georg Rusam

Österreichische Exulanten in Franken und Schwaben

2. Auflage
Durchgesehen und ergänzt von
Werner Wilhelm Schnabel

Neustadt a. d. Aisch 1989

In Kommission bei Verlag Degener & Co., Inh. Gertraud Geßner
8530 Neustadt a. d. Aisch, Nürnberger Straße 27

Herausgeber:
Verein für bayerische Kirchengeschichte
D-8500 Nürnberg 20, Veilhofstraße 28

— ISBN 3-7686-4125-2 —
© by Verlag Degener & Co., Inh. Gertraud Geßner, D-8530 Neustadt a. d. Aisch
Druck: Verlagsdruckerei Schmidt GmbH, D-8530 Neustadt a. d. Aisch

Inhalt

Vorwort zur 2. Auflage VII
Geleitwort zur 1. Auflage X
Vorbemerkungen XII
Nachruf auf Kirchenrat Georg Rusam XV

Land und Leute in Österreich

1. Umgrenzung des Gebietes 1
2. Das Land 2
3. Der Volksstamm 5
4. Die Landnahme 6
5. Zur politischen Geschichte Österreichs 10
6. Christentum und Kirche in Österreich 13
7. Kulturgeschichtliches 16
8. Salzburg, Tirol, Böhmen 20

Die Reformation

1. Zustand der Kirche in Österreich vor der Reformation 22
2. Der Einzug der reformatorischen Bewegung in Österreich . . . 24
3. Der Fortgang der Reformation 31
4. Die Bauernunruhen in Österreich 37

Die Gegenreformation

1. Die Anfänge der Gegenreformation unter Rudolf II. und Matthias . . . 39
2. Ferdinand II. 50
3. Die Gegenreformation in Innerösterreich 53
4. Der böhmische Krieg 58
5. Die politischen Folgen für Österreich 61
6. Die Gegenreformation in Oberösterreich 65
   a) Die Durchführung in den landesfürstlichen Städten und Märkten . . 67
   b) Vorgehen auf dem Lande, das Blutgericht auf dem Haushamer Felde . 69
   c) Der Bauernkrieg 1626 73
   d) Fortgang der Gegenreformation 81
   e) Bilder aus der Gegenreformation 86
   f) Ausgang der Gegenreformation 90
7. Die Gegenreformation in Niederösterreich 92
8. Das Schicksal des Protestantismus in den österreichischen Ländern nach der Gegenreformation 98
9. Reformation und Gegenreformation im Salzburger Lande 105

Die Einwanderung der Exulanten in Franken und Schwaben

1. Zeit der Einwanderung, Zahl der Exulanten 112
2. Die Einwanderungsgebiete 113
3. Die Herkunftsorte 118
4. Wie sich die Einwanderung vollzog 120
5. Die Namen der Eingewanderten 122

Anhang

Verzeichnis von Exulantennamen 126

Herkunftsnamen von Orten im alten Niederlassungsgebiet

1. Von Ortsnamen auf „ing" 128
2. Von Ortsnamen auf „heim" und „ham" 130
3. Von Ortsnamen auf „dorf" 130
4. Von Ortsnamen auf „hofen" und „hof" 131

Herkunftsnamen von Orten im späteren Siedlungsgebiet

1. Von Ortsnamen auf „bach" 132
2. Von Ortsnamen auf „berg" 132
3. Von anderen der Berglandschaft entnommenen Ortsbezeichnungen . . 134
4. Von Ortsbenennungen nach den Gewässern des Landes 136
5. Von örtlichen Bezeichnungen nach der Vegetation des Landes . . 137
6. Von ländlicher Kulturarbeit zeugende Orts- und Familiennamen . 139

Sonstige Herkunftsnamen 143

Berufsnamen

1. Die mit dem Wort „Bauer" gebildeten Familiennamen 145
2. Die mit den Worten „Huber" und „Lehner" zusammengesetzten Namen . 146
3. Sonstige Berufsnamen aus der Landwirtschaft 146
4. Die mit dem Berufsnamen „Maier" gebildeten Familiennamen . 147
5. Nichtlandwirtschaftliche Berufsnamen 148

Aus Personennamen entstandene Familiennamen 150

Sogenannte Übernamen 153

Slavische Namen 154

Literaturverzeichnis 155

Abbildungsnachweis 160

Personenregister 162

Ortsregister 168

Vorwort zur 2. Auflage

Die Jahrzehnte nach der Wende zum 20. Jahrhundert brachten im protestantischen Süddeutschland den Beginn einer florierenden Exulantenforschung, die in Gegenstand wie Trägerschaft erstmals breitere Schichten erfaßte. War die Beschäftigung mit dem Thema der konfessionell bestimmten Migration im 17. Jahrhundert zuvor ganz von pastoralen Motiven geleitet und thematisch in erster Linie auf Angehörige des geistlichen oder adligen Standes beschränkt gewesen, so stand statt stilisierter Vorbilder jetzt eine breite Zahl einfacher, ‚gemeiner' Leute im Mittelpunkt des Interesses. Die Namenlisten, die in diesem Zusammenhang zunächst von geschichtsbewußten Pfarrern, bald aber auch von anderen Heimat- und Familienforschern in großer Zahl erarbeitet und veröffentlicht wurden, konnten nun erstmals den Umfang der erbländischen Zuwanderung vor allem in die fränkisch-schwäbischen Gebiete erahnbar machen; sie lieferten aber kaum je nähere Angaben über die Umstände der Vertreibung und Abwanderung. Da die etablierten historischen Standardwerke den meisten, der Fachwissenschaft fernstehenden Kirchenbuchforschern verschlossen bleiben mußten, fehlte vielen ihrer Abhandlungen die Einbindung der dargestellten Wanderungsphänomene in einen geschichtlichen Kontext, der ihre Beweggründe und ihren Umfang erst verständlich machen konnte.

Vor diesem Hintergrund ist es das Verdienst des damaligen Kirchenrates Georg Rusam, den Mangel einer knappen Einführung in die Geschichte der Reformation und Gegenreformation in den österreichischen Ländern behoben zu haben. Er, der sich selbst seit langem passioniert mit der Herkunft seiner eigenen exulantischen Ahnen befaßt und in diesem Zusammenhang seit 1925 mehrfach auch oberösterreichische Pfarrämter und Archive besucht hatte, wußte am besten um die spezifischen Informationsbedürfnisse der einschlägig interessierten Familienforscher; so konnte er ihnen eine adäquate Darstellung zur Verfügung stellen, die den Stand des damaligen Wissens knapp, gut lesbar und immer wieder durch lebendige Berichte über konkrete Geschehnisse aufgelockert zusammenfaßte. Was Rusam beschäftigte, war die Frage, wo die Menschen seiner fränkischen Heimat hergekommen seien und was dies für ihn und seine Zeitgenossen in Glauben, Selbstbild und Selbstbewußtsein bedeute. Seinen eigenen Standpunkt, seine kirchlich bestimmten Wertungen zu verleugnen, lag dabei weder in der Absicht des Verfassers noch war es aufgrund der Zeitumstände wohl überhaupt möglich. Entstanden ist auf dieser Grundlage eine eigenständige, in Gewichtung und Urteil sehr persönlich geprägte Darstellung der protestantischen Kirchengeschichte Österreichs und der Umstände der Emigration aus den Erblanden; sie wird ergänzt durch die Ergebnisse der damals aufblühenden familienkundlichen Exulantenforschung und eigene Zusammenstellungen vor allem namenkundlicher Art aus einschlägigen Quellenveröffentlichungen. In der Verknüpfung der konfessionellen Entwicklung im Herkunftsgebiet mit der Darstellung der Zuwanderungsbedingungen in der neuen Heimat der Emigranten hat Rusam damit zweifellos nicht nur einen individuellen, sondern auch einen heute noch sinnvollen methodischen Weg beschritten.

Daß das Buch nicht nur von der Person seines Verfassers, sondern über ihn auch von dem Umständen seiner Entstehungszeit, der ersten Hälfte der vierziger Jahre unseres Jahrhunderts, geprägt ist, wird nicht verwundern. Rusam entstammte einer Generation, die aufgrund ihrer Herkunft und Erziehung das Unterscheidende der Konfessionen oft mehr betonte als das Gemeinsame. Die ihm zugängliche Literatur, Veröffentlichungen oft nicht nur rein wissenschaftlicher Natur ebenso umfassend wie viele der seinerzeit maßgeblichen Handbücher, spiegelte in Optik und Urteil den Stand der Kirchengeschichtsschreibung, die sich im ersten Drittel dieses Jahrhunderts mit dem konfessionellen Zeitalter befaßte. Ansätze ökumenischen Denkens, wie sie heute zunehmend an Bedeutung gewinnen, waren noch kaum oder gar nicht ausgeprägt, so daß sich für den anteilnehmenden zeitgenössischen Bearbeiter, den Theologen zumal, Sympathien und Antipathien vor allem auch in der historischen Wertung noch relativ klar verteilten.

Die auf der Anlage und der anvisierten Leserschaft des Buches beruhende Eigenart mußte auch bei der hier vorliegenden Neuausgabe berücksichtigt werden. So weit nur immer vertretbar, wurde der Text so belassen, wie Rusam ihn verfaßt hat. Nur an manchen Stellen mußten offenkundige Schreib- und Sachfehler berichtigt und mitunter auch einzelne Formulierungen geglättet werden, ohne aber die stilistischen Eigenheiten und die Wertungen des Verfassers einzuebnen. Die Nachweise, in der Erstauflage nur gekürzt in Klammern angegeben und oft nur für den Fachmann zu entschlüsseln, wurden aufgelöst und nach heutiger Praxis in den Fußnoten kurz zitiert, im Literaturverzeichnis aber ausführlich ausgewiesen. Auch Ergänzungen zu bestimmten Sachverhalten, biographische Daten und Korrekturen zu Ereignissen, die die heutige Forschung anders bewertet als die damalige, fanden in den Anmerkungen Platz. Dabei hat im Anfangsstadium der Arbeit noch der verdiente Exulantenforscher Georg Kuhr (1907–1989) seine freundliche Hilfe gewähren können. Er zeichnet für etliche kommentierende Bemerkungen und Literaturhinweise verantwortlich, die sich mit der bäuerlichen Zuwanderung nach Franken, aber auch mit der Geschichte seines speziellen Arbeitsgebietes, des Hausruckviertels, beschäftigen. Abgerundet wird der neue Band nicht nur durch den Abdruck eines Nachrufs auf den Verfasser und neuerstellte Register, sondern auch durch eine Anzahl von Abbildungen, die oft nicht nur illustrativen Charakter besitzen, sondern eigene, den Text ergänzende Aussagen machen. Das Literaturverzeichnis am Ende des Buches umfaßt neben dem schon von Rusam verwendeten Schrifttum auch wichtigere Arbeiten neueren Datums, die Materialien zum Themengebiet, vor allem zur Immigration der Österreicher enthalten. Von hier aus ist dem Interessierten leicht der Zugang zu ausführlicheren aktuellen Darstellungen und zu veröffentlichten Quellen möglich.

Es ist das Verdienst mehrerer Sponsoren, die Publikation der vorliegenden Neuausgabe initiiert und auch wirtschaftlich getragen zu haben. Ihnen ist es zu verdanken, daß die lange vergriffene Schrift Georg Rusams nun auch für einen breiteren Benützerkreis wieder zugänglich ist.

Zu danken ist auch dem Evangelischen Presseverband für Bayern, der die 1. Auflage auf den Markt gebracht hat, daß er seine Verlagsrechte zurückgegeben hat. Dieser Dank gilt auch den Mitgliedern der Familie Rusam, die auf ihr Urheberrecht verzichtet haben.

Dem Historischen Verein für Mittelfranken ist für die freundliche Bereitschaft Dank abzustatten, die Abdruckerlaubnis für den Nachruf auf Georg Rusam gewährt zu haben, ebenso wie den im Abbildungsverzeichnis aufgeführten Verlagen und Institutionen für die Abdruckerlaubnis von Bildern und Karten.

Ganz besonders hat der Verein für bayerische Kirchengeschichte jedoch Herrn Werner Wilhelm Schnabel, einem ausgewiesenen Kenner der Exulantenmaterie, für seine Bereitschaft zu danken, die Erstauflage aus dem Jahr 1952 für den Neudruck durchgesehen und ergänzt zu haben.

Nürnberg, Oktober 1989   Dr. Helmut Baier

Geleitwort zur 1. Auflage

Wer aus dem evangelischen Mittelfranken oder seiner näheren Umgebung stammt, trägt Exulantenblut in sich. Das merkt man zwar nur manchmal schon am Familiennamen. Aber wenn es nicht schon der eigene Name ist, dann taucht doch bei Großmüttern oder Urgroßmüttern einer jener so im Besonderen „mittelfränkischen" Namen auf wie Ameseder, Bodechtel, Ettmeyer, Ensfelder, Heubeck, Kronberger, Linsenbühler, Meyerhöfer, Meinetsberger, Minnameyer, Redenbacher, Rusam, Schrotzberger, Wiesinger, Zansinger und wie sie alle heißen, die hier in diesem Buch eines Exulantennachkommen genannt werden. In der Familienüberlieferung hat sich ein Wissen um diese Herkunft vielleicht in der Form erhalten, daß erzählt wird, die Vorfahren seien mit den „Salzburgern" eingewandert. Beim Durchzug der bekannter gewordenen Salzburger Exulanten von 1732 blieb aber fast niemand in Franken. Dagegen war dorthin bald 100 Jahre vorher, am Ende des Dreißigjährigen Krieges, eine überaus bedeutsame Einwanderung ober- und niederösterreichischer Glaubensflüchtlinge erfolgt. D. Hermann Clauß[1] versuchte schon vor Jahrzehnten, in mühsamer Weise diese Einwanderer wissenschaftlich zu verfolgen und im einzelnen festzulegen. Dr. Gröschel[2] in Weißenburg warb dann mit feuriger Beredsamkeit Helfer für umfassende genaue Bestandsaufnahme und arbeitete selber unermüdlich daran. Leider kamen diese mit so großem Nachdruck begonnenen Arbeiten noch nicht zum Abschluß. In diesen Kreis trat dann auch der vor einigen Jahren heimgegangene Kirchenrat Georg Rusam. Neben seiner treuen Amtstätigkeit widmete sich dieser sorgfältige Forscher schon von Jugend auf eifrig und erfolgreich der Heimat- und Kirchengeschichte. Seine nachgelassene Arbeit über die österreichischen Exulanten kann nun erfreulicherweise in die Öffentlichkeit treten. Dafür, daß dies möglich wurde, sei dem Evangelisch-Lutherischen Landeskirchenrat in München für seine Unterstützung herzlich gedankt. Was schon die früheren Arbeiten des Verfassers auszeichnete — umfangreiche Kenntnis und Verarbeitung bereits vorhandener Literatur, gewissenhafte Benützung der einschlägigen Archive, sorgsames Abwägen der verschiedenen Kombinationsmöglichkeiten und eine warme, von innerem Beteiligtsein getragene Darstellung —, macht auch dieses Buch wieder wertvoll. Es ist nicht nur die wissenschaftliche Bedeutung der Tatsache, daß hier einmal eine zusammenfassende Bearbeitung der bisherigen Forschung und darüber hinaus ein Bericht über persönliche Vorstöße in die Heimat der Exulanten und ihre Archive geboten wird, was das Buch so wertvoll macht. Es hat nicht nur für die Heimat-, Kirchen- und Kulturgeschichte Bedeutung. Es ist vielmehr für jeden, der unter seinen Ahnen sol-

---

[1] Der fränkische Pfarrer Hermann Clauß (1870–1936) hatte sich seit dem ersten Jahrzehnt des 20. Jahrhunderts intensiv um eine Sichtung und Publikation der in den einschlägigen Kirchenbüchern enthaltenen Nachweise über österreichische Exulanten bemüht. Er legte in zahlreichen Publikationen den Grundstock für eine familiengeschichtlich orientierte Exulantenforschung.

[2] Der Weißenburger Zahnarzt Karl Gröschel († 1963) initiierte die Anlage der umfangreichen (etwa 30 000 Karten umfassenden) Fränkischen Exulantenkartei, die sich seit 1938 in der Obhut der Gesellschaft für Familienforschung in Franken (GFF) in Nürnberg befindet. Vgl. Kuhr: Exulanten, S. 165.

che österreichische Exulanten weiß oder eines Tages entdecken wird – und die Zahl derer ist überhaupt nicht abzuschätzen –, von großer menschlicher Bedeutung. Es führt uns ja in ein Land, das zwar räumlich durchaus nicht weit entfernt liegt, aber doch eine recht andere Geschichte gehabt hat als Franken. Das zeigen ja schon allein die Exulantennamen. Ihre oft so schwierige, darum aber auch höchst interessante Deutung, mit der sich der Verfasser in ausgedehntem Maße abgibt, ist ja nur durch die Kenntnis der Besiedelungsgeschichte möglich. Das Herzstück der Exulantengeschichte aber ist natürlich der leidvolle Kampf um die Freiheit evangelischen Glaubens, sind selbstverständlich die dadurch geweckten Gewissenskonflikte zwischen Glauben und Heimat. Keiner von all den Exulanten ist gekommen, ohne daß er diese Kämpfe persönlich durchgerungen und schließlich – manchmal, nachdem er zuerst noch in heldenhaften, aber im Blut erstickten Kampf für die Freiheit seines Glaubens zum Schwert gegriffen hatte – die Gewissensentscheidung für seinen Glauben gefällt hätte. Daß die verpflichtende Erinnerung an diese Haltung unserer Ahnen nicht verloren gehe, ist ein ernstliches Bedürfnis in der Gegenwart.

Daneben aber erzählt uns das Buch, das davon berichtet, auch von einem bevölkerungsgeschichtlichen Vorgang, der dem in unseren Tagen durchaus gleicht. Haben wir heute in Bayern ungefähr 28 Prozent Heimatvertriebene und Zugewanderte, so darf ein ähnlicher, vielleicht aber noch höherer Verhältnissatz auch für die österreichischen Exulanten, die im evangelischen Mittelfranken unterkamen, angenommen werden. Wie eng aber sind diese damaligen Exulanten mit den Einheimischen zu einer völligen Einheit verschmolzen und wie haben auch diese damaligen Einwanderer ihrer neuen Heimat das Gepräge verliehen! Welche Bedeutung haben sie auch für deren Entwicklung gewonnen! Diese Tatbestände werden in diesem Buch freilich nur erst angedeutet. Sie im einzelnen zu erforschen, ist eine Aufgabe, die es der Wissenschaft stellt und für die es wortlos, aber eindringlich um Mitarbeiter und Helfer wirbt. Das große Bild dieses großen Geschehens aber steht in diesem letzten Werk Kirchenrat Rusams vor uns.

Was damals vor 300 Jahren geschehen konnte und geschah, kann und muß auch heute wieder geschehen – die lebendige Eingliederung der durch schwerste Schicksale hindurchgegangenen Neubürger. Durch die anschauliche Darstellung eines bedeutsamen Parallelvorgangs in unserer Geschichte gewinnt dieses Buch beispielhafte Bedeutung für eine der wichtigsten Gegenwartsaufgaben. Beschäftigung mit der Geschichte hat immer ihren Wert für die Gegenwart.

Nürnberg, 29. März 1952.

Matthias Simon,
Direktor des Landeskirchlichen Archivs.

Vorbemerkungen

In den Kirchenbüchern der evangelischen Gemeinden in Franken und Schwaben findet sich um die Zeit des ausgehenden Dreißigjährigen Krieges und noch ein paar Jahrzehnte danach häufig hinter den Namen der Getrauten, der Eltern von getauften Kindern und der Verstorbenen die Beifügung: „aus dem Ländlein ob der Enns" oder kurz „aus dem Landl", „aus dem Ländlein" oder „aus Österreich", seltener „aus Salzburg", „aus Steiermark", „aus Kärnten" oder ähnlich; oft werden auch bestimmte Pfarreien oder Herrschaften genannt, die in Österreich liegen, oder sonstige Orte, die oft schwer zu bestimmen, aber immer auf altösterreichischem Boden zu suchen sind. Schon seit längerem hat man erkannt, daß wir es hier mit Exulanten zu tun haben, d. h. mit Leuten, die um ihres evangelischen Glaubens willen einst aus Österreich auswandern mußten und die in unserem Franken- und Schwabenlande eine neue Heimat gefunden haben. Es sei hier nur an die beiden Exulanten-Forscher Lic. theol. Clauß, zuletzt Pfarrer in Gunzenhausen, und Dr. Karl Gröschel, Zahnarzt in Weißenburg, erinnert. In Österreich selbst hat man schon früher mit der Erforschung der Geschichte des Exulantentums begonnen, und es müssen auch hier besonders zwei Namen genannt werden: Superintendent J. E. Koch[3] in Wallern und Hofrat D. Dr. Georg Loesche.[4]

In der mündlichen Überlieferung im fränkischen und schwäbischen Volke hat sich von dieser Einwanderung der Österreicher so gut wie nichts erhalten, im Gegensatz zu der etwa hundert Jahre später erfolgten Vertreibung der Salzburger Protestanten, obwohl sich diese nur ganz vereinzelt bei uns niederließen und im übrigen nur das Land durchzogen, bis sie in Ostpreußen, zum kleineren Teile auch in Holland und Amerika eine neue Heimstätte gründen durften. Es liegt dieser Mangel einer Erinnerung nicht sowohl an der größeren zeitlichen Entfernung der Einwanderung, als vielmehr an dem Umstande, daß die Österreicher immer nur in kleinen Trupps, meist wohl nur familienweise zu uns kamen während eines sich über mehrere Jahrzehnte erstreckenden Zeitraums, die Salzburger dagegen in großen Zügen von Hunderten von Emigranten im Verlauf eines einzigen Jahres erschienen. Hinter dieser eindrucksvollen Durchwanderung mußte die österreichische Einwanderung notwendig verblassen, oder vielmehr sie verschmolz sich in der Erinnerung des Volkes damit, und es galt späterhin alles als „Salzburger Exulantentum". So begreift es sich, daß in der „Kirchengeschichte für die evangelischen Volksschulen in Bayern" von 1933 die

---

[3] Jakob Ernst III. Koch (1865–1947), seit 1920 Superintendent für Oberösterreich, Salzburg und Tirol, ist unter anderem als (oft nicht unpolemischer) Kirchenhistoriker hervorgetreten. Vgl. ÖBL Bd. 4, S. 17 (Grete Mecenseffy).

[4] Der österreichische Theologe und Kirchenhistoriker Georg Loesche (1855–1932) war der führende Kopf der 1879 in Wien gegründeten ‚Gesellschaft für die Geschichte des Protestantismus in Österreich'. Vgl. ÖBL Bd. 5, S. 278 f. (Harald Zimmermann).

Geschichte der vertriebenen Österreicher mit zwei Sätzen abgemacht wurde, während den vertriebenen Salzburgern mehr als eine Seite gewidmet wurde, obwohl doch die Salzburger für die evangelische Geschichte in Bayern nur verhältnismäßig wenig bedeuteten, die Österreicher dagegen von stärkstem Einfluß waren nicht nur für den wirtschaftlichen Aufbau des fränkischen und schwäbischen Landes nach den Verheerungen des Dreißigjährigen Krieges, sondern auch für die Wiederbelebung und Entwicklung des religiösen und kirchlichen Lebens. Mit Recht hat darum Simon in seiner „Evangelischen Kirchengeschichte Bayerns" von 1942 wenigstens zwei Seiten für die österreichischen Exulanten erübrigt.[5] Die Zukunft wird sicher noch weit mehr darüber zu sagen haben.

Von hervorragender Wichtigkeit ist die Exulantenforschung auch für die Familienkunde in Franken und Schwaben und darüber hinaus. Der aus einem dieser Gebiete stammende Ahnenforscher wird, wenn er sich der Zeit des Dreißigjährigen Krieges nähert, immer auf eine größere oder kleinere Zahl von Vorfahren stoßen, die aus Österreich stammen. Er trägt also Exulantenblut in seinen Adern. Das ist für die Wertung solcher Ahnen von höchster Bedeutung, selbst wenn der Nachfahre vielleicht anderen religiösen Anschauungen huldigt. Wer um seines Glaubens willen Haus und Hof verläßt, also den Glauben über die Heimat stellt, zeigt einen festgeprägten, edlen Charakter, auf den jeder Nachkomme stolz sein kann. Und wer etwa als Geistlicher den einzelnen Gemeindegliedern nachweisen kann, daß sich unter ihren Vorfahren Exulanten befinden, wird immer Eindruck auf sie machen.

Freilich fehlt noch außerordentlich viel, um eine in jeder Hinsicht befriedigende Geschichte der österreichischen Exulanten zu schreiben. Es müßten dazu erst sämtliche Kirchenbücher in Franken und Schwaben genau durchforscht, auch archivalische Hilfsmittel beigezogen werden, um alle einschlägigen Namen und die dazu erreichbaren persönlichen Notizen in einem großen Verzeichnis festzustellen. Weiterhin müßten in Österreich in gleicher Weise die Kirchenbücher eingesehen und, da diese nur Namen, aber keine Angaben über Auswanderung enthalten, ganz besonders die herrschaftlichen und staatlichen Archive eingehend durchgearbeitet werden, um nicht nur die Namen der Auswanderer, sondern auch ihre persönlichen Verhältnisse, ihre Herkunft, die Gründe ihrer Auswanderung usw. zu erkunden. Aus persönlicher Erfahrung kann bezeugt werden, daß in den Archiven noch sehr viel Material vorliegt, während die Kirchenbücher vielfach versagen, da ihre Einführung in Österreich meist erst nach 1625 erfolgte. Gleichwohl dürfte es verfehlt sein, mit einer Exulantengeschichte so lange zu warten, bis alle die bezeichneten Vorarbeiten erledigt sind. Eine vorläufige Zusammenstellung der allgemeinen geschichtlichen Ergebnisse dürfte schon um deswillen erwünscht sein, um als Grundlage und Richtung für die weitere Nachforschung zu dienen, um überhaupt Lust und Freudigkeit zu solcher Arbeit zu wecken. Aus mehrfachen Reisen nach Österreich und aus allerlei Erfahrungen dort glaubt der Verfasser manches zur Klärung und Orientierung bei-

---

[5] Simon: Kirchengeschichte II, S. 457 f.

tragen zu können, wenn er auch das meiste aus bereits vorhandenen gedruckten Quellen entnommen hat.

Vor allem aber war es mir darum zu tun, die Exulantengeschichte in den Rahmen der allgemeinen Geschichte hineinzustellen. Religiöse und kirchliche Geschichte steht immer in der Gefahr, ihren Stoff einseitig zu behandeln und die oft sehr wirkungsvollen politischen und wirtschaftlichen Verhältnisse zu übersehen oder doch in einem schiefen Lichte zu würdigen. Dem wollte das Buch abhelfen, auch wenn dabei allerlei Menschliches, oft Allzumenschliches zum Vorschein kommt. Der Blick auf die Familienkunde bedingte es weiter, daß bis auf die älteste Geschichte der Österreicher zurückgegriffen wurde. Jedem Ahnenforscher ist es von höchster Wichtigkeit, zu erfahren, aus welchem Volksstamm seine Vorfahren hergekommen sind. Jeder Volksstamm besitzt seine Eigenart, die sich von Geschlecht zu Geschlecht fortpflanzt. Vieles in den Charaktereigenschaften einer Familie und ihrer einzelnen Glieder wird erst klar und verständlich, wenn man die Herkunft aus alter Zeit kennt. Auch die Eigenart unserer fränkischen und schwäbischen Bevölkerung kann nur voll gewürdigt werden, wenn wir den österreichischen Einfluß bedenken und die Stammeseigentümlichkeiten der Österreicher auf Grund ihrer alten Stammesgeschichte in Betracht ziehen.

Georg Rusam

Nachruf auf Kirchenrat Georg Rusam*

(1867—1946)

mit Schriftenverzeichnis

(mit Benützung eines 1946 von ihm selbst geschriebenen Lebenslaufes)

Mit dem Hinscheiden von Kirchenrat Rusam hat die Erforschung der Geschichte Frankens einen schweren Verlust erlitten. [. . .]

Er wurde am 17. April 1867 im Thalmannsfeld, einem bescheidenen Dörfchen in einem Talwinkel des mittelfränkischen Jura, geboren als Sohn schlichter Bauersleute, die mit Ernst und Liebe auf rechtschaffene christliche Erziehung hielten. Durch seine Abstammung aus einem oberösterreichischen Geschlechte, das um 1640 aus dem Lande ob der Enns nach Franken ausgewandert war, fühlte er sich zeitlebens stark angeregt und zur überlieferten Glaubenstreue verpflichtet; auf sechs Fahrten besuchte er 1925—43, gleich August Sperl, das Land seiner Ahnen und schilderte später die Schicksale seiner Familie, mit scharfem Blick aber auch Land und Leute (s. Schriftenverzeichnis Nr. 24 und 25). Unter den aufgesuchten Orten war auch das Dörfchen Ruhsam, zwei Stunden nördlich von Gmunden, dem seine weitverbreitete Sippe den Namen verdankte (1191 Rulesheim = Heim eines Ru(de)l, 1588 Ruesam = Ruesham; daher der Familienname Ruesammer, Ruesam, Rusam). Da er im 6. Jahre durch einen bösen Fall eine Verkrümmung der linken Hand erlitten hatte, wurde der begabte Knabe zum Studium bestimmt, besuchte die Lateinschule Weißenburg und das Gymnasium Ansbach und studierte an den Universitäten Erlangen und Leipzig, durch deren Professoren Frank und Zahn, Luthardt und Delitzsch er sich in der Theologie, die er aus innerer Neigung gewählt hatte, besonders angeregt fühlte. Nach dem frühen Tode seiner Eltern sorgte für ihn treulich ein Onkel. 1898 erhielt er die Pfarrstelle in dem oberfränkischen Unterrodbach. 1904 wurde er Dekan in Rothausen, wo er aus verschiedenen Gründen manchen Schwierigkeiten ausgesetzt war. 1912 übersiedelte er in gleicher Eigenschaft nach Schwabach, 1926 als Pfarrer nach Sachsen bei Ansbach. 1937 trat er in den Ruhestand und verbrachte ihn in Ansbach, wo er am 22. Juni 1946 starb. Nach dem Tode seiner Frau, einer geb. Kaeppel, schloß er 1920 eine zweite Ehe mit Emma Wolffhardt. In seinem selbstgeschriebenen Lebensabriß bekannte er, daß er auf seinem Lebenswege viel Leid und Weh erfahren habe, aber auch wieder Gottes freundliche Führung und gnädige Hilfe.

Diesem Bericht entsprechend sei hier vor allem Kirchenrat Rusams reiche literarische Tätigkeit betont, die mehreren Teilgebieten der Geschichte galt. Hierfür brachte er ein wertvolles Erbteil aus seiner bäuerlichen Ahnenwelt mit: einen nüchternen,

---

* Abdruck mit freundlicher Genehmigung des Historischen Vereins für Mittelfranken aus dem 71. Jahresbericht des Historischen Vereins für Mittelfranken 1951, S. 77—79.

klaren, unbestechlichen Sinn für die Wirklichkeit in Natur und Menschenleben und eine ausgeprägte Ordnungsliebe in praktischen Sachen und auch in seinen Schriften. Durchaus fremd war ihm ehrgeizige, großtuerische Streberei. Reiflich und gründlich erwog er mit kritischem Blick das Stichhaltige in den Quellen, bedächtig und vorsichtig urteilte er über Vor- und Mitwelt. Das stattliche Verzeichnis seiner Schriften beweist den Umfang und die Mannigfaltigkeit seines Wissens und Könnens. Sein scharfes Auge für Gegebenheiten in der Natur befähigte ihn besonders für siedlungsgeschichtliche Studien, wobei ihm manche feine Beobachtung gelang. Eine Meisterleistung ist seine Geschichte der Pfarrei Sachsen, die als leuchtendes Vorbild gelten kann. Wie er selbst als Charakter unbedingtes Vertrauen genoß, so verdienen dieses auch alle seine Schriften. Mit der ihm eigenen Opferwilligkeit diente er mit seinem reichen Wissen weltlichen und kirchlichen Kreisen, besonders auch dem Historischen Verein für Mittelfranken, mit Vorträgen, die jedesmal den tiefen Eindruck unbedingter Wahrhaftigkeit und Zuverlässigkeit machten. Bei allen, die das Glück hatten, dem charaktervollen Manne näher treten zu dürfen, hat er ein treues, unverwischbares Andenken hinterlassen. Schreibmüller.

Abb. 1: Georg Rusam (1867–1946).

Schriften von Kirchenrat Georg Rusam.

1. „Die Einführung des Christentums in Oberfranken." Beiträge zur Bayerischen Kirchengeschichte, Bd. IV, 1898.
2. „Der Bauernkrieg im Stift Waldsassen." Beitr. z. Bayer. Kircheng., Bd. VIII, 1902.
3. „Land und Leute in Oberfranken." Eine Studie. Jahrbuch f. d. Ev.-luth. Landeskirche Bayerns, herausgeg. von Pf. Siegfried Kadner, Erlangen, 1903, S. 51.
4. „Die Slaven in Oberfranken." Ev. Gemeindeblatt Bayreuth 1903, Nr. 1 u. 2.
5. „Die Einführung der Reformation im Grabfeld." Vortrag, gehalten auf der Kapitelsynode Rothausen 1911.
6. „Generalsynode und Steuersynode 1913." Jahrb. f. d. Ev.-luth. Landeskirche Bayerns von Kadner, 1914.
7. „Steuersynode." Jahrb. v. Kadner, 1917/18.
8. „Zukunftsaufgaben der Schule." Ev. Schulblatt, 51. Jahrg. Nr. 8, August 1917. Vortrag, gehalten auf der Jahresversammlung des Ev. Schulvereins am 29. 5. 1917 zu Gunzenhausen.
9. Leichenrede für den Pfarrer und Kapitelsenior Küffner in Rohr, 25. 11. 1919.
10. „Die Besiedlung des Schwabacher Landes." Schwabacher Heimatblätter, Sonderbeilage 3. Schwabacher Tagblatt 1923. Vortrag, gehalten im Histor. Verein Schwabach.
11. „Die Kirche zu Sachsen." Ev. Gemeindebl. Ansbach, 1927, Nr. 11.
12. Predigt zur Einweihung der Kirche in Neukirchen bei Sachsen. 7. 7. 1929.
12a. „Reformationsjubiläum in der Pfarrei Sachsen." Festschrift 1929.
13. „Zur Siedlungsgeschichte von Mittelfranken in alter und neuerer Zeit." Aus einem in der Gesellschaft für Familienforschung zu Nürnberg gehaltenen Vortrag. 1930.
14. „Zum Entwurf einer kirchlichen Gemeindeordnung." Vortrag, gehalten am 10. 6. 1930 in der Sitzung des Bayer. Pfarrervereins, Nürnberg.
15. „Familienforschung." Korrespondenzblatt 1932, Nr. 46.
16. „Österreichische Einwanderer in Franken." Blätter für Fränkische Familienkunde 1932, Heft 3/4.
17. „Exulantenforschung." Korrespondenzbl. 1933, Nr. 22.
18. „Der neue Lehrplan für den Religionsunterricht." Korrespondenzblatt 1933, Nr. 29.
19. „Das altgermanische Heidentum." Ev. Gemeindeblatt Ansbach 1935, Nr. 11–14.
20. „Die deutsche evangelische Pfarrfrau." Korrespondenzblatt 1935, Nr. 10.
21. „Entstehung und Entwicklung der Urpfarrei Sachsen b. Ansbach." 68. Jahresbericht des Histor. Vereins f. Mittelfr. 1938/39.
22. „Geschichte der Pfarrei Sachsen." 1940.
23. „Grundlagen und Anfänge kirchlicher Organisation an der mittleren Rezat." Zeitschrift f. Bayer. Kircheng. 1942. Ohne Fortsetzung, da Zeitschrift eingegangen.
24. „Österreichische Exulanten in Franken und Schwaben." Hinterlassenes Manuskript. [Posthum gedruckt München 1952]
25. „Die Familie Rusam." Fahrten und Forschungen im Land unserer Ahnen. Hinterlassenes Manuskript, 59 S. Ansbach 1945.
26. „Selbstgeschriebener Lebenslauf." 19. 1. 1946. Hinterlassenes Manuskript.

Land und Leute in Österreich

1. Umgrenzung des Gebietes

Wenn in diesem Zusammenhang von „Österreich" geredet wird, so ist es selbstverständlich, daß dabei nicht an die neuzeitliche „Österreichische Monarchie" oder gar an die „Republik Österreich" zu denken ist, sondern lediglich an das Gebiet, das in der Zeit der Reformation und Gegenreformation mit diesem Namen bezeichnet wurde. Von Ungarn ist von vornherein abzusehen, obwohl dort immer starke deutsche Volkssplitter vorhanden waren: In Siebenbürgen, im Banat, in dem unmittelbar an Österreich anschließenden und vorübergehend auch zu Österreich gehörigen, erst in allerletzter Zeit wieder zu diesem Lande geschlagenen „Burgenlande".[6] Es darf aber auch nicht das alte Königreich Böhmen mit Mähren beigezogen werden; das Land hat seine eigene Kirchen- und Exulantengeschichte. Das Gleiche gilt von dem früheren Hochstift Salzburg, das von altersher ein selbständiges, teilweise in das heutige Oberbayern hinübergreifendes Reichsgebiet darstellte und erst 1803 zu Österreich kam; seine kirchliche Geschichte berührt sich zwar mannigfach mit der im alten Österreich, nimmt aber in der Hauptsache doch ihren selbständigen Verlauf. Unter „Österreich" verstand man damals im engsten Sinne das Gebiet unterhalb der Enns, die alte Ostmark, später Niederösterreich genannt. Doch rechnete man schon frühzeitig das „Land ob der Enns", das ist Oberösterreich, dazu, dieses allerdings ohne das sogenannte „Innviertel", das heißt ohne den breiten Streifen Landes östlich von Inn und Salzach zwischen der Donau und dem Salzburger Gebiet, der erst 1779 durch den Bayerischen Erbfolgekrieg von Bayern an Österreich fiel. Da so Oberösterreich im Vergleich mit dem Hauptlande Niederösterreich nur ein verhältnismäßig kleines Gebiet war, nannte man es auch gern das „Landl" oder das „Ländlein". Zu diesen beiden Stammländern trat dann die alte Steiermark und die Mark Kärnten, beide später selbständige Herzogtümer neben dem Herzogtum Österreich, dann unter dem habsburgischen Szepter dauernd vereinigt und als Innerösterreich bezeichnet. Von dem an sich auch hierher gehörigen Krain darf in diesem Zusammenhang abgesehen werden, da es zum größten Teil von Slovenen bewohnt war und kaum einen Beitrag zur Exulantengeschichte Österreichs lieferte.[7]

So ergibt sich für uns ein abgerundetes Gebiet: Ober- und Niederösterreich, Steiermark und Kärnten. Die Grafschaft Tirol muß zwar im Hinblick auf ihr Volkstum und ihre Zugehörigkeit zum alten Österreich ebenfalls beigezogen werden, erfordert aber nur eine kurze Behandlung, da ihre kirchliche Geschichte mehr der bayerischen

---

[6] Das Burgenland, das ursprünglich zu Ungarn gehörte, wurde erst durch den Vertrag von St. Germain en Laye (10. 9. 1919) an Österreich angegliedert.
[7] Gleichwohl stellte Krain eine gewisse Zahl von adligen Exulanten, die später zum Teil in Regensburg und Nürnberg nachweisbar sind. Vgl. Dedic: Quellen, S. 242 f.

entspricht und von Exulanten wenig zu merken ist. Es muß überhaupt von vornherein festgehalten werden, daß die Beiträge der einzelnen Länder zum Exulantentum sehr verschieden sind und daß darum auch die geschichtliche Behandlung derselben eine recht verschiedene Ausweitung zu erfahren hat. Am eingehendsten sind Ober- und Niederösterreich zu behandeln, und hier wieder die beiden Viertel nördlich der Donau, das sog. Mühlviertel und das Waldviertel, die beide die meisten Exulanten zu uns hersandten.[8] Viel weniger kommt in dieser Hinsicht Innerösterreich in Betracht, das seine Exulanten mehr nach Osten entließ (so nach Siebenbürgen, überhaupt nach Ungarn, auch nach Niederösterreich).[9]

2. Das Land

Wenn wir die geographische Lage des so umschriebenen „Österreich" betrachten, so springt uns sofort in die Augen, daß das ganze Gebiet mit seinen Bergen und Ebenen, mit seinen Flüssen und Tälern nur eine Fortsetzung des altschwäbischen und altbairischen Landes ist, daß es also räumlich zu Oberdeutschland gehört. Die Donau mit ihrem weiten Einzugsgebiet und die sie begleitenden Gebirgszüge im Norden wie im Süden stellen das Band dar, das hier den Osten mit dem Westen verbindet. Überall zeigt sich das gleiche landschaftliche Gepräge bis dorthin, wo die Donau unterhalb der Leitha in die ungarische Tiefebene eintritt. Bis dorthin dürfen wir das Flußgebiet der oberen Donau rechnen, bis dorthin erstreckt sich der alte deutsche Siedlungsboden. Die Zugehörigkeit Österreichs zum einstigen Deutschen Reiche war so schon geographisch gegeben.

Beherrschend ist die Donau mit der südwärts anschließenden Hochebene. Es ist keine glatte Ebene, sondern ein sehr welliges Gebiet, darin selbst Höhenzüge nicht fehlen. Nicht nur greifen die Berge nördlich der Donau wiederholt über den Strom herüber nach Süden, sondern unmittelbar in der Ebene erheben sich Bergzüge, wie

---

[8] Die einschlägige, vor allem familienkundliche Forschung hat in jüngerer Zeit nachdrücklich auch auf die starken Gruppen oberösterreichischer Emigranten aus dem Traun- und Hausruckviertel hingewiesen (Clauß: Exulanten in Schwabach; Clauß: Exulanten in Ansbach; Gröschel: Exulanten in Weißenburg; Großner: Exulanten in Erlangen; Kuhr: Österreicher in Regensburg). Daß daneben gerade in der Frühzeit der Bewegung bürgerliche Exulanten vor allem aus den größten Städten Oberösterreichs in die reichsstädtischen Zentren Oberdeutschlands auswanderten, ist bis jetzt noch kaum rezipiert worden (vgl. Schnabel: Protestanten in Regensburg).

[9] Innerösterreich war zwar im Zusammenhang der bäuerlichen Emigration von geringerer Bedeutung, stellte aber zu Beginn des 17. Jahrhunderts zahlreiche bürgerliche, Ende der zwanziger Jahre eine große Zahl adliger Exulanten, die ebenfalls nach Oberdeutschland zogen (vgl. Koller-Neumann: Gegenreformation in Villach; Horand: Exulanten; Clauß: Nürnberger Verzeichnisse; Clauß: Neue Verzeichnisse; Dedic: Quellen).

der Hausruck in Oberösterreich und vor allem das Voralpengebiet mit seinen Moränen; auch der Wienerwald darf hierher gerechnet werden, obwohl er sonst als östlicher Ausläufer der Alpen gilt. Das Weinviertel reicht bis zur Thaya-Linie. „Die von Weinbergen bedeckten Lößhügel um Krems und Langenlois und die Ackerböden des Horner und Eggenburger Beckens bilden mit dem Weinviertel und Tullnerfeld eine Einheit."[10] Ganz flach sind nur einzelne Strecken am Donauufer oder am Rande ihrer Zuflüsse, wie die Welser Heide an der Traun. Der Boden auf dieser österreichischen Ebene eignet sich zumeist gut für Ackerbau; es gedeihen auf ihm alle Getreidearten. Man sieht auch viele Obstbäume, deren Früchte zu dem vielbeliebten Obstwein, „Most" genannt, gekeltert werden. Ganz im Osten wird auch viel Mais gebaut, und um Wien findet sich die Weinrebe. Das für den Feldbau geeignete Land wird jedoch immer wieder von den zahlreichen Waldungen durchbrochen. Die Viehzucht gestaltet sich im Rahmen einer normalen Hofhaltung, geht aber nicht darüber hinaus. In dem von der Donau und manch anderem stattlichen Fluß, wie Traun, Enns, Steyr, Ybbs, Erlau, Traisen reichlich bewässerten Land wuchsen mit der Zeit neben einer Vielzahl dörflicher Siedlungen in beachtlich schöner Landschaftsgebundenheit jene Städte, deren Namen heute für jedermann ihren eigenen Klang haben: Linz, Wels, Steyr, St. Pölten, Wien, Wiener Neustadt.

Sowohl Ober- wie Niederösterreich erstreckt sich noch bis in die Alpen hinein, vor allem aber sind Steiermark und Kärnten ganz von den Alpen umschlossen. Breite Talmulden bieten hier den nötigen Wohnraum und die Möglichkeit landwirtschaftlicher Betriebe. In Steiermark ist hierbei das obere Ennstal sowie das Mur- und das Mürztal, ein Teil des Draugrundes, zu nennen, in Kärnten das Tal der oberen Drau, sämtlich Flüsse, die ihre Wasser der Donau zusenden. Viehzucht mit Almbetrieb ist hier wenig ausgeprägt, im Gegensatz zu Tirol. Dagegen hat das reiche Erzvorkommen in diesen Ländern schon frühzeitig zu einem ausgedehnten Bergbau und zu einer weitverzweigten Eisenindustrie geführt, letztere bis nach Ober- und Niederösterreich hineinreichend (Steyr und die sog. „Eisenwurzen"). Zu Oberösterreich gehört dann noch das in den Alpen gelegene „Salzkammergut", dessen Name schon die einst reiche Förderung von Salz zum Ausdruck bringt, ähnlich wie es im benachbarten Salzburg der Fall ist. Eisen und Salz aber bedingten einen starken Handel, der nach Norden und Westen weit in das Reich hineinführte und mit seinen alten Handelsstraßen ein neues Band für den Zusammenhang Österreichs mit dem übrigen Reich bildete. Die wichtigsten Städte der Steiermark sind Leoben, Graz und Marburg (heute Maribor/Jugoslawien), während in Kärnten Klagenfurt und Villach zu nennen sind.

Wesentlich anders als das Alpengebiet stellt sich das Land nördlich der Donau dar. Der Böhmerwald mit dem vorliegenden Bayerischen Wald setzt sich hier nach Osten

---

[10] Otto Brunner: Die geschichtliche Stellung des Waldviertels, in: Eduard Stepan (ed.): Das Waldviertel, Bd. 7/II: Geschichte, Wien o. J. [1937], S. 368 ff., hier S. 368.

fort, wenn auch langsam sich senkend. Der Nordwald bildet hier ein typisches Markgebiet, ähnlich der Riedmark nordöstlich von Linz. Aus der Donauniederung steigen die Berge hoch und steil empor und bilden ein ausgesprochenes, stark bewegtes Berg- und Waldland mit oben muldenförmig ausgeweiteten, oft sumpfigen, aber zur Donau schluchtartig abfallenden Tälern. Nach Norden zu trennen neue Höhenzüge, deren Kuppen aus Granit und Gneis bis zu 900 m und darüber in die Höhe steigen, dieses bergige Land von Böhmen und Mähren. So zeigt sich unterhalb Passau das sog. Mühlviertel (benannt nach den beiden Flüssen, der großen und der kleinen Mühl) und weiterhin in Niederösterreich das sog. Waldviertel mit durchschnittlich 500 m Höhe. Aus dem Waldviertel aber führen bereits, besonders unterhalb des Manhartsberges, starke Abflachungen hinaus nach Osten. Im waldreichen, langwintrigen Mühl- und Waldviertel reift Weizen nur in den milderen Lagen. Das rauhe Klima läßt im allgemeinen nur Roggen und Hafer gedeihen, dazu Kartoffel, Kraut und Rüben, stellenweise aber auch Mohn zur Ölgewinnung. Schließlich wird an manchen Orten Flachs gebaut, und zwar in so anerkannter Güte, daß die daraus gewobene Leinwand ein beliebter Handelsartikel wurde, auch im Ausland begehrt in vergangenen Zeiten. Die Verarbeitung des Flachses geschah an Ort und Stelle, und es entstanden ausgedehnte Webereien. Fruchtbarer wird der Boden im Horner Becken des Waldviertels, um Raabs an der Thaya, in der Wachau und am Unterlauf des Kampflusses. In den milden Lagen des Waldviertels schenkt der Boden den Bewohnern Edelobst und Wein, insbesondere unterhalb des Manhartsberges im Weinviertel; in Krems selbst wächst und reift an geschützten Stellen die südliche Feige.

Das Marchfeld, bei dessen Namen wir an fechtende Hunnen und Türken und Böhmen denken, ist die breite Straße, die südwestlich nach Wien führt, die Verbindung mit dem Wiener Becken. An Flüssen sind außer den schon genannten, der großen und der kleinen Mühl, noch Aist, Kamp und March mit Thaya zu erwähnen, an Städten außer Krems noch Korneuburg.

Jedes Land übt seinen Einfluß aus auf die Leute, die darin wohnen. Auch Österreich mit seinem weiten Alpengebiet, seiner Donauebene und seinem rauhen Bergland im Norden hat das getan; und wenn wir später auf den Charakter seiner Bevölkerung zu sprechen kommen, werden wir manches nur dann recht verstehen, wenn wir „Land" und „Leute" zusammenschauen und in ihrer Wechselwirkung zu erkennen suchen. Viel mehr freilich als das Land wirkt immer die Herkunft nach, die ererbte Art der Leute, ihre Volks- und Stammeseigentümlichkeit. Darum muß vor allem die Frage beantwortet werden:

Woher kamen die Österreicher?

Was sind sie ihrer Herkunft nach für ein Volk?

3. Der Volksstamm[11]

Eines steht fest und kann nicht angezweifelt werden, daß nämlich die Österreicher gleichen Stammes mit den Baiern sind. Dafür zeugt nicht nur die ursprüngliche politische Zugehörigkeit zum alten Herzogtum Baiern, sondern vor allem der gemeinsame bairische Dialekt, das gleiche bairische Recht, gleiche bairische Volksart. Aber woher kommen die Baiern? So muß deshalb die Frage weiter lauten.

Auch über diese Frage besteht ziemlich übereinstimmende Ansicht unter den Geschichtsforschern:[12] Die Baiern sind die unmittelbaren Nachkommen der alten Markomannen, denen sich noch Splitter anderer germanischer Volksstämme zugesellt hatten. Die Markomannen aber sind wieder ein Teil des swebisch-germanischen Urvolks, das zuerst den ördlichen Teil der Mark Brandenburg und das östliche Mecklenburg bewohnte, dann aber südwärts nach der westlichen Niederlausitz, nach Thüringen und der nachmaligen Provinz wie dem Königreich Sachsen verzog, wo sie unter dem Namen „Semnonen" auftauchten. Später, um 100 v. Chr., stießen sie gegen Hessen und das Maingebiet und weiter nach Süddeutschland vor, wo sie sich zum Teil dauernd niederließen. Derjenige Teil der Sweben, der seinen Wohnsitz an der oberen Donau, am Neckar, im Schwarzwald, am oberen und mittleren Main genommen hatte und damit an der damaligen Grenze des germanischen Gebietes gegenüber den östlich angrenzenden Kelten, einem nichtdeutschen Volk, wohnte, erhielt den Namen „Mark-Mannen", d. h. Grenzmannen der Sweben. Als die Römer weiter nach Norden vorrückten, führte Marbod, der sich zum König aufgeschwungen hatte, seine Markomannen nach Böhmen, wo die vordem dort wohnenden Bojer, ein keltischer Volksstamm, schon um 60 v. Chr. das Land verlassen hatten und nach Süden und Westen verzogen waren. Neben ihnen nahmen in Mähren die Quaden, ein mit den Markomannen eng verwandtes und befreundetes Volk, ihren Wohnsitz.

---

[11] Die von Rusam in diesem und den folgenden Abschnitten über die Frühgeschichte der Baiern und Österreicher vertretenen Meinungen übernahm er aus den zu seiner Zeit noch wichtigen, heute aber in vielem überholten Handbüchern von Sigmund von Riezler und Michael Döberl sowie von Alfons Huber. Für den heutigen, häufig davon verschiedenen Stand der Wissenschaft sei deshalb auf die aktuellen Handbücher zur bayerischen und österreichischen Geschichte von Spindler bzw. Zöllner verwiesen, die jeweils auch mit entsprechenden Nachweisen versehen sind.

[12] Die Herkunft der Baiern ist seit je Gegenstand verschiedenster, im einzelnen kaum schlüssig zu beweisender Theorien gewesen. Unter ihnen ist die hier vertretene, aus den 1830er Jahren stammende ‚Markomannentheorie' von Kaspar Zeuß nur eine, zudem heute nicht mehr aktuelle. Vielmehr wird man sich die Entstehung des Baiernstammes wohl als eine Amalgamierung verschiedener kleinerer Einwanderergruppen vorzustellen haben, die erst um die Mitte des 6. Jahrhunderts abgeschlossen war. Die Geschichtswissenschaft ist heute aus gutem Grund sehr vorsichtig mit apodiktischen Aussagen zu diesem Themengebiet. Zur aktuellen Forschungslage vgl. die ausführlichen und mit weiterführenden Literaturangaben versehenen Ausführungen Kurt Reindels in Spindler: Handbuch I, S. 101 ff. Vgl. auch Zöllner: Österreich, S. 39 ff.; Hantsch: Österreich I, S. 9 ff.; Haider: Oberösterreich, S. 11 ff.; Gutkas: Niederösterreich, S. 14 ff.

Von Böhmen aus gründete Marbod ein gewaltiges Königreich, das vom Böhmerwald bis zur Weichsel, von der Donau bis zur Ostsee reichte. Dem Befreiungskampfe des Cheruskerfürsten Hermann stand er leider in kühler Neutralität gegenüber, ja es kam hernach zwischen beiden zum offenen Kampf, in dem Marbod den kürzeren zog. Später mußte er überhaupt aus seinem Lande fliehen. Im weiteren Verlauf der Geschichte mußten die Markomannen schwere Kriege gegen die Römer führen, besonders (166–180 n. Chr.) gegen deren Kaiser Mark Aurel. Die Markomannen standen zuerst unter Königen mit beschränkter Gewalt, später führten Gaufürsten aus dem Adel die Herrschaft. In Böhmen blieben die Markomannen rund 500 Jahre.

Als sie dann aus Böhmen auswanderten und sich südlich der Donau niederließen, galten sie als die „Mannen aus Baia" (Böhmen = Boiohaemum); sie hießen fortan die „Baiuwarioz", lateinisch „Baiwarii", „Baioarii".

Bei ihrer Wanderung schlossen sich ihnen, wie schon gesagt, noch Angehörige anderer, meist verwandter Volksstämme an: die Quaden in Mähren, die Marsigni, Cotini, Buri, die Kamboi und Rakatai, die Sudini am Fuß des Erzgebirges, die Korkontoi. Es waren durchweg germanische Leute. Nichtgermanisch waren lediglich die „Osi" oder „Huosi", die von den Quaden unterworfen worden waren und sich hernach dem deutschen Stamme völlig eingliederten. Sie sollen sich nach Riezler in Altbayern zwischen Pfaffenhofen und Dachau seßhaft gemacht haben und dort bis heute ihre Eigenart bewahrt haben.

4. Die Landnahme[13]

Die Auswanderung aus dem böhmisch-mährischen Raum war offenbar eine durchaus freiwillige, da niemand unsere Baiwarii bedrängte. Die nachmaligen Bewohner Böhmens, die Tschechen, sind erst später dort eingezogen. Verlockend waren für die „Baiern" wohl die altkultivierten Gebiete südlich der Donau, wo bis dahin die Römer ihre Herrschaft ausgeübt hatten und wo Kelten und Romanen einträchtig nebeneinander gewohnt hatten, wobei allerdings die Kelten nach und nach romanisiert worden waren. Aber die römische Herrschaft dauerte nur bis gegen den Ausgang des 5. Jahrhunderts; dann bewirkte der Ansturm germanischer Stämme, daß die Grenzen des Römischen Reiches immer weiter zurückverlegt werden mußten. So wurden auch die Provinzen Noricum (Österreich) und Vindelicien (Altbaiern und Schwaben südlich der Donau) geräumt, und die romanische Bevölkerung wurde größtenteils nach Italien zurückgeführt. Nur Reste derselben blieben zurück, besonders im Alpengebiete, wie mancherlei keltisch-romanische Orts-, Fluß- und Bergnamen beweisen; so etwa Lorch, Wels, Linz, Ischl, Hallstatt, Hall, Passau; Donau,

---

[13] Zur aktuellen Forschungslage: Spindler: Handbuch I, S. 116 ff. (Kurt Reindel).

Regen, Traun, Enns, Isar, Inn; auch eine Reihe von „Walchen"-Orten. Aber im großen und ganzen war das Land verlassen und stand für Einwanderer offen. Und da es ein in römischer Weise gut kultiviertes Land war, so erscheint es nicht verwunderlich, daß die Bewohner Böhmens sich aufmachten und das verlassene Erbe antraten. Es steht noch nicht fest, welchen Weg sie dabei nahmen, ob über die Nordsenke des Böhmerwaldes durch die Oberpfalz oder ob unmittelbar südwärts über das nördlich von Linz gelegene Berg- und Waldland, wohin alte Verkehrswege weisen. Vielleicht trifft beides zu. Jedenfalls treffen wir etwa um die Zeit von 530 die Baiern sowohl in dem heutigen Niederbayern als auch in dem heutigen Oberösterreich. Als Hauptstadt erscheint späterhin Regensburg, als Hauptland Niederbayern. Der Sitz des nachmaligen Herzogtums lag stets in Altbayern.

Die ältesten Niederlassungen der Baiern finden wir auf dem alten Kulturboden, wie ihn schon die Römer und Kelten und vor ihnen wohl die Illyrer bebaut hatten. Sie sind gekennzeichnet durch die zahlreichen Ortsnamen auf „ing", die wir gleicherweise in Niederbayern und Oberösterreich finden, wobei freilich zu beachten ist, daß nicht alle heutigen „ing"-Orte Frühsiedlungen darstellen, da nicht wenige derselben ursprünglich anders lauteten und erst im Laufe der Zeit durch den Volksmund umgebildet wurden.[14] Andererseits haben die alten Baiern diese Ortsbezeichnung auf „ing" auch noch über das alte Niederlassungsgebiet hinausgetragen, als sie neues Land kultivierten.

Denn das muß gleich gesagt werden, daß der bairische Volksstamm eine gewaltige, wohl auf großem Kinderreichtum beruhende Ausdehnungskraft besaß. Er rodete die vorhandenen mächtigen Waldbestände nach und nach und wandelte sie in Kulturland um, soweit sich Rodung und Kultivierung nach der Bodenbeschaffenheit lohnte. Nicht nur innerhalb der ursprünglich besetzten Gebiete, sondern weit darüber hinaus: in Oberbayern bis an den Lech, d. h. bis an die Wohnsitze der stammverwandten Schwaben; dann in der Oberpfalz, im Süden und Osten des heutigen Mittelfranken, und in einem größeren Teil von Oberfranken; südwärts in Salzburg und Tirol, in Steiermark und Kärnten, nordwärts in dem Wald- und Bergland nördlich der Donau bis tief hinein nach Böhmen und Mähren, und endlich ostwärts in Niederösterreich bis über die Ausläufer der Alpen hinaus, im Wiener Becken bis zum Neusiedler See und dem südwärts anschließenden Burgenlande, in einzelnen Siedlungsinseln noch darüber hinaus (Abb. 2). Erst im 14. Jahrhundert kam diese Siedlungstätigkeit zu einem gewissen Abschluß und Stillstand, nachdem alles rodungsfähige Land fast völlig besetzt war. Ortsnamen auf „dorf", „heim" und „hausen" bezeichneten diesen Weg, späterhin die Namen auf „stetten", „felden", „wiesen", „kirchen", „bach" u. a., zuletzt die eigentlichen Rodungsnamen auf „gschwend", „schwand", „asang" und nicht zum letzten die vielen Orte auf „schlag" und „reit" („roit", „rath").

[14] Schiffmann: Land ob der Enns, S. 61 ff.; vgl. auch Spindler: Handbuch I, S. 118 f. (Kurt Reindel).

Die Landnahme in dem heutigen Niederösterreich bot ihre besonderen Schwierigkeiten. Denn dort waren die Awaren eingedrungen, ein Nomadenvolk asiatischer Herkunft, das immer wieder räuberische Einfälle machte in das inzwischen von den Baiern schon zum Teil bis etwa an die Traisen (Fluß in der Mitte Niederösterreichs) besetzte Gebiet. Erst als Karl der Große sie im Jahre 803 völlig besiegte, konnte der Strom der bairischen Siedler auch nach Osten nachhaltiger vordringen. Aber neue schwere Kämpfe stellten sich ein, als die Ungarn, ein finno-ugrisches Reitervolk, nach 860 an die deutsche Grenze heranrückten. Sie fielen andauernd plündernd und verwüstend in das deutsche Land ein bis tief hinein in das Deutsche Reich.[15] Markgraf Liutpold verlor sein Leben bei ihrer Abwehr. Erst die blutige Schlacht auf dem Lechfelde 955 machte ihrem Treiben ein Ende und ermöglichte nun eine volle Besetzung des Landes durch die Baiern bis über den Wienerwald hinaus, bis an die Grenze des heutigen Ungarlandes. Es ist nötig, an diese jahrhundertelangen Kämpfe zu erinnern, um zu verstehen, daß das bairische Volk, ein an sich schon kämpferisch eingestellter Stamm, durch diese fortwährenden Kriege noch mehr in diesem seinem Volkscharakter bestärkt und gestählt wurde.

An Kämpfen fehlte es übrigens auch anderwärts nicht. Die nördlich der Donau kolonisierenden Baiern hatten viel unter den Angriffen der Tschechen und der slavischen Mähren zu leiden. Dagegen ist von den Südslaven, den Slovenen, die von Osten her in die Alpenländer eindrangen, eine friedliche Einstellung zu rühmen. Sie fügten sich willig der deutschen Oberherrschaft.

Was nun die fremden Volksteile innerhalb des nachmaligen österreichischen Siedlungsraumes betrifft, so kann gesagt werden, daß eine Verschmelzung mit ihnen nur in geringem Maße stattfand. Reste der Kelten und Romanen finden wir in den slawischen Splitterniederlassungen nördlich der Donau, dann in Steiermark, Kärnten und auch im Salzburgischen. Ortsnamen mit „winden", dann Lungitz, Graz, Lest, Leibnitz, Gloggnitz, Feistritz und andere weisen auf slawische Bestandteile bzw. Herkunft hin. Riezler stellt unter 15 000 Ortsnamen nur rund 800 als slawischen Ursprungs fest[16], woraus wir sehen, daß die Zahl der slawischen Namen unter den vielen deutschen doch nur eine relativ geringe, ja verschwindende ist. So kann man sagen, daß sich im großen und ganzen das Baierntum in Österreich rein erhalten hat.

Die Kolonisation erfolgte in Österreich hauptsächlich durch den Adel und durch die Kirche. Gewiß haben sich auch viele Bauern selbständig und auf eigene Faust da und dort im Waldland eine neue Heimstätte gegründet, weshalb wir später öfters von freien Bauern hören; aber es waren doch mehr oder weniger Ausnahmen. Denn das noch freie Land wurde frühzeitig durch die deutschen Könige an die Großen des

---

[15] Älterem Sprachgebrauch folgend, wird hier für das Frankenreich, später für das Heilige Römische Reich die anachronistische Bezeichnung „Deutsches Reich" verwendet. Heute ist es üblich, diesen Terminus erst für die deutschen Staatsgebilde ab 1871 zu gebrauchen.

[16] Vgl. Riezler: Bayern I/1, S. 128 ff.; die aktuelle Forschungslage bei Spindler: Handbuch I, S. 124 ff. (Kurt Reindel) und Haider: Oberösterreich, S. 24 ff.

Reiches vergeben, und besonders Heinrich II. bedachte damit in verschwenderischer Weise die Bistümer und Klöster. So erhielten Besitz die Hochstifte Bamberg, Regensburg, Passau, Freising, Salzburg usw., die Klöster Herrieden, St. Emmeram, Kremsmünster, Mondsee, Niederaltaich, Tegernsee, St. Florian, Berchtesgaden, Admont und viele andere. Es ist das um deswillen besonders zu beachten, weil der Adel und die Prälaten nachmals in Österreich eine außerordentlich starke Stellung einnahmen, was sich gerade auch in der Geschichte der Reformation und Gegenreformation geltend machte. Sie waren eben von alters her die Grundherren mit besonderer Machtvollkommenheit, und der Landesfürst konnte nicht ohne weiteres über sie hinweggehen, wie es z. B. in Altbayern und auch in anderen Ländern der Fall war.

Die außerbairischen Großen, wie das Bistum Bamberg, brachten wohl auch nichtbairische Siedler in das Land, wie man es z. B. aus den Namen der Orte Frankenburg und Frankenmarkt in Oberösterreich schließen darf. Doch war dieser fränkische und vielleicht auch schwäbische Einschlag offenbar sehr gering, und die von manchen österreichischen Forschern aufgestellte „Frankenhypothese", die sich auf angebliche fränkische Dialektformen und auf ebensolche Hausbauformen zu gründen suchte, ist unhaltbar; insbesondere ist der vermutete „fränkische Hausbaustil" nichts anderes als eine Nebenform der echt bairischen Hofanlage. Einige Ortsnamen lassen sächsischen Ursprung erkennen: „Saxen", „Sachsenberg" u. a.; es waren wohl Zwangssiedlungen aus den Sachsenkriegen Karls des Großen.

Der bairische Bauer liebte es, einen allseitig abgeschlossenen Hof zu besitzen, womöglich mit einem zusammenhängenden Grundbesitz im Anschluß an diesen Hof. Wohnräume, Stallungen, Scheunen und Nebengebäude waren – und sind es meist noch heute – im Viereck um einen Innenraum gruppiert, entweder fest aneinander gebaut oder lose einander gegenübergestellt, das Ganze wie eine kleine Festung aussehend, in Notzeiten leicht zu verteidigen. Aus dieser Vorliebe erklärt es sich, daß im bairischen Siedlungsraum sich so außerordentlich viele Einzelhöfe (Einöden) finden, oft von sehr großem Umfang, oft durch Erbteilung in eine Gruppe von zwei und mehr Höfen zerlegt. Daneben treffen wir, besonders auf altem Kulturboden, mehr oder weniger geschlossene Dörfer mit größeren und kleineren Höfen oder auch Kleingütern und Anwesen ohne Grundbesitz. Auf später besiedeltem Kolonialboden zeigt sich häufig eine längere Reihe von Einzelhöfen längs einer Straße oder einer Talführung, immer in gewissem Abstande voneinander, jeder Hof mit dem zugehörigen Grund und Boden in einem langen und nicht zu schmalen Streifen vom Hof ausgehend bis hinaus an die Flurgrenze (Straßen- und Waldhufensiedlung). Die ordnende Hand der Grundherren ist hier leicht zu erkennen. Noch mehr tritt das zutage bei den Märkten und den meisten Stadtanlagen, die – oft im Anschluß an eine schon vorhandene Burg – geschlossene Häuserreihen in gerader Richtung um einen freien Platz (Marktplatz) erkennen lassen. Viele der bairischen Gemeinschaftssiedlungen sind Marktplätze, aber diese Märkte sind im allgemeinen recht klein und umfassen meist nur 200 bis 500 Einwohner. Klein sind in der Regel auch die Städte.

Der Ausbau der Landsiedlung nahm mehrere Jahrhunderte in Anspruch. Erst im 14. Jahrhundert trat ein gewisser Stillstand ein, wenn auch gelegentliche Rodungen noch später vorkamen. Besonders war es das Mühlviertel und das Waldviertel nördlich der Donau, deren Waldgebiete in der Hauptsache erst vom 12. Jahrhundert ab kultiviert wurden. Auffallend ist die gewaltige Zahl der adeligen Burgen und Schlösser, die sich überall im Lande finden, vor allem in der Umrandung von Böhmen und Mähren (Mühl- und Waldviertel), teils zum Schutze der Bevölkerung gegen Norden und Osten, vor allem aber als Herrschaftssitze der mächtigen weltlichen und geistlichen Herren. Unter den weltlichen Herren seien nur zwei besonders benannt: die Grafen von Raabs im nördlichen Waldviertel an der Thaya, die zugleich das kaiserliche Burggrafenamt in Nürnberg innehatten und deren ältere Erbtochter beim Aussterben der männlichen Linie ebendieses Amt durch Verheiratung mit dem Grafen Friedrich von Zollern an die Hohenzollern brachte[17], und die Wittigonen auf Rosenberg in Böhmen, aus einem hochfreien bairischen Geschlecht stammend, die eine ausgedehnte deutsche Kolonisation in Südböhmen und darüber hinaus betrieben, und deren Schicksal eine dichterische Darstellung gefunden hat[18].

5. Zur politischen Geschichte Österreichs[19]

Oberösterreich war von Anfang an ein Teil von Altbaiern und stand darum unter den bairischen Herzögen. Auch bei fortschreitender Kolonisation blieben die neubesiedelten Gebiete im Stammesverband mit Baiern, dessen Gebiet somit von der Enns ostwärts bis zur Traisen und zeitweise bis zum Wienerwald vorrückte. Ebenso griff die bairische Herrschaft bis tief in die Alpen hinein. Zur Sicherung der Grenzen erwies es sich aber als notwendig, „Marken" (Grenzgebiete) auszusondern und sie unter eigene Markgrafen zu stellen. So entstand nach der Besiegung der Avaren (um 795) durch Karl den Großen die Ostmark, die vermutlich von der Enns bis zum Wienerwald reichte und die angrenzenden Gebiete umfaßte. Der Markgraf besaß ausgedehnte Gewalt, die sich auch über den Traungau miterstreckte, war aber dem Herzog von Baiern untergeordnet. 976 wurde die Markgrafschaft dem Grafen Liutpold von Babenberg übertragen, dem Sproß eines fränkischen Edelgeschlechts, das seinen Stammsitz in Schweinfurt hatte. Liutpold gelang es, die Mark bis zum Wienerwald auszudehnen. Die Ostmark reichte damals von der Enns und der großen Rodel bis St. Pölten an der Traisen und bis unterhalb Spitz in der Wachau. Verbunden damit war der Traungau von der Enns bis zum Passauer Wald bei Engelhartszell.

---

[17] Huber: Österreich I, S. 402.
[18] August Sperl: Die Söhne des Herrn Budiwoj, 2 Bde., München 1897.
[19] Vgl. Spindler: Handbuch I, S. 255 ff., 296 ff., 339 ff. (Kurt Reindel), 433 ff. (Friedrich Prinz); Zöllner: Österreich, S. 61 ff.; Haider: Oberösterreich, S. 38 ff.; Gutkas: Niederösterreich, S. 34 ff.

Der Markgraf besaß ausgedehntere Gewalt als der Graf, richterlich und militärisch aber unterstand er dem Herzog. Damit begann die tatkräftige Herrschaft der Babenberger in Österreich. Seit 996 wurde für die Ostmark auch der Name Ostarrichi gebraucht, also „Österreich"; 1136 taucht zum erstenmal die lateinische Bezeichnung „Austria" auf.

Im Jahre 1156 auf dem Reichstag zu Regensburg wurde die Ostmark von Bayern getrennt und unter Heinrich II. Jasomirgott (Babenberger) zu einem eigenen Herzogtum erhoben; das neue Herzogtum wurde bezüglich Erbfolge, Gerichtsbarkeit und Heerbann mit ungewöhnlichen Vorrechten ausgestattet. Das Gebiet war schon unter dem Markgrafen Adalbert (1018—1053) bis zu den Flüssen Leitha und March nach Osten hin erweitert worden, und ebenso hatten sich die Babenberger dauernd in dem Lande ob der Enns (Oberösterreich ohne das Innviertel) festzusetzen verstanden und es der bairischen Oberhoheit entzogen. Nach dem Heldentode des letzten Babenbergers Friedrich II. im Kampfe gegen die Ungarn begann 1246 der Streit um das Erbe, da dieser kinderlos war. Es bemächtigte sich Ottokar, damals noch Markgraf von Mähren, dann König von Böhmen, des Herzogtums Österreich, hernach auch der Steiermark, sowie Kärntens und Krains, geriet aber dann in Streit mit dem 1273 gewählten deutschen König Rudolf von Habsburg, der ihn am 26. August 1278 in der Schlacht am Weidenbach bei Dürnkrut besiegte, wobei Ottokar den Tod fand.

„Der mächtigste Fürst im Reiche war damals König Ottokar von Böhmen und Mähren. Dieser hatte sich nach dem Erlöschen der Babenberger Dynastie (1246) des Herzogtums Österreich und der damit verbundenen Steiermark, nach dem Erlöschen des staufischen Königshauses des Egerlandes bemächtigt und nach dem Tode des letzten Herzogs von Kärnten und Krain auch die Erbschaft dieser Länder angetreten ... Die Reichsgründung Ottokars bildete eine ständige Gefahr für das Königtum Rudolfs, überdies verweigerte der Böhme dem Habsburger die Anerkennung. Da Ottokar die geforderte Herausgabe der widerrechtlich besetzten Reichslehen ablehnte, kam es (1276) zum Kriege. Begünstigt von einem gleichzeitigen Aufstand in Böhmen, brachte Rudolf durch einen raschen Vormarsch gegen Wien Ottokar zur Unterwerfung. Dieser gab Österreich, Steiermark, Kärnten, Krain und das Egerland heraus und huldigte dem König für Böhmen und Mähren. Bei der Erneuerung des Streites verlor er 1278 bei Dürnkrut (auf dem Marchfeld) Schlacht und Leben ... Kärnten verlieh Rudolf seinem Waffengenossen, dem Grafen Meinhard von Görz und Tirol; Österreich, Steiermark und Krain seinen Söhnen Albrecht und Rudolf; das Egerland nahm er in unmittelbare königliche Verwaltung zurück." Damit war „der Grund gelegt zum habsburgischen Donaustaat"[20].

Bevor wir uns nun der gesonderten Geschichte der österreichischen Einzelländer zuwenden, sei noch in kurzen Umrissen die allgemeine deutsch-österreichische Geschichte bis zum ausgehenden Mittelalter erwähnt. König Rudolf hatte also das

---

[20] Huber: Österreich I, S. 514 ff.

Herzogtum Österreich seinem Sohn Albrecht verliehen, und zwar 1282/83. Seitdem verblieb das Land dauernd bei dem Hause Habsburg. Herzog Albrecht von Österreich wurde deutscher König im Jahre 1298 und starb 1308. Seine Hauptsorge war auf die Erweiterung der Hausmacht gerichtet. Nach der Ermordung des letzten Königs von Böhmen aus dem Hause der Przemysliden, Wenzels III., im Jahre 1306 zog er auf Grund bestehender Verschwägerungen Böhmen und Mähren ein und gab sie seinem Sohne Rudolf. Die böhmische Königskrone hatten längere Zeit (1310–1441) die Lützelburger inne. König Karl IV. (1347–1378) gab dem Lande Böhmen ein neues Gesetzbuch (Majestas Carolina) und gründete 1348 die Universität Prag. Nach ihm regierte das Reich König Wenzel (1378–1400) und anschließend Ruprecht von der Pfalz (1400–1410). Dessen Nachfolger wurde der Lützelburger Siegmund, ein Sohn Karls IV. (1410–1437) und weiterhin Albrecht II. von Österreich (1438–1439). Er war Siegmunds Schwiegersohn, dem er schon vorher in der Regierung Böhmens und Ungarns gefolgt war. Der nächste Herrscher war König Friedrich III. (1440–1493). Nach dem Tode Herzog Rudolfs IV. von Österreich, des Zeitgenossen Karls IV., waren die habsburgischen Länder geteilt worden: Tirol mit Vorderösterreich, Innerösterreich (Steiermark, Kärnten und Krain), Österreich im engeren Sinn. Kaiser Friedrich III. war Landesherr in Innerösterreich, erbte aber später noch das Herzogtum Österreich dazu, während Böhmen und Ungarn einheimische Könige wählten.

Kärnten war bereits 976 durch Kaiser Otto I. von Baiern abgetrennt und zu einem eigenen Herzogtum erhoben worden, um dieses übermächtige Herzogtum Baiern zu schwächen. Das Land war ursprünglich dünn von Slaven besiedelt worden, wurde aber dann durch das Einströmen bairischer Kolonisten sehr bald ganz germanisiert. Schon seit dem 9. Jahrhundert stand es unter deutschen Amtsherzögen und wurde in seinen Adelsschichten, in seinem Bürgertum und in dem Großteil seiner bäuerlichen Bevölkerung rasch ein deutsches Land. Im Jahre 970 wird zum erstenmal eine „Kärntner Mark" erwähnt. Sie wurde um 1012 mit dem Herzogtum verbunden und kam gleich Südtirol 1335 durch Ludwig den Bayern an Österreich.

Auf der Burg Steyr (Stiraburg) am Zusammenfluß der Steyr und der Enns in Oberösterreich saßen die Grafen vom Ennstalgau, der ein Teil des Traungaues war. Dieser gehörte bis 1180 zum Herzogtum Baiern, von da ab zum Herzogtum Steiermark. Er wurde erst 1254 von diesem Lande getrennt und mit Österreich vereinigt[21]. Gegen Ende des 11. Jahrhunderts bezeichneten sich die Grafen vom Ennstalgau als Markgrafen, ein Name, der sich weiterhin auch auf das von ihnen weiter südwärts, in den Alpen beherrschte Gebiet übertrug und schließlich an diesem allein haften blieb: die Mark von Steyr oder die Steiermark. Auch dieses Land wurde selbständiges Herzogtum, und zwar nach Huber[22] im Jahre 1180. Damit schied es aus dem Verbande

---

[21] Huber: Österreich I, S. 250, Anm.
[22] Huber: Österreich I, S. 267 ff.; Zöllner: Österreich, S. 81.

mit Baiern aus. Es kam 1192 durch Erbschaft und kaiserliche Belehnung (Herzogswürde) an den Herzog von Österreich.

König Rudolf übertrug Kärnten und Steiermark ebenfalls seinem Sohn Albrecht und brachte damit beide Länder in dauernden habsburgischen Besitz. Sie bildeten in der Folge „Innerösterreich".

Oberösterreich hatte seit dem 15. Jahrhundert seine eigenen Landtage und bildete eine eigne, wenn auch nicht selbständige Provinz im Erzherzogtum „Österreich". Daher rührt die Bezeichnung „Landl"[23]. Albrecht, Herzog in Österreich und Steiermark" (1282/83) war seinerzeit bestrebt gewesen, seine Landesherrlichkeit gegenüber den Ständen durchzusetzen. Im Jahre 1295 hatte sich der Adel gegen ihn erhoben, dieser Aufstand war aber zusammengefallen. Grafschaften und Hochgerichte verleibte Albrecht seiner herzoglichen Gewalt ein, die hochfreien Geschlechter begannen auszusterben. Steigende Bedeutung gewannen dagegen die Ministerialen. Wenn hier von Ständen die Rede ist, so muß folgende Vierzahl unterschieden werden: 1. Prälaten (Stifte, Klöster); 2. Herren (Grafen, Freiherren und andere Herren); 3. Ritter (sie bilden den niederen Adel); 4. Städte (landesfürstlich).

Die Einteilung von Ober- und Niederösterreich in je vier Viertel erfolgte erst im späten Mittelalter und geschah aus verwaltungstechnischen Gründen. Niederösterreich wurde in zwei Viertel nördlich der Donau geteilt: ober und unter dem Manhartsberg (einem Höhenrücken etwa in der Mitte des Gebietes), und in zwei Viertel südlich der Donau, ober und unter dem Wienerwald. Das wesentlich kleinere Oberösterreich erhielt ebenfalls vier Viertel: nördlich der Donau das Mühlviertel und das Machlandviertel, und südlich der Donau das Traunviertel (nach dem Flusse Traun) und das Hausruckviertel (nach dem Bergzug des „Hausruck" so genannt). Als dann 1779 das „Innviertel" von Baiern an Österreich kam, wurden die beiden Viertel nördlich der Donau vereinigt unter dem Namen „Mühlviertel", wobei aber heute noch gern zwischen dem oberen und dem unteren Mühlviertel unterschieden wird. Das niederösterreichische Gebiet ober dem Manhartsberg ist am bekanntesten unter dem Namen „Waldviertel".

6. Christentum und Kirche in Österreich[24]

Die Annahme liegt nahe, daß die Baiern und die angeschlossenen kleinen Völkerschaften mit dem Christentum schon in Berührung kamen, als sie noch in Böhmen und Mähren saßen. Bei den Nachbarstämmen, den Goten, Langobarden, Burgundern und anderen werden sie den christlichen Glauben schon einigermaßen kennen gelernt haben, allerdings nur in der Form des arianischen Bekenntnisses. Doch war

---

[23] Schiffmann: Land ob der Enns, S. X.
[24] Zur aktuellen Forschungslage vgl. Spindler: Handbuch I, S. 178 ff. (Kurt Reindel); Zöllner: Österreich, S. 49 ff.; vgl. auch LThK Bd. 7, Sp. 1279 ff. (Josef Wodka), s. v. Österreich.

das Volk in seiner Hauptmasse bei seiner Einwanderung in das Land südlich der Donau sicher noch heidnisch. Erst in den neuen Wohnsitzen konnte und mußte der christliche Einfluß stärker wirksam werden. Die im Lande zurückgebliebenen Reste der früheren romanischen Bevölkerung waren ja längst christlich geworden, und zwar im katholischen Sinne. Mit den ebenfalls zum Katholizismus übergetretenen Langobarden bestanden mannigfache, auch verwandtschaftliche Beziehungen. Selbst am bairischen Hofe wurde das Christentum heimisch. Von entscheidender Bedeutung aber war die Unterstellung Baierns unter die katholisch-christlich gewordenen Franken. Auch auf die Tätigkeit der irisch-schottischen Mönche wird hingewiesen. Gewiß ging die Christianisierung sehr langsam vorwärts, und es mag in der Anfangszeit eine wüste Mischung von christlichen und heidnischen Anschauungen gewesen sein. Erst gegen das Ende des 7. Jahrhunderts scheint das Christentum herrschend geworden zu sein und überströmte dann mit siegreicher Gewalt alle bairischen Gaue. Viel wird dazu die Stellung des Herzogs Theodo beigetragen haben und die missionarische Arbeit des von ihm ins Land gerufenen Bischofs Rupert von Worms. Dieser erschien im Jahre 696 in Regensburg und taufte den Herzog mit vielen der Seinigen, zog dann predigend im Lande umher, baute Kirchen, kam später nach dem alten Bischofssitz Lorch (bei Enns an der Donau) und zuletzt als Bischof nach Salzburg, das ihm der Herzog als Bischofssitz mit großem Grundbesitz und anderen Einkünften schenkte. Nach Regensburg kam dann der Bischof Heimraban oder Emmeram und wirkte für die Ausbreitung des Christentums, bis er auf eine ungerechte Beschuldigung der Tochter Theodos wegen angeblicher Verführung den Märtyrertod erlitt. Wahrscheinlich im Jahre 718 ließ sich Corbinian, wohl aus dem Frankenreiche, im Freising am Hofe des Herzogs Grimoald nieder und wirkte dort bis 725. Langsam und stetig ging der Einzug des christlichen Glaubens vor sich. Nirgends kam es zu Zwangs- und Gewaltanwendung!

Doch fehlte bei dem allen noch eine richtige kirchliche Organisation. Diese wurde erst durch den Angelsachsen Winfried (Bonifatius) vollzogen, der erst einige Zeit in Baiern verweilte und dann nach einem Besuche bei dem Papste in Rom die Einteilung des Landes in vier Bistümer vollzog unter dem Herzog Odilo. Die vier Städte Passau, Salzburg, Regensburg und Freising wurden nun Bischofssitze. Bald folgte die Einrichtung zahlreicher Pfarreien, die stets mit Grundbesitz zur Erhaltung der Geistlichen und Gotteshäuser ausgestattet wurden. Im Jahre 729 war die bischöfliche Organisation vollzogen. Für Österreich waren die beiden Bistümer Passau und Salzburg maßgebend, Passau für Ober- und Niederösterreich, Salzburg für Steiermark und Kärnten. Da die Entfernung der beiden letztgenannten Länder von Salzburg allzu groß war, noch dazu in dem schwierigen Alpengelände, wurden bald Suffraganbistümer von Salzburg abgezweigt: Gurk (jetzt in Klagenfurt), gestiftet 1071, das Herzogtum Kärnten umfassend, Seckau (jetzt in Graz), gestiftet 1219, für Ober- und Mittelsteiermark, Lavant (jetzt in Marburg), gestiftet 1228 für Untersteiermark und einen kleinen Teil von Kärnten. Die Diözese Passau blieb lange in ihrem Umfange unberührt; erst 1469 wurde das Bistum Wien ausgeschieden, aber nur für einen klei-

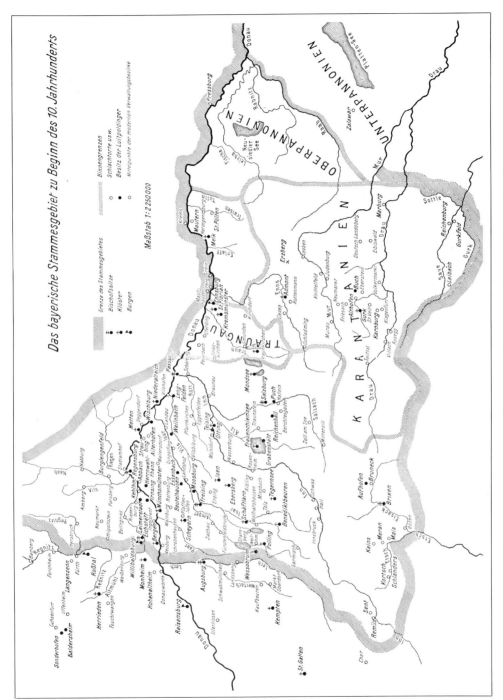

Abb. 2: Das bayerische Stammesgebiet zu Beginn des 10. Jahrhunderts.

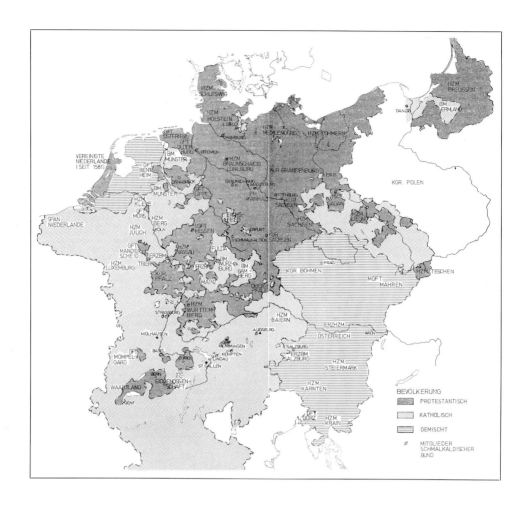

Abb. 3: Die Ausbreitung der Reformation in Deutschland bis 1570.

nen Teil der Passauer Diözese, dann 1477 das Bistum Wiener Neustadt, ebenfalls nur für einen kleinen Bezirk. Einschneidende Änderung brachte erst die neue Zeit, als 1784 das Bistum Linz errichtet und ihm Oberösterreich (einschließlich des Innviertels) als Sprengel zugewiesen wurde, und als weiter 1785 der Bistumssitz und das Domkapitel von Wiener Neustadt nach St. Pölten übertragen wurde unter Zuweisung der beiden Viertel ober dem Manhartsberg und ober dem Wienerwald als Bistumssprengel. Das übrige Gebiet von Niederösterreich mit Einschluß des bisherigen Sprengels von Wiener Neustadt wurde gleichzeitig der Diözese Wien zugewiesen.

Die Errichtung von Pfarreien galt wie anderwärts im Deutschen Reiche als eine Pflicht der Landesfürsten und des Adels. Sie ging vor allem bei der Kolonisation Hand in Hand mit der fortschreitenden Besiedlung, und es war immer Sache der Grundherrschaften, wie für die materielle Lage und Sicherheit ihrer Grundholden, so auch für ihre geistliche Versorgung aufzukommen. Sie konnten das leicht tun, nachdem sie durch die königliche Freigebigkeit in der Ostmark und noch mehr in der Steiermark und in Kärnten so reich mit Grund und Boden beschenkt wurden. Zu diesen Grundherren zählten auch die Klöster und eine Anzahl auswärtiger Bistümer. So hatte z. B. König Heinrich II. das von ihm gestiftete Bistum Bamberg außerordentlich reich mit Grundbesitz in Kärnten bedacht. Im einzelnen läßt es sich naturgemäß bei den alten Pfarreien nicht mehr feststellen, wann und von wem sie gegründet wurden, da sie nur allzu häufig durch Schenkungen oder Erbfolge ebenso wie der Grundbesitz in andere Hände übergingen. Gern wurden sie an Klöster und Bischöfe, auch Domkapitel, übergeben. Schon Rupert gründete eine klösterliche Niederlassung in Salzburg.

Unter den alten Klöstern seien besonders hervorgehoben:

St. Florian (Augustiner-Chorherren)
Wilhering (Zisterzienser)
Schlägl (gegründet durch Thalhoch von Falkenstein um 1204, erst mit Zisterziensern
  aus Langheim, dann 1218 mit Prämonstratensern besetzt)
Kremsmünster (Benediktiner)
Zwettl in Niederösterreich (Zisterzienser, 1137 durch die Kuenringer)
Geras (Prämonstratenser, 1150 durch die Pernegger)
Altenburg (Benediktiner, 1144 durch Gräfin von Rebegau-Poigen)
St. Pölten (Benediktiner, hl. Hippolyt, wahrscheinlich 8. Jahrhundert)
Göttweig (Benediktiner)
Melk (Benediktiner)
Seitenstetten (Benediktiner)
Lilienfeld (Zisterzienser)
Hohenfurt (Zisterzienser, gegründet durch die Wittigonen auf Rosenberg 1259)
Mondsee (Benediktiner mit großem Besitz; das Kloster wurde 833 Eigentum des Bistums Regensburg)

7. Kulturgeschichtliches

Man pflegt mit dem Namen Österreich in der Gegenwart gern den Begriff einer gewissen Rückständigkeit zu verbinden. Es mag das bis zu einem gewissen Grade für die Zeit nach der Gegenreformation zurecht bestehen, darf aber keineswegs verallgemeinert und vor allem nicht auf die alte Zeit angewendet werden. Österreich stand ja in der Vergangenheit im lebendigsten Zusammenhang mit den Ländern des übrigen Deutschen Reiches und nahm teil an allen kulturellen Bestrebungen des Reiches, ja man kann sagen, daß es einen ganz besonderen Beitrag zur deutschen Kulturgeschichte lieferte. Erst nach der gewaltsamen Durchführung der Gegenreformation isolierte sich Österreich stark von dem übrigen Reiche und verlor außerordentlich viel an kultureller Strebsamkeit und Leistungsfähigkeit. Doch hat das Land in neuerer Zeit wieder viel nachgeholt; es sei nur an das Gebiet der Musik, der Baukunst, der Geschichtsforschung und der schöngeistigen Literatur erinnert.

Was nun die alte Zeit betrifft, so muß mit allem Nachdruck festgestellt werden, daß die Baiern von allem Anfang an ein Kulturvolk waren. Sie kamen schon mit eigener Kultur in das Land an der Donau herein, denn sie kamen als tüchtige Ackerbauern, die die Landwirtschaft wohl verstanden, die in der Viehzucht, nicht zum letzten in der Pferdezucht, Hervorragendes leisteten. Die Almenwirtschaft, sei nebenbei bemerkt, stammt von den Romanen, auch Obst- und Weinbau waren wohl von den Romanen übernommen worden. Wie Tüchtiges die Baiern fertigbrachten, dafür zeugt die weitreichende Kolonisationsarbeit nach allen Himmelsgegenden, vor allem aber nach dem Osten hin. Wenn Niederösterreich bis zum Neusiedler See und noch weiter, wenn fast das ganze Alpenland mit Steiermark, Kärnten und zum Teil darüber hinaus, wenn Salzburg und Tirol sowie das Bergland nördlich der Donau für das Deutschtum gewonnen wurden, so verdanken wir das dem tatkräftigen Baiernstamm, der als Kulturträger die Marken des Ostens besetzte, kultivierte und gegen alle feindlichen Angriffe festhielt. Ein reiches Kapitel von Kulturgeschichte tut sich vor uns auf, wenn wir diese Arbeit bedenken.

Anderes tritt dazu. In Böhmen hatte sich ein fester Volksgeist gebildet, und ein Ausdruck dieses Geistes ist das bairische Recht, die Lex Baiuvariorum. Mit diesem ausgebildeten Rechte, nach dem das ganze Volksleben geordnet und auf gesunden und dauerhaften Boden gestellt war, tritt das bairische Volk ebenbürtig an die Seite der Schwaben mit ihrem „Schwabenspiegel" und der Sachsen mit ihrem „Sachsenspiegel", den beiden meistbekannten alten deutschen Gesetzbüchern.

Daß sich auch auf österreichischem Boden, bereits von den Kelto-Romanen übernommen, eine hervorragende Eisenindustrie, ein weitgehender Salzhandel (mit den alten Salzstraßen), ein bemerkenswerter Weinbau und Obstbau, eine starke Leinenweberei („Har" = Flachs) entwickelte, wurde schon betont, muß aber an dieser Stelle kulturell gewürdigt werden. Im übrigen gilt freilich das Urteil Riezlers[25], daß

---

[25] Riezler: Bayern I/1, S. 134 ff.

aus dem bairischen Stamme „weniger Forscher und Denker als Dichter und Künstler, weniger erleuchtete Staatsmänner als tapfere Kriegsführer und fromme Helden der Kirche hervorgegangen sind".

Was die Dichter und die übrigen Künstler betrifft, so braucht man nur zuerst einmal einen Blick in die Geschichte der mittelhochdeutschen Literatur zu werfen und die Namen Wolfram von Eschenbach, der ausdrücklich als „Baier" bezeichnet wird, und Walther von der Vogelweide, der aus Österreich stammte, zu lesen; auch der unbekannte Verfasser des Nibelungenliedes war sicherlich ein Baier. Die Künstler kann man erkennen an den alten Kirchenbauten in Altbaiern wie in Altösterreich, an Altären wie dem in Kefermarkt, an der Sangesfreudigkeit der Baiern mit ihren selbstgeschaffenen Liedern; auch Albrecht Dürer darf genannt werden, dessen Vater aus Ungarn kam, also aus bairischem Siedlungsgebiet.

Der größte Epiker des deutschen Mittelalters ist Wolfram von Eschenbach, der sich selbst als „Baier" bezeichnet hat. Der erste deutsche Novellist des Mittelalters und der Schöpfer der bürgerlichen Novelle ist der in Österreich lebende Stricker. Allgemein bekannt ist sein Buch vom Pfaffen Amis. Lassen wir kurz im Auszug einen Literarhistoriker zu Worte kommen „Um 1160 scheint ein Österreicher das bei den Franken der Völkerwanderungszeit entstandene Lied vom Burgundenuntergang zu einem Heldenepos, der sog. älteren Nibelungennot, ausgedichtet zu haben ... Um 1200 war es, daß ein ritterlicher Dichter in Österreich – seinen Namen wissen wir nicht – das Meisterwerk des Nibelungenliedes schuf. Es war eine Großtat: er hat das alte Brünhildenlied zum Epos ausgeweitet und mit ihm die ältere Nibelungennot verschmolzen ... Der Österreicher war ein großer Dichter, was sich aus der von ihm vorgenommenen sechsfachen Neugestaltung des Überlieferten ergibt ..."

„In den ersten Jahrzehnten des 13. Jahrhunderts, also nach dem Nibelungenlied, wurde mancher alte Heldenliedstoff zu einem Epos ausgedichtet. Schwerlich vor 1240 schuf ein phantasievoller Dichter und großer Seelendeuter – wieder ein Österreicher – das Gedicht von Kudrun, nach dem Nibelungenlied die bedeutendste Schöpfung der gesamten Heldenepik ..."

„Um die Zeit, als das Heldenepos der älteren Nibelungennot entstand, um 1160 also, dichtete im Österreichischen der älteste deutsche Lyriker, dessen Namen wir kennen, ein Herr von Kürenberg aus ritterlichem Geschlecht."

Ihm folgte ein Landsmann, Dietmar von Aist. Der Lyriker Reinmar von Hagenau (Elsaß) verbrachte den größten Teil seines Lebens am Wiener Hofe.

Der größte deutsche Lyriker des Mittelalters ist Walther von der Vogelweide, den man neben Goethe rücken muß. Als seine Geburtsstätte denkt man sich einen ritterlichen Vogelweidehof, der höchstwahrscheinlich im österreichischen Sprachgebiet lag. Er verlebte glückliche Tage am Wiener Hof, begann aber nach dem Tode des Babenberger Herzogs 1198 ein unruhiges Wanderleben von Fürstenhof zu Fürstenhof. Bald nach 1227 muß er in Würzburg gestorben sein, wo man ihn im Kreuzgang des Neuen Münsters begraben haben soll.

Ein Mittelpunkt der ritterlich-höfischen Dichtung war neben dem staufischen Kaiserhaus der Hof der Babenberger Herzöge.

In der neueren Zeit hörte man wenig mehr von Dichtkunst. Erst im 19. Jahrhundert tauchen einige Namen auf. Der österreichische Dramatiker Franz Grillparzer (1791–1872), der auch in die österreichische Geschichte hineingriff mit dem Geschichtsdrama „König Ottokars Glück und Ende" (1828), sei als erster genannt. Hierher dürfte auch der Deutsch-Ungar Nikolaus Lenau zu zählen sein (1802–1850), besonders aber Adalbert Stifter (1805–1868), der Dichter des Böhmerwaldes, der feinste Landschaftskunst hervorbrachte. Weiter der Wiener Ludwig Anzengruber (1839–1889), der das realistische Volksstück schuf; endlich der Steiermärker Peter Rosegger (1843–1918), dessen Kunst ganz im Boden seiner steirischen Heimat wurzelt, und die dem österreichischen Hochadel entstammende Marie von Ebner-Eschenbach (1830–1916), die die Stoffe ihrer Epik der mährischen Heimat und den Adelskreisen Wiens entnahm.

Ein Werk der deutschen Geschichtsschreibung liegt uns vor in der Reimchronik Ottokars von Steier, Territorialgeschichte schrieben Konrad von Scheyern und Hermann von Altaich.

Was die Baukunst betrifft, so gilt der St. Stephansdom in Wien als „das gewaltigste kirchliche Denkmal des 14. Jahrhunderts". Erwähnt sei auch noch der Dom zu Regensburg und die dortigen Patrizierhäuser.

Von Musikern nenne ich nur vier mit unsterblichen Namen: Joseph Haydn, geboren 1732 zu Rohrau an der österreichisch-ungarischen Grenze und gestorben 1809 zu Wien; Wolfgang Amadeus Mozart, geboren 1756 zu Salzburg, nach einem dürftigen Leben in Wien 1791 gestorben; Anton Bruckner, geboren 1824 zu Ansfelden in Oberösterreich, gestorben 1896 zu Wien; und als letzten Richard Strauß, der 1864 zu München geboren wurde und 1949 starb.

Über Wesen und Charakter der Baiern sei das Urteil Riezlers[26] angeführt: „Ausgezeichnet durch körperliche Kraft, läßt doch der kernige Menschenschlag auch den inneren Gehalt nicht vermissen." Es werden „die seelenvollen Augen" gerühmt, und weiterhin heißt es: „Ein heiterer, zufriedener Sinn, biedere Geradheit und Einfachheit bilden das glückliche Erbe des Volkes. Fremd und verhaßt sind ihm knechtische Unterwürfigkeit, Vielrednerei, süßliches und schmeichlerisches Wesen. Neuerungen widerstrebt er in noch höherem Grade als der Bauer im allgemeinen. Knorrig, schwerfällig und schwer zugänglich, gegen Fremde verschlossen und mißtrauisch, hat der Stamm sich doch viele Freunde erworben. Er verdankt sie seiner ausgeprägten und anziehenden Eigenart, seiner Gutmütigkeit, Menschenfreundlichkeit und naiven Lebensfreude. Aber neben dem Frohsinn und der Rauflust steht unverkennbar ein phlegmatischer Zug, die Lebensfreude artet leicht in derbe Sinnlichkeit aus, die Rauhheit der Umgangsformen in massive Grobheit, die geistige Strebsamkeit bedarf zuweilen der Aufstachelung durch rührigere Fremde." Ergänzend kann die

---

[26] Riezler: Bayern I/1, S. 136 ff.

Darstellung Döberls[27] gelten: „Rauhe Sprache, rauhe Außenseite, Neigung zu Roheit und Gewalttätigkeit wie zu grobsinnlichem Genuß, Verschlossenheit und Argwohn gegen Fremde; körperliche und geistige Gesundheit, unverwüstliche Kraft und Waffentüchtigkeit, urwüchsige Ursprünglichkeit und Natürlichkeit, Schlichtheit und Geradheit, feines Naturempfinden und scharfe Beobachtungsgabe, wie sie sich unter anderem in der vielgestaltigen, aber immer realistischen Bildung der Ortsnamen ausspricht, schöpferische Phantasie, welche die umgebende Natur mit plastischen Gestalten zu beleben weiß, lebensfroher, übermütig sprudelnder Volkshumor, konservativer Sinn und energische Willensbetätigung in dem Festhalten an dem Hergebrachten, Abneigung gegen sprunghafte Übergänge, Zurückweisung fremder Aufnötigungen, ebenso Selbstgenügsamkeit und Unabhängigkeitssinn." Das sind nach Döberl die charakteristischen Züge des bairischen Volkstums. So darf es auch für den Österreicher gelten, wenn auch vielleicht im einzelnen nicht in dieser Schärfe ausgeprägt, sondern durch die geschichtlichen Wechselfälle in den letzten Jahrhunderten vielfach abgeschwächt. Dagegen bleibt die Darstellung zutreffend für die alte Zeit.

Zum Schlusse sei noch ein neuzeitlicher Dichter angeführt, Anton Wildgans, der das Bild des österreichischen Menschen in folgender Weise zeichnet: „Der österreichische Mensch ist seiner Sprache und ursprünglichen Abstammung nach Deutscher und hat als solcher der deutschen Kultur und Volkheit auf allen Gebieten menschlichen Wirkens und Schaffens immer wieder die wertvollsten Dienste geleistet." — „Und der österreichische Mensch ist tapfer, rechtschaffen und arbeitsam, aber seine Tapferkeit, so sehr sie auch immer wieder Elan bewiesen hat, erreicht ihre eigentliche sittliche Höhe erst, wenn seine leiderfahrene Philosophie in Kraft tritt: im Dulden. Und was seine Rechtschaffenheit anbelangt, so ist sie mehr Gesundheit und Natürlichkeit der Instinkte als moralische Doktrin. Und sein Fleiß wird ihm nicht so leicht zur Fron, die den Menschen aushöhlt und abstumpft und ihn feierabends zu noch grellen und aufpeitschenden Mitteln greifen läßt, auf daß er seiner gerade noch inne bleibe. Das hängt damit zusammen, daß der österreichische Mensch irgendwie eine Künstlernatur ist und daß seine Methode der Arbeit mehr die der schöpferischen Improvisation und des schaffenden Handwerks geblieben ist als die der disziplinierten, aber auch mechanischeren Fabrikation geworden ist." — „Mag sein, daß er das jeweils vorgeschriebene Tempo nicht ganz und gar mitmacht und nicht behende genug mittut im Veitstanze einer immer mehr entheiligenden Zivilisation, aber er wird dafür ein anderes bewahren, worauf es denn doch vielleicht einmal noch ankommen wird, wenn die Völker der Erde dereinst etwa nach anderen Maßen als denen der Gewalt- und Konkurrenzfähigkeit gezählt und gewogen werden sollten: das menschliche Herz und die menschliche Seele!"[28]

---

[27] Döberl: Bayern I, S. 21.
[28] Der Schriftsteller Anton Wildgans (1881–1932), zitiert nach Roderich Müller-Guttenbrunn: Anton Wildgans, ein Österreicher, in: Der Türmer 33/II (1930/31), S. 56 ff., hier S. 57.

8. Anhang: Salzburg, Tirol, Böhmen[29]

Da die in der Überschrift genannten Länder in einem teils engeren, teils loseren Zusammenhang mit der habsburgischen Monarchie stehen, und da die evangelische Bewegung und ihr Schicksal einen ähnlichen Verlauf genommen hat wie in dem eigentlichen Österreich, sei ihrer auch an dieser Stelle gedacht.

Im Salzburger Gebiet verläuft die Besetzung durch die Baiern in genau der gleichen Weise wie im übrigen bairischen Niederlassungsgebiet. Man könnte höchstens sagen, daß hier etwas mehr kelto-romanisches Blut von früher her im Lande geblieben ist. Vielleicht hängt es damit zusammen, daß die Stadt Salzburg schon frühzeitig zu einem Mittelpunkt christlichen Lebens geworden ist. Über die Tätigkeit des Bischofs Rupert dort ist schon gesprochen worden. 738/39 wurde das dortige Bistum errichtet und 798 zum Erzbistum erhoben, dem die anderen bairischen Bistümer Regensburg, Passau und Freising untergeordnet waren. Späterhin erstreckte sich sein Sprengel über das ganze östliche und südliche Alpenland: Steiermark, Kärnten, Tirol. Infolge reicher Schenkungen in Kärnten und Niederösterreich, auch in Steiermark und anderwärts wurde es in die Lage versetzt, auch eine rege kolonisatorische Tätigkeit zu entfalten. Der große Besitz gab ferner Anlaß, daß sich das Bistum bald zu einer Territorialmacht, zu einem weltlichen Fürstentum entwickelte, etwa um das Jahr 1000, wo nach und nach allerlei königliche Rechte und Immunitäten anfielen. Durch das „Privilegium zugunsten der Kirchenfürsten" vom 26. April 1220 begründete König Friedrich II. dann vollends die Landeshoheit der geistlichen Fürsten.

Die Hauptmasse des Landes bildete eine geographische Einheit, nämlich das Tal der Salzach mit ihren zahlreichen Zuflüssen bis zum Einfluß des Inn. Außerhalb dieses geschlossenen Territoriums lagen nur die Täler des Oberlaufes der Enns und Mur, dann das Zillertal rechts der Ziller, das oberste Iseltal und der alte Stiftsboden links der Salzach und Saalach bis an die bayrische Traun (jetzt bei Bayern).

Auch Tirol ist altes bairisches Kolonialland, sowohl nördlich wie südlich des Brennerpasses. Ein stärkerer romanischer Einschlag ist hier jedoch unverkennbar. Im weiteren Verlauf der Geschichte bildete Tirol eine Grafschaft unter wechselnden Herren (Welfen, Meranier u. a.), bis das Land im Jahre 1369 an die Habsburger fiel. Das Christentum führte sich in Tirol nicht anders ein als in Altbaiern, allenfalls kommen einige Einflüsse aus dem Süden in Betracht.

In Böhmen ließen sich nach dem Abzug der Baiern die Slaven (Tschechen) nieder, waren aber zu schwach, um das ganze Land besetzen zu können. Da ihnen überdies kolonisatorische Fähigkeiten weitgehend abgingen, konnten von allen Seiten deutsche Siedler eindringen und die Randgebiete des böhmischen Kessels kultivieren, mit Ausnahme des Ostens, wo die mährischen Slaven (Slovaken) angrenzten. In der Fol-

---

[29] Zur neueren Forschung vgl. Dopsch/Spatzenegger: Salzburg; Riedmann: Tirol; Fontana u. a.: Tirol; Bosl: Böhmen; Hoensch: Böhmen.

gezeit standen Böhmen und Mähren unter eigenen Stammesfürsten, bald getrennt, bald vereinigt. Böhmen legte sich den Königstitel bei, wie oben bereits erwähnt. Die in Deutschland bekannteste Gestalt aus der frühböhmischen Geschichte ist König Ottokar II., der im Kampf gegen König Rudolf von Habsburg auf dem Marchfeld sein Leben ließ. 1526 wurde Erzherzog Ferdinand von den Böhmen zum König gewählt, wodurch das Land an die Habsburger fiel. Auch die Mähren erkannten ihn an.

Die böhmischen Herren riefen vielfach selbst die fleißigen deutschen Siedler in das Land, im Süden und Westen die Baiern, im Norden mitteldeutsche Kolonisten. Angenommen wird, daß im Egerland sich auch Franken anbauten.

Die Einführung des Christentums und die kirchliche Organisation hat ihre eigene Geschichte. Ebenso der weitere Verlauf der Kirchengeschichte (Hussiten), der Eingang der reformatorischen Bewegung und die Gegenreformation. Doch wirkt die Geschichte Böhmens stark herein nach Österreich und gewinnt besondere Bedeutung für die Geschichte der gegenreformatorischen Aktion in Oberösterreich und teilweise auch in Unterösterreich.

Die Reformation

1. Zustand der Kirche in Österreich vor der Reformation

Wie im übrigen Deutschland, so war auch in Österreich der Boden für die Reformation längst vorbereitet durch den zunehmenden Verfall der Kirche und ihres Priesterstandes, der Kirchenleitung und der Klöster. Man gewinnt sogar den Eindruck, daß es in Österreich in dieser Beziehung noch schlimmer stand als außerhalb. Es seien hier nur einige Stimmen zur Lage wiedergegeben:

Felix Stieve schreibt in seiner Geschichte des oberösterreichischen Bauernaufstandes von 1626: „Auch in Österreich hatte die Geistlichkeit durch ihre Unsittlichkeit, Habgier, Unwissenheit und Roheit glühenden Haß und bittere Verachtung gegen sich wachgerufen; auch dort waren die Laien von dem freieren Aufschwung des Geisteslebens, welchen Renaissance und Humanismus anregten, berührt worden, und auch dort hatten infolge davon Überdruß an dem ganz und gar veräußerlichten Kirchentum und angstvolle Zweifel, ob dieses die Seligkeit zu gewähren vermöge, die Gemüter erfüllt."[30]

Huber in seiner Geschichte Österreichs benennt „die Verleihung mehrerer Pfründen an ein und dieselbe Person, die Übertragung der höheren Würden nur an die Hoch- und Höchstgebornen, die Gier nach Vermehrung des kirchlichen Besitzes, die Ausnutzung des deutschen Volkes durch die ungemessenen Geldanforderungen des römischen Hofes, den ärgerlichen Lebenswandel eines großen Teiles des Welt- und Ordensklerus, die Üppigkeit und Schwelgerei an den Höfen so mancher geistlicher Fürsten, gewinnnützige Ausnutzung des Heiligen, äußerliche Frömmigkeit und handwerksmäßige Verrichtung kirchlicher Übungen" als schwerste Schäden der Kirche und beruft sich dabei auf den streng katholischen Geschichtsschreiber Janssen. Er hebt weiter hervor, daß schon ein „Drittel des ganzen Grundeigentums" in den Händen der Kirche war, so daß viele Pfarreien den Stiftern und Klöstern einverleibt (inkorporiert), d. h. die Einkünfte dorthin gezogen und die Versehung der Pfarrstellen nur kärglich besoldeten Verwesern überlassen wurde, die sich ihrerseits durch erhöhte Gebühren schadlos zu halten suchten. Auf dem Ausschußlandtag zu Innsbruck 1518 klagten die weltlichen Delegierten allgemein über die Habsucht und Sittenlosigkeit der Geistlichen: „An einigen Orten verlangen die Priester für das Seelgeräte eines Mannes einen Sterbeochsen, bei einer Frau eine Sterbekuh, auch dann, wenn nicht mehr Vieh auf den Gütern ist, oder aber einen ansehnlichen Geldbetrag, den sie im Laufe der Zeit fort und fort gesteigert haben; sonst berauben sie diese Personen des geweihten Erdreichs." Weiter: „Die Priester nehmen Geld für die Sünd, erlauben den offenbaren Ehebruch gegen Empfang von Geld und Zins, so sie

---

[30] Stieve: Bauernaufstand, S. 25

darauf schlagen, und geben damit zu der Sünde Ursach, absolvieren auch die Totschläger von Geldes wegen und strafen die Sünde im Säckel." Ferner wurde zu Innsbruck auf dem Landtag Klage geführt über das Halten von Weinschänken durch die Priester, „wodurch in ihren Häusern viel Rumor und manchmal Totschläge vorfallen", dann über das Tragen von unehrbarer und unpriesterlicher Kleidung, über das Tragen verbotener Wehr, über Raufhandel der Geistlichen und Schlägereien, über das Halten von verdächtigen Dienstboten und Dirnen, „als wenn diese ihre gegebenen Weiber wären", u. a.[31]

Schon Kaiser Maximilian I. hatte auf eine Beschwerde der Stände von Oberösterreich gegen die dortigen Geistlichen den Bischof Wigoleus von Passau[32] beauftragt, die Mißstände abzustellen; Wigoleus kam aber dem Auftrag nicht nach, weshalb ihm der Kaiser sein hohes Mißfallen aussprach. Sein Nachfolger freilich mußte selbst im Verein mit anderen Bischöfen in die allgemeine Klage über das zügellose Leben, die sittliche Entartung, die zahllosen Schandtaten und Ausschweifungen seiner Seelsorgegeistlichkeit mit einstimmen. Unter anderem wurden angeführt: die überaus zahlreichen Fälle von Konkubinat mit Kindern, der Ausschank von Wein, Handelschaften und Wucher, Nachsicht bei Ehebrüchen und anderen öffentlichen Verbrechen, wenn ein tüchtiger Beichtpfennig geleistet wurde, weiter Trunksucht, Fluchen, Lästerung, Streit.[33]

Erzherzog Ferdinand von Österreich, Bruder Kaiser Karls V., sprach es in der Instruktion für seinen Gesandten an den Kaiser offen aus, daß die lutherische Bewegung hauptsächlich dadurch entstanden sei, „quod fere universus ecclesiasticus ordo referat magis carnem et seculum quam spiritum et religionem" (daß fast der gesamte geistliche Stand mehr das Fleisch und die Welt als den Geist und die Religion widerspiegele).[34]

Es gab eine solche Fülle gestifteter Messen, daß diese vielfach nicht mehr gehalten werden konnten. Eine einzige adelige Dame hatte 1473 zu ihrem Seelenheil tausend Seelenmessen gestiftet. Im Kloster St. Florian war am Ende des 15. Jahrhunderts die Zahl der gestifteten Messen auf über 1700 gestiegen, darunter für ein Glied der Starhemberger Familie allein 365.[35]

---

[31] Huber: Österreich III, S. 498 f.
[32] Wigoleus Fröschl von Marzoll, 1500—1516 Bischof von Passau.
[33] Strnadt: Bauernkrieg, S. 21 f.
[34] Huber: Österreich III, S. 499 f.
[35] Huber: Österreich III, S. 499 f.

2. Der Einzug der reformatorischen Bewegung in Österreich

Schon frühzeitig gewann die in Wittenberg verkündete evangelische Lehre auch in den österreichischen Ländern ihre Anhänger.[36] Wie überall waren es einerseits die Bürger in den Städten, andererseits die adeligen Herren, die hierfür aufgeschlossen waren und sich mit Eifer der neuen Bewegung zuwandten. Ihnen folgte in einem gewissen Abstand das Landvolk. Der rasche Eingang der Reformation ist nicht verwunderlich, denn Österreich gehörte ja damals, wie über der späteren Geschichtsentwicklung nie vergessen werden darf, zum Deutschen Reiche und stand im lebhaften Verkehr mit den übrigen deutschen Ländern.

So hören wir denn bereits 1521 von einem evangelischen Prediger in Wien, der von der Kanzel der Stephanskirche Luthers Lehre verkündete, die Rechtfertigung aus dem Glauben allein, und der gegen Klostergelübde, gegen den Zwang der Ehelosigkeit der Priester und andere Mißstände ankämpfte. Es war kein Geringerer als Paul Speratus[37], der ehemalige Domprediger in Würzburg und spätere Hofprediger des Herzogs Albrecht von Brandenburg und Preußen, der dort die Reformation einführte und 1529 lutherischer Bischof zu Marienwerder wurde, der Dichter des Liedes: „Es ist das Heil uns kommen her." Zahlreiche evangelische Schriften wurden gleichzeitig im Erzherzogtum eingeführt und eifrigst gelesen, ja sogar in Wien selbst gedruckt und verbreitet. Als die dortige theologische Fakultät dagegen Schritte tun wollte, fand sie weder bei dem Bischof Sklatkonia[38] noch bei der Bürgerschaft Unterstützung. Ähnlich wie Speratus in Wien, wirkten anfangs 1524 Kaspar Schilling in Gmunden und der Franziskaner Calixtus in Steyr. Auch der deutsche Schulmeister Leonhard Eleutherobius (Freisleben) tat sich hervor und übersetzte eine lateinische Schrift Bugenhagens ins Deutsche. Unter den Adeligen ist besonders der Landeshauptmann des Landes ob der Enns, Wolfgang Jörger[39] zu nennen, der bereits 1521 seinen ältesten Sohn nach Wittenberg sandte, um ihn von Luther unterrichten zu lassen.[40]

---

[36] Vgl. Mecenseffy: Protestantismus, S. 8 ff.
[37] Speratus (1484–1551), neben Luther selbst der älteste lutherische Kirchenlieddichter, nahm später maßgeblichen Einfluß auf die brandenburg-preußische Kirchenordnung; er war in der Folge in Böhmen und Preußen tätig. Vgl. ADB Bd. 35, S. 123 ff. (Paul Tschackert), LThK Bd. 9, Sp. 960 f. (Ernst Manfred Wermter); RGG Bd. 6, Sp. 241 (W. Lueken).
[38] Georg von Slatkonja, 1513–1522 Bischof von Wien.
[39] Zu Jörger (1462–1524) vgl. Mecenseffy: Protestantismus, S. 11 f.; ADB Bd. 14, S. 531 (Franz von Krones).
[40] Der (zur höfischen, nicht religiösen Ausbildung!) nach Sachsen geschickte Christoph Jörger versicherte später selbst, er habe vor der Reise den Vorsatz gefaßt, „vestiglich bey dem Bäpstlichen Glauben zu bestehen und nit Lutheraner zu werden"; er ließ sich dann aber doch „aus biblischer Schrift durch Gottes Werkzeug, den gottseligen Martin Luther erleuchten und aus menschlichen Satzungen zur rechten Wahrheit führen". Vgl. Wurm: Jörger, S. 140; Mecenseffy: Protestantismus, S. 11 f.

Bald freilich griff der Erzherzog Ferdinand[41] ein, der nach dem Tode des Kaisers Maximilian 1519 die österreichischen Erblande übernommen hatte. Er erließ zunächst am 12. März 1523 ein Verbot evangelischer Schriften, freilich nur mit dem Erfolg, daß sie um so eifriger gelesen wurden. Dann trat er schärfer auf, besonders als 1523 im November ein neuer Bischof in Wien eingesetzt wurde. Es wurden nun mehrere Anhänger der Reformation in das Gefängnis geworfen, darunter ein Wiener Bürger, Kaspar Tauber. Weil dieser durchaus nicht widerrufen wollte, wurde er als hartnäckiger Ketzer am 17. September 1524 enthauptet und sein Leichnam auf dem Scheiterhaufen verbrannt. Solch strenges Verfahren konnte die neue Bewegung zwar hemmen, aber nicht aufhalten. Nicht nur der Adel ließ sich nicht abschrecken, sondern auch viele Geistliche, besonders Barfüßermönche, griffen die Lehre Luthers begierig auf und verbreiteten sie weiter. Im Juni 1525 richteten sogar die Stände Oberösterreichs an den Erzherzog die Bitte, er möge gestatten, daß das Evangelium „lauter und ohne Zusatz" gepredigt werde. Speratus hatte wohl aus Wien weichen müssen, predigte aber dann in Iglau (Mähren) und Olmütz weiter, bis er auch von dort vertrieben wurde und in Preußen Zuflucht fand. Erwähnt sei noch, daß sich in Innerösterreich (Steiermark, Kärnten und Krain) infolge seiner abseitigen Lage das Luthertum offenbar langsamer verbreitete. Dagegen hören wir von Tirol, daß dort schon 1523 ein Dr. Jakob Strauß aus Basel unter ungeheurem Zulauf von Bürgern und Bauern predigte (in Schwaz und Hall). Als er 1522 auf Befehl des Kaisers weichen mußte, wurde Urban Regius, ehemals Professor in Ingolstadt, dann Domprediger in Augsburg, als Prediger in Hall angestellt, mußte aber nach einem Jahre wieder gehen. Doch wurden evangelische Bücher und Schriften noch weiter dort verkauft und selbst Geistliche stimmten Luthers Lehre zu.

Unterm 20. August 1527 gab König Ferdinand ein neues und sehr scharfes Mandat gegen die neu aufgekommenen Ketzereien heraus, worin die strengsten Strafen angedroht wurden: je nach der Verfehlung Gefängnis, Landesverweisung, Feuer und Schwert; dazu Verbrennung der ketzerischen Bücher, Ertränken der Drucker und Verkäufer solcher Bücher. Aber diese Verordnung wurde nur lässig oder gar nicht ausgeführt. Die volle Strenge wurde nur gegen die nicht ganz kleine Zahl der Wiedertäufer ausgeführt, die allerdings nicht nur religiöse, sondern auch staatsgefährliche Lehren verkündigten. So wurde 1528 Balthasar Hubmayer in Wien verbrannt und seine Frau drei Tage darauf in der Donau ertränkt; andere mußten ihnen nachfolgen.

Nicht im Zusammenhang mit dem Vorgehen Ferdinands steht das Schicksal des Vikars Kaiser (oder Käser), der mehrere Jahre in Waizenkirchen in Oberösterreich tätig war und dort evangelisch predigte (bis 1524). Er war aus der Pfarrei Raab im Innviertel gebürtig, also aus einem damals zu Bayern gehörigen Gebiete. Er wurde 1527 in seinem Geburtsort verhaftet, als er sich krankheitshalber dort längere Zeit aufhalten mußte, vom geistlichen Gericht in Passau des priesterlichen Standes für

---

[41] Ferdinand I. (1503–1564), Römischer König ab 1531, Kaiser ab 1558.

verlustig erklärt und dem weltlichen Gericht des bairischen Herzogs zur Aburteilung übergeben. Da Kaiser nicht widerrufen wollte, wurde die Todesstrafe über ihn verhängt und er am 16. August 1527 zu Schärding verbrannt. Sein Märtyrertod wirkte aber sichtlich in Waizenkirchen noch lange nach, denn gerade aus dieser Pfarrei sind bei der Gegenreformation besonders viele Evangelische nach Franken ausgewandert.

Daß Ferdinand nicht entschiedener auf der Durchführung seiner Mandate gegen die Evangelischen bestand, hatte seinen Grund vor allem in der Tatsache, daß der österreichische Adel in seinen Landen außerordentliche Rechte und darum auch besondere Macht besaß. Der Adel beanspruchte dort nicht nur eine ausgedehnte Grundherrschaft über seine Grundholden, sondern auch die Verfügung über den Glauben seiner Untertanen. Da er selbst aber mit wenigen Ausnahmen evangelisch gesinnt war, so behauptete er auch für seine Untertanen das gleiche Recht. Er hielt in seinen Schloßkapellen evangelische Gottesdienste ab, wozu er evangelische Geistliche aus dem Reich berief, und gewährte seinen Untertanen den regelmäßigen Zugang zu diesen Kirchen, ja er ging mit der Zeit dazu über, eigene Kirchen für diese zu errichten. Hinter dem Adel wollten aber die Städte und Märkte nicht zurückstehen und verlangten auch ihrerseits gleiches Recht, das allerdings von den Landesfürsten stets bestritten, aber aus politischen Gründen doch immer wieder stillschweigend geduldet wurde. Dazu kam, daß auch die Klöster mehr oder weniger von der evangelischen Bewegung erfaßt waren und darum auf den ihnen gehörigen Pfarreien evangelische Geistliche häufig duldeten, mitunter sogar zu evangelischer Predigt verpflichteten. Damit hatten aber die Evangelischen weitaus die Mehrheit in der Versammlung der Landstände, die jeweils die erforderlichen Steuern zur Wehrhaftmachung und Verteidigung des Landes zu bewilligen hatten. Gerade dazu aber brauchten die Landesherren immer wieder die Landstände, da besonders die Türken eine ständige Bedrohung für Österreich bildeten. Politische Rücksichtnahme nötigte deshalb die Fürsten immer wieder, sich den Landständen gegenüber nachgiebig zu zeigen; und die Landstände zögerten nicht, dabei immer wieder die Freiheit des Glaubens in den Vordergrund zu stellen.

Nicht zu verkennen ist dabei allerdings auch, daß die persönliche Einstellung der betreffenden Fürsten durchaus nicht immer eine so schroff ablehnende gegenüber der evangelischen Bewegung war, wie wir sie z. B. bei den benachbarten bairischen Herzögen oder bei den späteren Habsburgern finden. König Ferdinand war im allgemeinen wenig für Gewaltanwendung in Glaubenssachen eingenommen trotz der anfänglich so schroffen Mandate. Seit der Veröffentlichung der Augsburger Konfession (1530) war er sichtlich milder gegen die Evangelischen gestimmt, und in den letzten Jahren seiner Regierung schwebte ihm sichtlich das Ziel vor, einen Ausgleich zwischen den Religionsparteien und in irgend einer Form deren Wiedervereinigung herbeizuführen. Eben dazu ließ er es sich angelegen sein, den Katholizismus von innen heraus zu kräftigen und für einen erneuerten und tüchtigen geistlichen Stand zu sorgen.

Aus solcher Einstellung wie aus der ganzen politischen Lage heraus begreift es sich, daß trotz der scharfen Mandate keine einschneidenden und durchgreifenden Maßnahmen gegen die evangelische Bewegung getroffen wurden, daß vielmehr die Bewegung immer mehr überhandnahm. Eine von Ferdinand ausgesandte Visitationskommission mußte 1528 berichten, daß die fürstlichen Verordnungen wenig beachtet würden, daß die lutherischen Bücher sogar in Frauenklöstern fleißig gelesen, die geistlichen Stellen von den Patronen nach Gutdünken besetzt würden, ja daß in „Österreich unter und ob der Enns im Herren- und Ritterstande und unter den Beamten mehr Lutherische denn Katholiken seien". Im einzelnen hob die Kommission hervor: In Bruck (Steiermark) seien „der lutherischen Bürger sehr viel", zwei Geistliche verheiratet; die Bürger von Rottenmann (Steiermark) hielten einen lutherischen Prediger; in Schladming weigerten sich die Bergknappen, eine Spezialbeichte abzulegen; in Windischgrätz beteiligten sich kaum dreißig Personen an der Fronleichnamsprozession, usw.[42]

Unter den adeligen Herren taten sich besonders hervor die schon erwähnten Jörger auf ihrer Burg Tollet bei Grießkirchen (wobei noch hervorzuheben ist, daß die Witwe Dorothea Jörger mit Luther in Briefwechsel stand und Stipendien für arme Theologiestudenten stiftete), ferner die Schaunberg bei Eferding, die Starhemberg, die reichen Puchheim, die Kuefstein, Grabner, Stockhorner, Teufel, Sinzendorfer, Roggendorfer, Landauer, Hager, Polheim, Losenstein, Volkersdorff usw.

Katholisch blieben nur wenige: die Hoyos, Merakschi, Mollarth – unter ihnen ist nicht ein deutscher Name!

Es wäre natürlich verfehlt, zu glauben, daß alle Herren aus dem höheren und niederen Adel aus innerster Glaubensüberzeugung sich der neuen Bewegung angeschlossen hätten. Dazu waren viele von ihnen allzu sehr in Roheit, Trunksucht, Üppigkeit und anderen Lastern versunken, wie man es in jener Zeit allgemein bei hoch und niedrig wahrnehmen konnte. Vielfach war es darum nur der Haß gegen das anmaßende und doch so ungebildete und rohe Priestertum, die Gier nach dem kirchlichen Besitz, ein ungezügeltes Freiheitsstreben neben anderen unlauteren Motiven, was sie in Gegensatz zum herrschenden katholischen Kirchentum brachte. Aber sie hatten nicht die Führung unter ihren Stammesgenossen, sondern diese lag in den Händen der besseren und besten unter dem Adel, dem es wirklich um Glauben und Gewissen, um Wahrheit und Recht zu tun war, der auch bereit war, Opfer hierfür zu bringen, und der, wenn es darauf ankam, mit Leib und Leben für seine Überzeugung eintrat, wie sich's hernach bei der Gegenreformation bewährte. Diese suchten auch, wo es nur möglich war, tüchtige evangelische Geistliche, „Prädikanten", einzusetzen und ein richtiges evangelisches Kirchenwesen in Blüte zu bringen, voran der junge Ritter Christoph von Jörger, der schon 1525 den Magister Michael Stifel aus Wittenberg, von Luther selbst gesandt, nach Schloß Tollet berief. Diese echt gläubigen evangelischen Adeligen traten immer wieder und überall auf den Ständeversammlun-

---

[42] Huber: Österreich IV, S. 97 f.

gen für freie Religionsübung ein und richteten solche Gesuche an die landesfürstliche Obrigkeit, so in Innsbruck 1531/32, in Prag 1541, in Wien 1556 und 1562. Sie hielten auch ihre schützende Hand über die heimlich umherreisenden Prädikanten, die dort, wo die öffentliche Predigt nicht möglich war, in Bauernhäusern evangelische Gottesdienste abhielten.

Bei solcher Haltung des Adels war es eine selbstverständliche Folge, daß der weitaus größte Teil der Bauernschaft dem Evangelium zufiel. Daß die ohnehin von einem freieren Geiste beseelten Städte, wie auch die Knappen in den Salz- und Erzbergwerken, die Arbeiter in den Eisenhütten, dazu die Beamten hinter dem Adel nicht zurückstanden, wurde schon gesagt. Führend waren hier die größeren und wichtigeren Städte, wie Linz, Graz, Steyr und andere. In Wien bereitete allerdings die Regierung Schwierigkeiten; aber die Evangelischgesinnten liefen hier in die von den Herren auf ihren Sitzen in der Stadt und in der Umgebung veranstalteten Gottesdienste und fanden dort Ersatz. Wie sehr übrigens auch in Wien der neue Geist sich mächtig regte, dafür ist die dortige katholische Universität ein Beweis; denn der Besuch derselben ging reißend zurück; 1526 schon unter die Zahl hundert, 1529 unter dreißig, 1532 waren es nur noch zwölf Studenten.[43]

Nur in Tirol konnte der Protestantismus in der ländlichen Bevölkerung nicht Wurzel fassen, da hier die Masse der Bauern unmittelbar unter der Herrschaft der fürstlichen Land- und Pfleggerichte stand und darum der Adel wenig zu sagen hatte, ähnlich wie in Bayern.

Schon die Visitation von 1528 lieferte den Beweis, daß das Luthertum auch in die Klöster Eingang gefunden hatte. So fand selbst dort der Katholizismus keine Stütze mehr, ja wurde sogar vielmehr der Protestantismus gefördert. Der Prälat des Klosters Wilhering verlangte etwa 1550 von dem nach Oberneukirchen, einer dem Stift zugehörigen Pfarrei, entsandten Pfarrer Thomas Schick einen Revers, wonach er sich verpflichtete, „das Wort Gottes lauter und rein zu verkünden" und sich aller Sektiererei zu enthalten, letzteres offenbar mit Bezug auf die Wiedertäufer, Flacianer und andere. Einen gleichen Revers hatte 1558 der vom Kloster nach Leonfelden gesetzte Pfarrer Johann Frank auszustellen. Nach 1573 ließ das Stift St. Florian seine Novizen in Wittenberg studieren. Im übrigen wurden die Klöster recht leer, wie auch viele Kirchen verwaisten.

Im Jahre 1557 berichtete der Gesandte von Venedig nach seiner Heimatstadt, daß in den österreichischen Ländern nur noch ein Zehntel katholisch sei, und zwar ein Zehntel „der Deutschen" im Unterschied zu den noch im Lande lebenden und meist katholisch gebliebenen Slaven. Es wäre aber auch hier irrig, zu meinen, daß die übrigen neun Zehntel der Deutschen sämtlich evangelisch gesinnt gewesen seien. Das kann man gewiß von einem großen Teil derselben behaupten. Die anderen aber huldigten einem sogenannten Kompromißkatholizismus. Das will sagen, daß sie ihre katholische Anschauung mehr oder weniger mit protestantischen Meinungen durch-

---

[43] Huber: Österreich IV, S. 97 ff.

setzt hatten, daß sie z. B. das hl. Abendmahl in beiderlei Gestalt wünschten, daß sie Gegner der lateinischen Messe, der Ohrenbeichte, der Wallfahrten, Reliquienverehrung, der Fasten und anderer Gebräuche waren, oder daß sie die Lehre vom Fegfeuer, von den Heiligen, vom Papsttum, Klosterleben und dergleichen verwarfen, daß es ihnen aber durchaus an einer tieferen Erfassung der evangelischen Lehre, also an einem wirklichen evangelischen Glauben fehlte. Sie waren nur „Protestanten", die gegen das, was ihnen an der katholischen Kirche nicht gefiel, protestierten, sie waren aber noch keine „Evangelischen", denen das Evangelium von der Rechtfertigung aus dem Glauben allein durch Christum zur Herzenssache geworden wäre. Nicht wenige wollten von einer Kirche überhaupt nichts mehr wissen. So konnte es geschehen, daß im Jahre 1543 bei einer Visitation festgestellt werden mußte, daß es nicht nur auf dem Lande, sondern sogar in Wien viele gab, die weder das Credo (Glaubensbekenntnis), noch das Vaterunser kannten, geschweige denn über die zehn Gebote oder die Sakramente etwas zu antworten wußten. Hier lag freilich auch eine schwere Schuld der katholischen Geistlichen vor; denn schon 1524 hatten die Bischöfe Klage darüber erhoben, daß sich ihre Geistlichen so wenig um die Seelsorge bekümmerten, so daß z. B. im Tale der Enns viele Bauern nicht einmal das Vaterunser herzusagen vermochten. Nach dem Eingang der evangelischen Bewegung fehlte es dann überhaupt an katholischen Geistlichen sehr, und die noch amtierten, taten es in der alten, oft so ungeistlichen Weise. Zudem hatten die Bischöfe, die darüber zu wachen hatten, weithin an Einfluß auf Priesterschaft und Volk eingebüßt.

König Ferdinand erkannte sehr wohl den schweren Schaden, der in dem Mangel eines gut ausgebildeten, tüchtigen und zuchtvollen Priesterstandes lag, und suchte diesem Mangel abzuhelfen. Da die Bischöfe versagten, so glaubte er in der Berufung der Jesuiten* einen geeigneten Weg zur Abhilfe zu finden. 1553 erschienen die ersten zwölf Ordensmänner in Wien; es waren Niederländer, Spanier, Franzosen, Italiener. Sie entsprachen den Erwartungen Ferdinands und gründeten 1554 in Wien ein Gymnasium mit einem Konvikt zum Unterhalt und zur Wohnung für die Schüler. Das Gymnasium kam rasch zur Blüte, weshalb 1556 ein zweites Jesuitenkolleg in Prag, 1562 ein drittes in Innsbruck folgte (Abb. 5). Nach Wien war schon bald der

---

* Im Jahre 1540 errichtete Ignatius von Loloya den Orden der „Gesellschaft Jesu", der jedes seiner Mitglieder nach Ablegung der drei üblichen Mönchsgelübde der Armut, der Keuschheit und des unbedingten Gehorsams noch verpflichtete, „das Leben dem beständigen Dienste Christi und der Päpste zu weihen, nur dem Herrn und dem Papst als dessen Statthalter zu dienen." Im Jahre 1609 errichteten die Jesuiten eine Niederlassung in Linz. Kaiser Matthias schenkte ihnen fernerhin das ehemalige Kloster Pulgarn bei Steyregg samt den zugehörigen Untertanen, so daß sie damit in den Genuß weltlicher Grundobrigkeit kamen! Unter Ferdinand II. galten sie als fast allmächtig; insbesondere in der Rolle als Beichtväter wußten sie sich überall Einfluß zu sichern. Ferdinand schenkte ihnen das einstige Frauenkloster Traunkirchen mit großer Grundherrschaft 1622, desgleichen 1627 Ottensheim. Sie waren strenge und habgierige Grundherren, die fast ununterbrochen wegen ihrer herrschaftlichen Gerechtsame stritten, selbst mit kaiserlichen Beamten.

bekannte Jesuit Petrus Canisius⁴⁴ berufen worden, der später auch als Katechismenverfasser hervortreten sollte. Außerdem wirkte Canisius besonders durch Predigten und öffentliche Disputationen, wie nach ihm auch andere seiner Ordensleute, von denen mit der Zeit immer mehr im Lande Einzug hielten. Die Absicht Ferdinands, den Katholizismus innerlich zu stärken und äußerlich zu heben, wurde gewiß durch diese Tätigkeit der Jesuiten in Schule, Predigt, Disputation und Seelsorge erreicht. Diese breiteten sich im Lauf der kommenden Jahre über das ganze österreichische Land aus. So kam 1586 das Zisterzienserkloster St. Bernhard bei Horn in ihre Hände, 1615 saßen sie in Krems; in Horn selbst waren die Piaristen, die sich von den Jesuiten nicht wesentlich unterschieden; eifrige Kapuziner wirkten in und bei Stein und in Waidhofen an der Thaya in ihrem Sinn. Um 1600 waren in den österreichischen Erblanden bereits 460 Jesuiten in Unterricht, Predigt und Seelsorge tätig. Als der tätigste aller österreichischen Jesuiten gilt P. Georg Scherer.⁴⁵ Will man ihre Methode kurz charakterisieren, so muß man anführen: Jugendbildung, besonders bei den Vornehmen, Gespräche mit Frauen, spitzfindige Disputationen, Prachtentfaltung im Kult durch Zeremonien, schließlich Schriften und Flugblätter.

Zumal nachdem Ferdinand 1556 deutscher Kaiser geworden war, verfolgte er das Ziel, die beiden Konfessionen wieder zu vereinigen, weshalb er 1557 ein Religionsgespräch zwischen Evangelischen und Katholiken zu Worms veranstaltet, die Einberufung einer Kirchenversammlung durch den Papst betrieb und von diesem allerlei Zugeständnisse für die Evangelischen zu erlangen suchte. Durch die Kirchenversammlung sollten die vielen Mißstände in der katholischen Kirche abgestellt und durch die Zugeständnisse an die Protestanten eine Brücke zur Verständigung mit ihnen geschlagen werden. Unter den Zugeständnissen verstand er vor allem den Laienkelch, d. h. die Darreichung des hl. Abendmahls an die Gemeinde unter Brot und Wein. Er hatte diesen Brauch schon 1556 aus eigener Machtvollkommenheit für seine Erblande in Österreich eingeführt und Papst Pius IV.⁴⁶ hatte dies für Österreich und Bayern 1564 bestätigt, später freilich wieder eingeschränkt und schließlich wieder ganz abgeschafft. Ferner suchte er die auch von den Katholiken sehr gewünschte Priesterehe durchzusetzen (1562), wogegen sich aber die Kirchenversammlung zu Trient aussprach. Trotzdem waren in Österreich noch lange die meisten katholischen Geistlichen verheiratet, sofern sie nicht den höchst anstößigen Brauch der Haltung von Konkubinen vorzogen. Selbst Pfarrer, die aus dem Kloster Wilhering stammten, verheirateten sich, wie der Geistliche von Oberweißenbach (1562).

⁴⁴ Canisius (1521–1597), Jesuit seit 1543, gilt als bedeutender katholischer Kirchenpolitiker und Theologe; vgl. ADB Bd. 3, S. 749 ff. (Ennen); NDB Bd. 3, S. 122 f. (Hubert Jedin); LThK Bd. 2, Sp. 915 ff. (Burkhart Schneider).
⁴⁵ Scherer (1540–1605), seit 1559 Mitglied des Wiener Jesuitenkollegs und von 1590 bis 1594 dessen Rektor, ist unter anderem als bedeutender und erfolgreicher Kanzelredner und polemischer Kontroverstheologe hervorgetreten; LThK Bd. 9, Sp. 393 (Franz Loidl).
⁴⁶ Giovanni Angelo Medici (1499–1565), Papst seit 1559; vgl. LThK Bd. 8, Sp. 530 f. (Georg Schwaiger).

Christlich Kirchen Agenda

Wie die von den zweyen Ständen der Herrn vnd Ritterschafft/im Ertzhertzogthumb Oesterreich vnter der Enns/gebraucht wirdt.

I. Corinth. XIIII.

Die Geister der Propheten sindt den Propheten vnterthan. Denn Gott ist nicht ein Gott der Vnordnung/Sonder des Friedes/wie in allen Gemeinen der Heiligen. Lassets alles Ehrlich vnd Ordentlich zugehn.

ANNO
M D LXXI.

Abb. 4: Titelblatt der Niederösterreichischen „Christlichen Kirchen Agenda" von 1571.

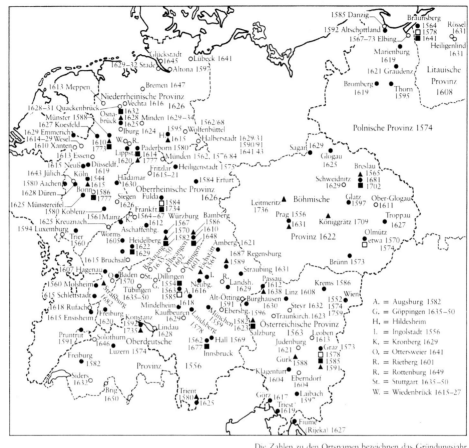

Abb. 5: Die Gründung katholischer Bildungsanstalten seit 1550.

Das Wiedererstarken des Katholizismus war keineswegs nur ein Ergebnis von Gewalttakten, sondern in wesentlichen Teilen auch der inneren Erneuerung der alten Kirche nach dem Trienter Konzil (1545–1565). Der daraus entstandene Aufbruchsgeist und die offensive Stimmung äußerten sich nicht zuletzt in der Gründung einer Vielzahl von katholischen Bildungseinrichtungen, die zu wichtigen Stützpunkten der Gegenreformation wie der katholischen Reform werden sollten.

3. Der Fortgang der Reformation[47]

War Kaiser Ferdinand bei aller Milde gegen die Evangelischen doch immer ein überzeugter Katholik und treuer Sohn seiner Kirche geblieben, so kann von seinem Sohn und Nachfolger, Kaiser Maximilian II. (1564—1576), eine entschiedene Hinneigung zum evangelischen Glauben bezeugt werden. Eine hochbegabte, edle Natur, war er schon durch seinen Lehrer Wolfgang Schiefer, einen Schüler der Wittenberger Reformatoren, auf die lutherische Lehre hingewiesen worden; als Jüngling verkehrte er viel mit dem protestantischen Adel seines Landes; er ließ sich Schriften Luthers, Melanchthons und anderer evangelischer Theologen senden und stand in brieflichem Verkehr mit den beiden evangelischen Fürsten Kurfürst August von Sachsen und Herzog Christoph von Württemberg. Nicht wenige erwarteten geradezu, daß er noch völlig auf die Seite der Evangelischen treten würde. Aber starke Einflüsse machten sich dagegen geltend: die Rücksicht auf seinen Vater, die Bemühungen des Papstes und der katholischen Fürsten, besonders im benachbarten Bayern, die Verwandtschaft mit dem streng katholischen spanischen Hofe. Auch stießen ihn die Streitigkeiten der evangelischen Theologen ebenso ab wie das gerade in Österreich immer wieder auftauchende Sektenwesen. So blieb er doch mehr in der religiösen Richtung seines Vaters stehen, allerdings mit wesentlich stärkerer Betonung des Evangelischen. Seinen Ansichten hätte vielleicht am meisten eine Verschmelzung lutherischer und katholischer Ansichten entsprochen, eine Religion, welche die bischöfliche Verfassung beibehalten und wohl auch eine gewisse Obergewalt des Papstes zugelassen, aber manche Zeremonie abgeschafft und Luthers Rechtfertigungslehre, den Laienkelch und die Priesterehe aufgenommen hätte.[48]

Schon bald nach dem Regierungsantritt Maximilians bemühten sich die Stände der Länder Ober- und Unterösterreich um den kaiserlichen Schutz in Glaubenssachen, daß keinerlei Bedrängnis wegen des evangelischen Bekenntnisses von einer geistlichen oder weltlichen Obrigkeit ausgeübt werde. Der Kaiser wollte die Religionsfrage gerne verschieben. Aber das Drängen der Stände einerseits und die Notwendigkeit ihrer Mithilfe andererseits veranlaßten ihn doch zum Nachgeben. Was diese Mithilfe betrifft, so bedurfte er ihrer dringend zur Rüstung gegen die Türken. Nach längeren Verhandlungen ließ er sich zu der sogenannten „Religions-Konzession" herbei, ausgestellt am 18. August 1568.* Sie galt allerdings nur den Herren und Rittern des Landes „unter der Enns", also nur für Unterösterreich, und auch da nur den beiden genannten Ständen, also nicht den landesfürstlichen Städten und Untertanen

---

* Reichart Streun auf Schloß Schwarzenau, österreichischer Staatsmann, 1567 Hofkammerpräsident, Gelehrter, Berater des Kaisers, sehr eifriger Protestant, war wahrscheinlich auch Autor oder Mitarbeiter bei der Religions-Konzession. Er bestellte tüchtige evangelische Pfarrer in Els, Obernonndorf, Gobelsburg, St. Michael und Weißenkirchen.

[47] Vgl. Mecenseffy: Protestantismus, S. 50 ff.
[48] Huber: Österreich IV, S. 226.

und erst recht nicht den unter geistlichen Herrschaften (Klöstern, Bischöfen, Domkapiteln) stehenden Untertanen. Nur die „Herren und Ritter" sollten berechtigt sein, in ihren Schlössern, Häusern und Gebieten wie in den unter ihrem Patronat stehenden Kirchen die Lehren und gottesdienstlichen Gebräuche, wie sie in der „Augsburgischen Konfession" zusammengefaßt seien, frei und ungehindert auszuüben.[49] Durch die Betonung der Augsburger Konfession waren sowohl die Reformierten wie die verschiedenen Sekten von der Duldung ausgeschlossen. Eben darum war auch die Konzession an die Bedingung geknüpft, daß ein gemeinsames Handbuch für den Gottesdienst, eine für alle gültige Kirchen-Agende eingeführt werde.

Die Ausarbeitung eines solchen Kirchenbuches wurde sofort in Angriff genommen. Kein Geringerer als David Chyträus[50], Professor in Rostock, wurde dazu nach Österreich berufen und hat seine Arbeit erst in Krems, dann in Spitz ausgeführt. Auf Wunsch des Kaisers, der möglichst viele katholische Formen beibehalten wissen wollte, mußte dann die Agende nochmals überarbeitet werden, was durch den Schloßprediger des Herrn Leopold von Grabner zu Rosenberg und Pottenbrunn, Dr. Christoph Reuter, geschah. Im Jahre 1573 war die Agende vollendet und wurde im Druck herausgegeben unter dem Titel „Christliche Kirchen-Agenda, wie sie von den zweien Ständen der Herr- und Ritterschaft im Erzherzogtum Österreich unter der Enns gebraucht wird" (Abb. 4). Es hätte jetzt nur noch eine feste kirchliche Organisation geschaffen werden müssen, um das Kirchenwesen zu überwachen und die Kirchenordnung durchzuführen; doch dem Wunsche der Stände auf Einrichtung von Konsistorien versagte der Kaiser die Zustimmung, hauptsächlich auf Betreiben des Papstes. So war es unausbleiblich, daß die Kirchenagende in Unterösterreich nicht so, wie es hätte sein sollen, zur Durchführung gelangte. Es gab unter den Pfarrern allzu viele eigenwillige und unruhige Köpfe, die sich nicht in eine feste Ordnung fügen wollten, ja, die um eben solcher Eigenschaften willen aus dem Reich hatten weichen müssen und in Österreich eine Zuflucht gefunden hatten; unter ihnen waren natürlich auch manche ungeeignete und minderwertige Pfarrer. Sogar Sektierer wie die Wiedertäufer, dann starrsinnige Flacianer und vertriebene Zwinglianer hatten bei einzelnen Herrschaften Aufnahme gefunden. So amtierte z. B. um 1580 ein gewisser Benedikt Melhorn, als Flacianer aus dem Reich vertrieben, als Pfarrer in Arbesbach. Es waren überhaupt viele Anhänger des Flacius Illyricus[51] nach Österreich ausgewandert!

Obwohl so innere Wirrnisse neben den äußeren Hemmungen die Ausbreitung der Reformation hinderten, hat sich doch die evangelische Bewegung je länger umso

---

[49] Die Zugeständnisse sollten bis zu einem endgültigen Religionsvergleich gelten, eine Hoffnung oder Rückversicherungsformel, die ähnlich etwa auch im Augsburger Religionsfrieden von 1555 auftaucht.
[50] Zu dem Theologen und Polyhistor Chyträus (1531–1600) vgl. ADB Bd. 4, S. 254 ff. (Fromm); NDB Bd. 3, S. 254 (Ernst Wolf); RGG Bd. 1, Sp. 1823 (Georg Loesche/H. Liebing).
[51] Matthias Flacius (1520–1575), lutherischer Theologe und scharfer Kämpfer gegen die ‚Philippisten'. Vgl. ADB Bd. 7, S. 88 ff. (Preger); NDB Bd. 5, S. 220 ff. (Günter Moldaenke); RGG Bd. 2, Sp. 971 (Günter Moldaenke); LThK Bd. 4, Sp. 161 f. (Peter Meinhold).

kraftvoller durchgesetzt. Der sogenannten Kompromißkatholizismus verschwand mehr und mehr, und es trat an seine Stelle ein echter und guter Protestantismus, dessen religiöse Entschiedenheit sich bald bei den nach Maximilians Tod einsetzenden gegenreformatorischen Bestrebungen bewährte. Als 1580 im Städtchen Horn, einem Zentrum der evangelischen Bewegung, eine Visitation der lutherischen Prediger durch Dr. Lucas Backmeister, einen Rostocker Theologen, stattfand, stellten sich fast 60 evangelische Seelsorger aus dem Waldviertel ein und nur wenige lehnten ab. Freilich gab es dabei auch viel zu klagen: über mangelnde Kenntnisse und das Ungeschick vieler Prädikanten, über Einziehung des Kirchengutes durch die Herrschaften, über elende Pfarr- und Schulhäuser, über Vorenthaltung von Einkünften u. a. Nicht alle Herren wollten sich auf ihre Pflichten ebensogut verstehen wie auf ihre Rechte.

Die Stände in Oberösterreich hatten von Maximilian II. eine gleiche Religions-Konzession gefordert, wie er sie für die Herren und Ritter in dem Lande unter der Enns bewilligt hatte. Allein der Kaiser ging nicht darauf ein, sondern bewilligte auf viele Bitten nur eine wesentlich abgeschwächte Erklärung zugunsten der Herren und Ritter in Oberösterreich. Immerhin genügte auch diese, um den Protestantismus in gleicher Weise wie in Unterösterreich zu festigen und zur Herrschaft zu bringen. 1578 gaben sich die drei Stände, Herren, Ritterschaft und Städte, auf der Landtagsversammlung zu Linz sogar eine „Kirchenordnung der evangelischen Stände im Lande ob der Enns". Sie wurde unterschrieben von den Herren Hans Caspar von Volkersdorff, Gundacker von Starhemberg, Wolfgang Freiherrn von Jörger, Andreas von Polheim, Achaz zu Losenstein, dann von den Rittern Georg Neuhauser, Achaz Hohenfelder, Jörg Flußhardt, Narziß Segger und Achaz Kaplan, endlich von den Vertretern der Städte: Michael Ayden und Melchior Höber zu Steyr, Georg Huetter und Christoph Schick zu Linz, Hans Thanner und Pangraz Attanger zu Wels, Philipp Egkmülner zu Enns, Christoph Alkhoffer und Georg Kohlender zu Freistadt, Hans Bauernfeind zu Gmunden und Max Kropfinger zu Vöcklabruck. Eine staatsrechtliche Bedeutung konnte dieser Kirchenordnung nicht zukommen, da sie von Landesfürsten nicht genehmigt war; aber auf die Stellung des Protestantismus in Oberösterreich wirft sie ein interessantes Schlaglicht.

In Innerösterreich (Steiermark, Kärnten und Krain) regierte der Bruder Maximilians, Erzherzog Karl (1564–1590)[52]. Dieser holte sich 1570 einen jesuitischen Fastenprediger nach Graz; bald darauf gab es Jesuiten in Leoben, Marburg, Laibach, Klagenfurt und Millstatt. Karl war weniger entgegenkommend als der Kaiser, sah sich aber dann doch infolge Geldnot und wegen der Türkengefahr genötigt, 1572 den Herren und Rittern die Zusicherung unbeschwerter Religionsübung zu geben und weiterhin auf fortgesetztes Drängen der evangelischen Stände 1578 die „Brucker Religionspazifikation" auszustellen. Diese gewährte den Herren und Rittern freie

---

[52] Karl von Innerösterreich (* 1540).

Religionsübung auch innerhalb der Städte Graz, Judenburg, Klagenfurt und Laibach, nicht aber den Bürgern daselbst.

Die Stände in Innerösterreich sorgten mit allem Ernst und Eifer für kirchliche Ordnung. Sie führten selbständig eine Kirchenagende ein und hielten alles Sektenwesen von sich fern; sie errichteten „Ministerien" zur Heranbildung und Prüfung von Kandidaten für das geistliche Amt, je in Graz, Klagenfurt und Laibach. So konnte es nicht fehlen, daß überall im Lande sich ein blühendes evangelisches Kirchenwesen entfaltete. Der Protestantismus hatte bereits breite und tiefe Wurzeln gefaßt. Schon unter Ferdinand I. waren der größte Teil des Adels, zahlreiche Bürger und auch nicht wenige Bauern zur neuen Lehre übergetreten. Diese hofften, von dem jungen Erzherzog Karl die freie Ausübung der Religion zu erhalten. Dieser war zwar eifriger Katholik, aber seine finanzielle Notlage, die sich aus seinen Schulden bei seinem Vater und aus der Notwendigkeit des Grenzschutzes gegen die Türken ergab, ließ ihn auf die Stände angewiesen sein. So mußte er deren Forderungen in Rechnung ziehen. Sie verlangten, daß den „eingerissenen Mißbräuchen gewehrt", das Wort Gottes „rein und lauter" gepredigt, die Pfarreien mit „christlichen" Personen versehen würden.

Für den Niedergang der damaligen Klöster spricht das Ergebnis einer Visitation von 1575: in 21 steirischen Klöstern fanden sich unter 92 Mönchen 10 Eheweiber, 38 Konkubinen und 77 Kinder. Selbst Totschläge kamen unter den Mönchen vor. Erzherzog Karl sagte es ihnen ins Gesicht, und zwar im Jahre 1568, daß bei ihnen fast nichts als Fressen, Saufen und andere Ungebühr zu spüren sei. 1565 klagte er auf dem Landtag, daß die geistliche Obrigkeit mehr für das Weltliche sorge als für ihr Amt, daß Kirchen und Pfarren übel versehen seien und die Priester ein hochsträfliches und ärgerliches Leben führten.

Die protestantischen Stände suchten sich eine feste kirchliche Organisation zu geben durch Schaffung eines Kirchenkonsistoriums, an dessen Spitze der Theologe Jeremias Homberger[53], ein gebürtiger Hesse, trat. Außerdem riefen sie eine gute Schule zur Ausbildung von Geistlichen und Beamten ins Leben. An sie beriefen sie den Rostocker Professor Chyträus, den uns bereits bekannten Verfasser der niederösterreichischen Kirchenordnung, um Neujahr 1574 nach Graz. Es folgten weitere Professoren aus Deutschland, im April 1594 auch der Astronom Kepler[54] als Lehrer für Mathematik. Gelehrt wurden neben Latein, Griechisch und anderem auch einzelne Fächer der Theologie, Rechtswissenschaft und Philosophie.[55]

In Tirol herrschte von 1564 bis 1595 Erzherzog Ferdinand[56], Bruder Maximilians und Gemahl der Philippine Welser. Sein Nachfolger wurde Maximilians vierter

---

[53] Homberger (1529–1594) war ab 1574 bis zu seiner Ausweisung 1585 Superintendent in Graz. Vgl. ADB Bd. 13, S. 40, und Bd. 50, S. 458 ff. (Franz Ilwof); NDB Bd. 9, S. 586 f. (Harald Zimmermann).
[54] Johannes Kepler (1571–1630) mußte schon sechs Jahre später wieder von dort weichen; nach seiner Rückkehr nach Oberösterreich wurde er 1626 auch dort Opfer der Gegenreformation und hatte erneut auszuwandern.
[55] Huber: Österreich IV, S. 320.
[56] Ferdinand von Tirol (1529–1595).

Sohn, der ebenfalls den Namen Maximilian[57] führte. Zwar zeigten sich auch hier evangelische Regungen, zumal unter den Bergleuten des Inntals, zwar lag auch hier die katholische Kirche in tiefem Verfall, aber eine straffe landesherrliche Regierung griff tatkräftig ein. In Tirol besaß der Adel nicht die gleichen Rechte wie im alten Österreich, die politische Lage war vielmehr der in Bayern ähnlich, und so entwickelte sich auch die religiöse Bewegung ähnlich wie in Bayern. Es wurde der Regierung nicht schwer, die Bewegung zu unterdrücken, zumal das Land dünn bevölkert war. Die Regierung in Innsbruck, das Vorbild des erzherzoglichen Hofes, dazu die Mitwirkung von Jesuiten und Kapuzinern brachten es fertig, das Land ohne viel Gewalt und Kampf der katholischen Kirche zu erhalten, ja diese zu neuem Leben zu erwecken, Gottesdienst und Wallfahrtswesen zu neuer Bedeutung zu erheben.

Die landesfürstlichen Städte gingen, wie wir gesehen haben, überall leer aus bei der Gewährung religiöser Freiheit; sie nahmen aber dieses Recht gleichwohl für sich in Anspruch und erfuhren im allgemeinen stillschweigende Duldung. Die städtischen Bürger besuchten nicht nur die vom Adel in ihren Stadtwohnungen eingerichteten Gottesdienste, sondern beriefen selbst Prediger, bauten eigene Kirchen und sorgten sonst für evangelischen Kultus. Sie konnten das umso leichter tun, als es an tüchtigen katholischen Geistlichen überall gebrach. Kirchen wurden errichtet u. a. in Horn (1596), beim Schloß Breiteneich, in Messern, in Aigen. In der Kirche zu Rappottenstein brachten Fresken mit Abendmahlsdarstellung und Sprüchen evangelischen Geist zur Darstellung.

Von allem Anfang an war man im gesamten Österreich auf die Errichtung von Schulen bedacht, ganz im Sinne Luthers, der schon die Jugend in evangelischem Geiste herangebildet wissen wollte. Auch auf höhere Schulen richtete man sein Augenmerk. So war sehr berühmt die oben erwähnte Stiftsschule in Graz, wo später der große Astronom Johannes Kepler von 1594 bis 1600 wirkte. Ebenso berühmt war die von den Ständen unterhaltene Landschaftsschule zu Linz, an der auch Kepler eine Zeit lang tätig war. Ähnliche Schulen entwickelten sich in Klagenfurt, in Loosdorf bei Melk, in Horn und Krems. Um letztere hat sich vor allem Dr. Johannes Matthäus[58] aus Schmalkalden verdient gemacht. Die Stadt Horn verwahrt heute noch aus jener Zeit evangelische Bücher der einstigen Schule: Gesangbücher, Luthers Bibel von 1565, Veit Dietrichs Summarien über das Alte Testament von 1541 und andere.

Als Kaiser Maximilian starb, hatte der Protestantismus in den österreichischen Ländern seinen Höhepunkt erreicht (Abb. 3). Der Katholizismus war „in die Winkel der Städte, in die Burgen einiger Herren zurückgedrängt"; „unzählige Pfarren mußten aus Mangel an Priestern unbesetzt bleiben, und die Fronleichnamsprozessionen hatten aufgehört, die Städte und Dörfer zu durchziehen, in Linz hatte man vierzig Jahre lang keine gesehen."[59] „Der beste, tüchtigste Teil des Volkes war es, der sich

---

[57] Maximilian von Tirol (1558–1618).
[58] Johannes Matthäus (1528–1588), lutherischer Theologe und Schulmann.
[59] Gennrich: Evangelium, S. 3.

der Reformation zugewandt hatte: das aufstrebende Bürgertum, vor allem die Edelleute. Fast der gesamte höhere und niedere Adel Deutsch-Österreichs war protestantisch geworden."[60] In Steiermark zählte man 1560 nur noch fünf, in Kärnten vier katholische Landesherren. Im Lande ob der Enns gab es unter Maximilian II. nur die drei katholischen Adelsfamilien der Meggau, Sprinzenstein und Salaburg; im Lande unter der Enns waren es mehr, etwa ein Viertel der adeligen Herrschaften[61]. Den evangelischen Herren und Rittern gehörten 217 Schlösser und Adelssitze allein in Oberösterreich, neben fünf Städten und 81 Märkten. An die 600 evangelische Prediger standen im Amte, teils ehemalige katholische Priester, teils Zuzug aus dem Altreich[62]. Ähnliches, wenn auch in etwas minderem Grade, wird aus Unterösterreich berichtet, wo sich besonders das Waldviertel hervortat. Noch 1603, als bereits der Sturm der Gegenreformation über Innerösterreich dahinbrauste, fanden sich dort 237 protestantische Herren und Ritter aus diesem Gebiete zu einem Protestantentag in Graz zusammen[63].

Wie es um die katholische Kirche in Österreich stand, beleuchtet hell ein Bericht des päpstlichen Legaten Commendone über eine Visitation des Klosters Wilhering 1569: Die Eucharistie bewahrte man nicht auf, die letzte Ölung erkannte man nicht an, stille Messen gab es nicht, lutherische Bücher wie die Bibelübersetzung wurden vorgefunden, der erst siebenundzwanzig Jahre alte Abt Matthäus Schweitzer legte die heilige Schrift nach eigener Auffassung wie die Lutheraner aus, der Konvent neigte sich in Glaubenssachen stark dem Luthertum zu, wenngleich noch Überreste des katholischen Lebens vorhanden waren usw. 1584 wollte der Abt Jakob Güstl wieder katholische Geistliche auf die zum Kloster gehörigen Pfarreien hinaussenden; allein der nach Leonfelden abgeordnete Andre Podetl wurde bald evangelisch und heiratete, in Zwettl enttäuschte Andreas Haydenreich und mußte nach Gramastetten versetzt werden, in Oberneukirchen amtierte der evangelisch gewordene Pfarrer Trepta. Das vom Konzil zu Trient erlassene Gebot der Abschaffung aller Frauen und Konkubinen fand bei den katholischen Pfarrern allgemein Widerstand; noch in den ersten Jahrzehnten des 17. Jahrhunderts gab es in Österreich viele verheiratete Geistliche. Selbst der nach Österreich berufene Jesuit Canisius, der die Verhältnisse genau kannte, mußte bekennen, daß kaum noch ein Achtel der Bevölkerung als „wirklich katholisch" angesehen werden könne[64]. Der Kaplan des Dominikanerinnen-Klosters zu Imbach hatte sich nach beiden Seiten orientiert, er gab das Abendmahl in evangelischer und katholischer Gestalt, desgleichen die Beichte; jede Klosterinsassin konnte es nach eigenem Wunsche haben.

---

[60] Gennrich: Evangelium, S. 3.
[61] Huber: Österreich IV, S. 229.
[62] Koch: Luther und das Landl, S. 17 f.
[63] Gennrich: Evangelium, S. 4.
[64] Huber: Österreich IV, S. 227 ff.

4. Die Bauernunruhen in Österreich

Man hat die Bauernkriege der Reformationszeit gern in Zusammenhang mit der reformatorischen Bewegung gebracht. Nur teilweise mit Recht. Denn die Bauernkriege stellten ihrem Wesen nach den Ausbruch einer sozialen Krise dar, einer Krise, die schon lange vor der Reformationszeit eingetreten war und ihren Grund weniger in der wirtschaftlich bedrückten Lage des Bauernstandes hatte als in den Ungerechtigkeiten, die von den Grundherren je länger je mehr gegen ihre Grundholden ausgeübt wurden. Als dann freilich die Reformation den Kampf gegen die kirchlichen Mißstände begann, war es nur natürlich, daß nunmehr auch die Kampflust gegen die sozialen Ungerechtigkeiten neu und stärker auflebte. Der Mißverstand der lutherischen Predigt von der evangelischen Freiheit führte dann weiter zu irrigen Anschauungen und politischen Ausartungen.

Wie im übrigen Deutschen Reiche gab es auch in den österreichischen Ländern schon vor der Reformation Aufstände der Bauern. Im Jahre 1472 erhoben sie sich im Salzburgischen, 1478 in Kärnten und im steirischen Ennstal; 1515 brach die Empörung in Innerösterreich aus und setzte sich fort nach Südsteiermark und Kärnten. Die Ursache war überall die gleiche: willkürliche Erhöhung der Abgaben an Geld und Naturalien, vermehrte Robote und dergleichen. Vor allem waren es die „Robote", d. h. die Dienstleistungen der Untertanen bei den Grundherrschaften (Hand- und Spanndienste, Gesindedienst auf den Schlössern und Gütern der Herrschaften, Jagddienste und andere Fronleistungen), die immer höher gesteigert und bis in das Unerträgliche vermehrt wurden. Es kam zur Erstürmung und Plünderung von Schlössern und zu anderen Gewalttaten, und es folgte stets darauf die Niederschlagung mit Waffengewalt seitens der Herren.[65]

Als 1525 die großen Bauernkriege im Reiche folgten, blieb es im Österreichischen verhältnismäßig ruhig. Wohl ging auch hier eine tiefe Unruhe durch die ländliche Bevölkerung, aber es kam nur zu vereinzelten Erhebungen in Tirol, Salzburg, Oberösterreich und Steiermark, die bald überwältigt und hart geahndet wurden. So wurden elf Bauern zu Schörffling (Oberösterreich) an einem Baume aufgehängt, andere zu Freistadt (Mühlviertel) hingerichtet. Im allgemeinen kann man sagen, daß sich die evangelische Bewegung in Österreich von ähnlichen Ausbrüchen und Ausartungen, wie sie sonst im Reich während der Bauernkriege zu verzeichnen waren, ziemlich freigehalten hat.

Erst gegen Ende des Jahrhunderts, als bereits die Gegenreformation eingesetzt hatte, brachen neue Unruhen aus, 1593 und mehr noch 1595 bis 1597. Aber jetzt war es eben die Gegenreformation, die die Geister auf den Plan rief und die neben der

---

[65] Vgl. Haider: Oberösterreich, S. 191 ff.

Religionsfreiheit auch die Freiheit von den unerträglichen und unberechtigten Lasten forderte. Hierüber wird deshalb im Zusammenhang mit der Geschichte der Gegenreformation weiter zu reden sein. Ganz und gar gegen den religiösen Zwang gerichtet war dann der oberösterreichische Bauernkrieg von 1626, der völlig in den Dreißigjährigen Krieg hereinfiel und eine unmittelbare Auswirkung desselben war.

Die Gegenreformation

1. Die Anfänge der Gegenreformation unter Rudolf II. und Matthias[66]

Die Sonne landesfürstlicher Huld hat niemals über den Protestanten in Österreich geschienen, weder unter König Ferdinand, der sich lediglich aus politischen und vielleicht noch allgemein menschlichen Gründen zu einer milderen Stellung bestimmen ließ, noch unter Kaiser Maximilian, der zwar eine gewisse innere Zuneigung erkennen ließ, aber doch aus politischen Rücksichten an der katholischen Kirche festhielt und den Evangelischen nur beschränkte Duldung gewährte. Immerhin gaben beide Fürsten der evangelischen Bewegung doch bis zu einem gewissen Grade so viel Freiheit, daß sie sich, wenn auch unter starken Hemmungen, entfalten und im Volke tiefe Wurzeln schlagen konnten. Würde man der Bewegung völlig freie Bahn gelassen haben, nicht nur damals, sondern auch in der späteren Zeit, so wäre Österreich ein ganz evangelisches Land geworden, ähnlich wie andere deutsche Länder, und die Stellung Österreichs wie des gesamten Deutschen Reiches wäre in der Folgezeit eine ganz andere in der Welt geworden, als sie infolge der konfessionellen Gegensätze geworden ist.

Den Umschwung brachte Kaiser Rudolf II.[67], der Sohn Maximilians (Abb. 6). Seine Mutter war die strengkatholische Maria von Spanien, und seine Erziehung erfolgte vom zwölften bis zum neunzehnten Jahre in Spanien. Als er 1576 zur Regierung kam, wurden die Evangelischen in Österreich nicht ohne Grund mit banger Sorge erfüllt. Und doch war die Sorge nur zum Teil berechtigt; denn er hatte zwar als strenger Katholik den Wunsch, seine Untertanen wieder in den Schoß der „alleinseligmachenden Kirche" zurückzuführen, aber er hatte „nicht die Kraft und Ausdauer, die zur Erreichung dieses Zieles erforderlich gewesen wäre"[68]. Er neigte sehr zur Melancholie und im Zusammenhang damit zur Willensschwäche, zog sich gern von der Welt zurück und beschäftigte sich lieber mit Sternkunde und anderen Liebhabereien. Darum hatte er auch die beiden protestantischen Astronomen Tycho Brahe[69] und Johannes Kepler an seinen Hof in Prag gezogen. In Böhmen tat er nur wenig für den Katholizismus, ließ aber dafür den Bischöfen und Jesuiten um so freiere Hand. Dagegen ergingen in Österreich scharfe Verordnungen gegen den Protestantismus. Hier hatte die Regierung als Statthalter sein Bruder Erzherzog Ernst[70] und anschlie-

---

[66] Vgl. Mecenseffy: Protestantismus, S. 71 ff.; Eder: Glaubensspaltung.
[67] Rudolf II. (1552–1612), Kaiser ab 1576.
[68] Huber: Österreich IV, S. 283 ff.
[69] Der dänische Sternenkundler Brahe (1546–1601) gilt als der bedeutendste beobachtende Astronom vor Erfindung des Fernrohres; er war der Lehrer Keplers.
[70] Ernst (1553–1595) war Statthalter in Niederösterreich ab 1576, in Ungarn ab 1578, in den Niederlanden seit 1594.

ßend sein Bruder Matthias[71]. Im Jahr 1577 wurde den Wienern streng verboten, am evangelischen Gottesdienst der Stände im Landhause teilzunehmen. Im folgenden Jahr gab der Erzherzog an alle Stände ein Edikt, das die Einstellung der evangelischen Gottesdienste, Abschaffung der evangelischen Prediger und Wiederaufnahme des katholischen Glaubens verlangte; als Bürger galten fortan nur die Rechtgläubigen, so daß des Bürgerrechts verlustig ging, wer im evangelischen Glauben verharrte. Vergeblich waren alle Petitionen der Städte und Stände. „Ein Fußfall mehrerer Hundert Bürger vor dem Herzog Ernst in der Hofburg zu Wien hatte nur den Erfolg, daß die Anstifter dieser Sturmpetition, drei angesehene Bürger, zum Tode verurteilt und später aus besonderer Gnade mit Landesverweisung bestraft wurden."[72]

Mit der Ausführung des Edikts ging es nicht so rasch. Wo es gelungen war, den evangelischen Gottesdienst abzuschaffen (Wien, Krems, Steyr), strömten die Bürger scharenweise zu den Gottesdiensten auf die umliegenden Schlösser protestantischer Ständeglieder trotz mehrfacher Verbote (Abb. 14). Die Reformationskommission hatte in Städten und Dörfern häufig mit Widersetzlichkeiten zu kämpfen, bisweilen mit offenem Aufruhr.

„Zu streng vorzugehen wagte man vorläufig noch nicht, und so waren die Fortschritte, die die Gegenreformation bis 1590 zu verzeichnen hatte, nicht eben groß"[73]. „Immerhin wurden im Laufe der achtziger Jahre manche Erfolge durch den Kaiser erzielt; den protestantischen Adeligen Unterösterreichs wurde durch Prozesse (ein Vorschlag Klesls, s. u.!) eine Kirche nach der anderen abgenommen und dem katholischen Gottesdienst zurückgegeben, einzelne Städte wurden zum alten Glauben zurückgeführt – die Einsetzung katholischer Stadträte verstärkte zugleich in den Landtagen die katholische Minderheit – und der katholischen Restaurationspartei nach Möglichkeit die Wege geebnet."[74] In Unterösterreich kam es zu keinem geschlossenen Vorgehen der protestantischen Stände, aber in Oberösterreich leisteten die protestantischen Stände geschlossen Widerstand gegen alle Maßnahmen bis 1597 (Bauernaufstand 1595–1597).

Die kaiserlichen Verordnungen richteten sich vor allem gegen die Städte, die nicht wie der Adel durch die Religionskonzessionen Kaiser Maximilians geschützt waren. So baten sie am 10. September 1578 beim Schluß des Landtags in einem Schreiben die beiden oberen Stände (Prälaten und Adel), sie doch nicht zu verlassen. „Vergebens haben wir bis jetzt gehofft, man werde auch uns die freie Religionsausübung gewähren, da wir doch stets gleich den Adeligen treu der evangelischen Lehre anhingen. Wir können unserem Glauben nicht untreu werden; und doch will man uns dazu zwingen, wenn man uns befiehlt, in Religionssachen uns ganz nach der päpstlich

---

[71] Matthias (1557–1619) übernahm die Statthalterschaft in Unterösterreich von 1595 bis 1612, ehe er im letzteren Jahr zum Kaiser gewählt wurde.
[72] Sogenannter „Fußfall der Fünftausend" vom 19. Juli 1579; Gennrich: Evangelium, S. 14 f.; Mecenseffy: Protestantismus, S. 84 f.
[73] Gennrich: Evangelium, S. 14 f.
[74] PRE Bd. 6, S. 39 (Walter Goetz).

gesinnten Stadt Wien zu richten."[75] Der Adel sagte wohl Hilfe zu, wollte aber nicht Gewalt gegen Gewalt anwenden. So waren die Städte auf Selbsthilfe angewiesen. Die Bürger der sieben Städte Oberösterreichs verbündeten sich zu passivem Widerstande und erklärten, lieber ihr Besitztum verkaufen und den heimatlichen Boden verlassen zu wollen. Da und dort widersetzten sich die Städte der Abschaffung ihrer Prädikanten und der Einsetzung katholischer Priester, wie in Enns, als Abraham Hundtsperger die Stadt verlassen sollte. Bald äußerte sich die Unzufriedenheit auch beim Landvolke, als ihnen katholische Geistliche an Stelle der seit langem amtierenden evangelischen aufgedrängt werden sollten. Es machten sich Zusammenrottungen an der Enns bemerkbar, was die Landesausschüsse zu Vorstellungen an die Prälaten und Geistlichen wegen drohenden Ausbruchs eines Bauernaufstandes veranlaßte. 1589 erschienen 120 bewaffnete Bauern aus der Pfarrei Sierning mit der Bitte um Schutz gegen die Glaubensverfolgung.

Hauptträger der Gegenreformation war Melchior Klesl (Abb. 7)[76]. Klesl stammte ursprünglich aus einer protestantischen Handwerkerfamilie in Wien. Durch den Jesuitenpater Scherer[77] war er aber schon früh dem katholischen Glauben gewonnen worden und ließ sich dann auf der Jesuitenhochschule in Ingolstadt für den Dienst in der altkirchlichen Hierarchie ausbilden. Seine großen Gaben, seine riesige Arbeitskraft und Energie im Verein mit seinem persönlichen und sachlichen Ehrgeiz sicherten ihm eine erfolgreiche Laufbahn bis zu den höchsten Stellungen und Würden. Schon mit 28 Jahren predigte er als Propst an St. Stephan in Wien, dann wurde er zum Kanzler der dortigen Universität ernannt, weiterhin zum kaiserlichen Rat und Hofprediger. Im Jahre 1602 wurde er in Wien zum Bischof eingesetzt, Kaiser Matthias ernannte ihn zu seinem ersten Minister, und seine Kirche gab ihm die Kardinalswürde. Als Leiter der Religionsreformation in Niederösterreich organisierte er die Entfernung der protestantischen Geistlichen und Lehrer, die Wegnahme der Bücher, die Sperrung der Kirchen, die Absetzung der protestantischen Bürgermeister und Stadträte, die Verhaftung oder Verjagung der Widerstrebenden innerhalb dreier Monate. Wie die meisten Konvertiten ließ er sich die Bekämpfung der verlassenen Kirche mit besonderem Eifer angelegen sein. So erzwang er 1584 die Einsetzung eines katholischen Pfarrers in der Stadt Krems (Niederösterreich), 1586 folgte die Einführung der Jesuiten; als dann die Bürger 1588 rebellierten, wurde die Bewegung mit Gewalt niedergeschlagen, und schwere Strafen wurden über die Stadt verhängt; schon damals wanderten viele Protestanten aus – die ersten Exulanten. Ein Gesinnungsgenosse Klesls war im Waldviertel (Niederösterreich) Ulrich Hackl, auch ein Sohn protestantischer Eltern aus Wien und ebenfalls vom evangelischen Glauben

---

[75] Oberleitner: Stände, S. 38 f.
[76] Klesl (1552–1630) hatte maßgeblichen Anteil an der zunächst scharfen Stoßrichtung der erbländischen Gegenreformation. Später erkannte er die längerfristigen Vorteile einer Vorgangsweise, die mehr auf Überzeugung als auf Druck basieren sollte, und mahnte (nun freilich vergeblich) zu einer vorsichtigeren Konfessionspolitik. Vgl. LThK Bd. 6, Sp. 339 f. (Karl Heinz Oelrich).
[77] Siehe oben Anmerkung 45.

abgefallen. Er kam 1581 als Geistlicher in die Stadt Zwettl und wurde hernach Abt des dortigen Zisterzienserklosters von 1586 bis 1607, einer der erfolgreichsten Vorkämpfer der Gegenreformation.

Der starke Widerstand des ganzen Volkes gegen die religiösen Verordnungen des Kaisers bewog diesen, mildere Saiten aufzuziehen. Die Bauern und Städte fuhren fort, Widerstand zu leisten. Im Mühlviertel rotteten sich die Bauern stets zusammen, wenn ihnen ein neuer katholischer Geistlicher zugeschickt wurde; so 1594 in St. Peter am Wimberg, in Altenfelden und Rohrbach. Die Lage wurde immer bedrohlicher. Die am 12. Juli 1595 versammelten Stände rieten den Prälaten dringend, überall, wo sich Protestanten befänden, einen Prädikanten zuzulassen; aber die Prälaten lehnten ab. Der Eifer der Gegenreformation steckte bereits zu tief in der hohen Geistlichkeit, nicht zum letzten in den Klosterherren. Die Stände wandten sich daraufhin unmittelbar an den Kaiser, der den günstigeren Bescheid erteilte: Die geistlichen Verordneten sollten die Prediger vor sich rufen und sie zur Bescheidenheit und zur Einstellung der heftigen Predigten auf den Kanzeln ermahnen. Aber bald folgte der weitere Erlaß: „Die fremden Prädikanten, die durch ihre Reden und Kanzelvorträge das Volk aufreizen, haben in kurzer Frist das Land zu verlassen." Damit war wieder die Türe zu neuem Vorgehen gegen die evangelischen Geistlichen geöffnet, denn wie leicht ließ sich eine „Aufreizung" des Volkes feststellen, zumal man unter „Volk" den katholisch gebliebenen Teil in den Vordergrund stellte. Da auch die sozialen Mißstände in der Bauernschaft immer drückender empfunden wurden, so gewann die Empörung gegen die Prälaten und Herren immer mehr an Ausdehnung[78]. Über tausend Bauern aus dem Hausruckviertel (Oberösterreich) taten sich zusammen und nahmen den Ort Peuerbach ein; andere dreitausend besetzten Riedau, Aschach, Eferding und andere Orte südlich der Donau. Nun gingen die Ritter und Stände zur Waffengewalt über, und auch der Kaiser sandte Fußvolk und Reiterei. Gotthart von Starhemberg überfiel die Bauern bei Zell und schlug sie, erlitt aber bei Grieskirchen selbst eine Niederlage. Es wurden Verhandlungen mit den Bauern in Oberösterreich angeknüpft, und auch der Kaiser forderte in einem Erlaß vom 6. Dezember 1595 zur Heimkehr auf. Die meisten Bauern fügten sich. Aber dann griff der Aufruhr nach Niederösterreich über, wo fünftausend Bauern gegen Steyr zogen, ohne freilich die Stadt einnehmen zu können. Anderwärts kam es in Niederösterreich zu blutigen Kämpfen, so bei St. Pölten, als sie Stadt und Kloster stürmten; und selbst in Oberösterreich flammten sie wieder auf, hier freilich durch Gotthart von Starhemberg rasch und nicht ohne Grausamkeit unterdrückt, denn er ließ siebenundzwanzig Bauern aufhängen und zündete mehrere Höfe an. Die Bauern übergaben nun dem Kaiser eine Bittschrift am 10. April 1597, die dieser dahin beantwortete: Das aufrührerische Benehmen solle vergeben sein, die Waffen seien im Schloß zu Linz niederzulegen, weitere Zusammenkünfte dürften nicht mehr stattfinden, die

---

[78] Vgl. Mecenseffy: Protestantismus, S. 93 ff.; Haider: Oberösterreich, S. 192; Gutkas: Niederösterreich, S. 128 f.

Pfarreien und Kirchen seien den rechtmäßigen Pfarrherren wieder einzuräumen, und die von den Bauern eingesetzten Prädikanten abzuschaffen; im übrigen sei den Obrigkeiten Gehorsam zu leisten, Zehnte, Bestand- und Küstgelder seien wie sonst zu entrichten, nur der Robot werde auf jährlich vierzehn Tage festgelegt. Mit letzterer Bestimmung wurde die Hauptbeschwerde der Bauern auf wirtschaftlichem Gebiet erledigt; aber die konfessionellen Beschwerden fanden keine Berücksichtigung. Es ruhten wohl die Waffen, aber die Gemüter waren nicht versöhnt. „Man gehorchte den Mächtigen und duldete im Stillen."[79]

Es zogen nun Reformations-Kommissare, begleitet von hundert Mann zu Fuß und fünfzig zu Pferd, von Dorf zu Dorf und richteten überall wieder katholischen Gottesdienst ein; gleichzeitig wurden die Bauern verpflichtet, daß sie mit ihrem Gesinde beim katholischen Glauben zu bleiben hätten.[80] Wie rücksichtslos diese Reformkommissare wirkten, zeigt uns als Beispiel der Hilferuf von fünf eingekerkerten Untertanen an den Abt Michael von Gleink (Dek. Steyr, Benediktiner-Kloster) vom Jahre 1598: „Es sei ihnen auferlegt worden, entweder unverzüglich bei dem Gotteshaus mit der Kommunion sich einzustellen oder aber die Stiftung ihrer Güter in die Hand zu nehmen" (d. i. abzustiften). Sie müßten aber wie schon vorher in dieser Gewissenssache „cathegorice" in allem Gehorsam erklären, daß sie ihr Hab und Gut auferlegtermaßen gern stiften und abtreten, wofern Käufer vorhanden, „mit ihrer Armut samt Weib und Kind sich von dannen begeben wollen", wie schwer ihnen solches auch falle, im Bedenken der Religion, welche ihnen von Kindheit an eingepflanzt worden, bei der sie dann erzogen und von ihren Eltern unterrichtet worden sind, von der sie nicht abstehen oder weichen, sondern bei der sie unveränderlich zu verharren entschlossen, wie sie dem Abt schon mündlich erklärt haben.[81]

Auch die Adeligen bekamen bald Ursache, zu klagen. Sie wurden bei den geringsten Übertretungen der sogenannten Assekuration mit schweren Geldstrafen belegt, bis zu fünftausend Dukaten, eine für damalige Zeit gewaltige Summe. Leider ließen sich durch die von Wien seit 1585 ausgehende gegenreformatorische Bewegung nicht wenige Adelige bestimmen, wieder katholisch zu werden, so Hans Wilhelm von Schönkirchen, Herr zu Gresten und Niederhausegg in Niederösterreich, der sofort seinen Konvertiteneifer betätigte, indem er 1586 den Jesuitenpater Georg Scherer aus Wien kommen ließ, um die gesamte Bevölkerung seiner Herrschaft ebenfalls zum katholischen Glauben zurückzuführen. Freilich schon 1587 vertauschte er seine Herrschaft gegen eine viel einträglichere im Marchfeld, worauf der neue Herr, Hans Friedrich von Zinzendorf, sofort wieder einen lutherischen Prediger nach Gresten kommen ließ. Im Jahre 1596 erließ der Kaiser ein Edikt folgenden Inhalts: Verbot an die Stände, sich irgendwie durch Fürsprache ihrer bedrängten Glaubensgenossen anzunehmen; strenges Verbot, in kaiserlichen Städten und Märkten Prediger zu halten, auch nicht in ihren dortigen Freihäusern.

[79] Oberleitner: Stände, S. 68 ff.
[80] Gennrich: Evangelium, S. 16 f.
[81] Czerny: Blätter, S. 61 f.

Dieses Edikt von 1596 wurde in aller Schärfe durchgeführt. So mußten beispielsweise die Herren Weikart von Polheim, Erasmus und Reichart von Starhemberg fünftausend, Helmhard Jörger zweitausend Dukaten Strafe zahlen, weil sie ihre evangelischen Prediger nicht entlassen wollten.[82]

Besonders die Besitzungen protestantischer Adeliger in der Nähe von Wien waren Klesl ein Dorn im Auge: Inzersdorf, Vösendorf, Hernals u. a.; doch kam man mit der Rekatholisierung erst unter Ferdinand II. zum Ziel.

In Städten und Märkten wurde jeglicher unkatholischer Unterricht und jede Anstellung von Prädikanten verboten, ebenso durfte es keine unkatholischen Schulen und Bücher mehr geben, Bürgerrechte durften an Nichtkatholiken nicht mehr gegeben werden!

Auf ein Gutachten Klesls hin wurde im Jahre 1602 das Edikt von 1578 wiederholt und verschärft. Über den Erfolg berichtet Gennrich in folgenden Sätzen: „Bereits hatten in Niederösterreich fünfzehn Städte sich gefügt, fünfundsiebzig Kirchen waren den Protestanten hier, in Oberösterreich sechzig wieder genommen und zu katholischen gemacht worden. Immer zahlreicher wurden die Anzeichen, daß ein direkter Angriff auf die Religionsfreiheit des Adels nur noch eine Frage der Zeit war."[83]

Die Stände rüsteten sich. Sie ließen sich von protestantischen Universitäten Gutachten ausstellen und knüpften Verbindungen mit protestantischen Reichsfürsten an. Ferner brachten sie im Jahre 1604 die freimütige Erklärung vor den Kaiser, es sei ihnen „Gewissen und Ehren halber nicht möglich, den kaiserlichen Resolutionen nachzukommen, und sollten sie darüber ihr Land verlieren."

Matthias riet in weitläufigen Gutachten, die Religions-Konzession wieder aufzuheben und so den Adel völlig zu rekatholisieren. Aber Unsicherheit der Zeit, ein Aufstand in Ungarn und dazu eine Krisis im kaiserlichen Hause beließen die religiöse Lage des Landes noch auf einige Zeit im jetzigen Zustand.[84]

„Die Erfolge, welche Erzherzog Ferdinand bei der Rekatholisierung Innerösterreichs [im einzelnen siehe dazu weiter unten Kapitel 3 dieses Teils!] erzielte, blieben auch auf die übrigen Mitglieder des Hauses Habsburg nicht ohne Einfluß." Der Leser sei nur erinnert an das oben angeführte Edikt vom Jahre 1602. Außerdem erfolgten Eingriffe in die Rechte der Stände. „Eine aus den Prälaten von Melk und Zwettl und sechs weltlichen Katholiken bestehende Kommission wies alle Beschwerden der Protestanten als unbegründet zurück." Vor allem wurden bei der Besetzung von Ämtern die Katholiken systematisch bevorzugt.[85]

Obwohl Kaiser Rudolf nach dem Bauernaufstand schärfer gegen die Evangelischen vorging und vor allem in den nicht durch die Religionskonzession seines

[82] Gennrich: Evangelium, S. 20.
[83] Gennrich: Evangelium, S. 20.
[84] Gennrich: Evangelium, S. 29 f.
[85] Huber: Österreich IV, S. 354 ff.

Vaters geschützten Städten alle evangelischen Prediger und Lehrer beseitigte, konnte er doch damit das evangelische Leben nicht ersticken. Die Bevölkerung blieb fast durchgehend protestantisch. Selbst in der Hauptstadt von Oberösterreich, in Linz, blieb es dabei, obwohl dort seit dem Jahre 1600 die Jesuiten tätig waren. Die katholische Kirche und ihre Geistlichkeit boten auch allzu wenig Anziehungskraft. Selbst ein gut katholischer Geschichtsschreiber muß bekennen: „Eine Roheit und Sittenlosigkeit herrschte unter dem Klerus, der sich katholisch nannte oder als solcher angesehen werde wollte, welche mit Abscheu und Ekel erfüllt."[86] Dagegen hatten die Klöster angefangen, sich neu zu beleben und im Sinne der katholischen Kirche tätig zu werden. Von Zwettl in Niederösterreich wurde schon berichtet. Anderwärts ging es ähnlich.

Einen Hauptherd der evangelischen Bewegung bildete von jeher das Salzkammergut im oberösterreichischen Alpengebiet. Dort versuchte im Sommer 1600 der Landeshauptmann, die Gegenreformation durchzuführen. Die Bewohner suchten zuerst die ihrem Glauben drohende Gefahr durch eine Sendung an den Kaiser abzuwenden; aber dieser ließ ihre Vertreter in Prag gefangensetzen und gab den Befehl heraus: Wer sich nicht zur katholischen Religion bekennen will, muß binnen drei Monaten seine Güter verkaufen und auswandern. Darauf rotteten sich die Salzarbeiter, Bergknappen und Bauern am 30. Juli 1601 in Hallstatt zusammen, nahmen den Amtmann gefangen und führten ihn nach Ischl ab; die katholischen Geistlichen flohen, und es wurde ein evangelischer Prädikant berufen. Aber im Februar 1602 schickte der Erzbischof Wolf Dietrich von Salzburg 1200 Soldaten in das Land und trieb die Leute auseinander; die Rädelsführer wurden hingerichtet und die Häuser der Geflüchteten niedergebrannt. Damit war zwar der Aufstand erledigt, aber das Feuer religiöser Überzeugung war nicht ausgelöscht; es brannte vielmehr im Stillen fort und hat gerade in jener Gegend selbst die schlimmsten Stürme der Gegenreformation bis herein in die Gegenwart überstanden.

Zum Herrschaftsbereich des Klosters Schlägl[87] gehörten u. a. Haslach und St. Oswald im Mühlviertel. Der Propst von Schlägl hatte schon fest begonnen, aber die Bürger von Haslach wollten nicht zur Kommunion, nur 71 Personen hatten sich dazu bequemt. In St. Oswald waren es nur vierzig ledige, und davon nur sechs sub una specie. Im Jahre 1600 wurde dem Bischof von Passau die Starrnackigkeit der Bürger zu bunt; er sandte zwei gelehrte Kommissionen nach Haslach, die aber die Ruhe nicht herzustellen vermochten. Es wurde vielmehr der passauische Verwalter Dietmair verklagt wegen unlauterer Wirtschaft, Alkoholismus, Unehrlichkeit, und es mußte dieser in die Burg Marsbach abgeführt werden. Doch konnten den Haslachern die lutherischen Bibeln entrissen werden, die in ein Zwei-Eimerfaß verpackt nach Passau geschickt wurden. Passau mußte schließlich nachgeben, um Frieden zu haben.

---

[86] Stülz: St. Florian, S. 120 ff.
[87] Prämonstratenserabtei bei Aigen/Oberösterreich; LThK Bd. 9, Sp. 407 (Norbert Backmund).

Markt Kirchdorf gehörte der Bamberger Herrschaft. Dort hatte der Bischof von Bamberg als Grundherr schon im Jahr 1614 dreißig Bürger zum Übertritt zur katholischen Kirche genötigt.[88]

Mit Kaiser Rudolf wurde es je länger um so schlimmer, besonders 1606. „Sein Hang zur Zurückgezogenheit und seine Menschenscheu, die mit den Jahren immer größer wurden, bannten ihn fest in seine Hofburg zu Prag, die er zu einem Museum und zu einer Werkstatt für wissenschaftliche und technische Arbeiten gemacht hatte; hier lebte und webte er, sich ganz in astrologische und alchimistische Studien vertiefend; um seine Regierungsgeschäfte kümmerte er sich nur so weit, daß er die Entwürfe und Erlasse meist unbesehen unterschrieb."[89] Audienzen, etwa zur Entgegennahme von Religionsbeschwerden, erteilte er nur höchst selten. Seine Anordnungen führte man nach Belieben aus oder ließ sie unbeachtet. Hofbeamte und Hofbedienstete hatten mehr Einfluß als die Räte seiner Regierung. So erklärt es sich, daß die Jesuiten auf ihn und seine Entschließungen den größten Einfluß auszuüben vermochten, sei es unmittelbar oder durch Mittelspersonen. Und es erklärt sich weiter, daß die Evangelischen in den österreichischen Ländern bei einem solchen Fürsten wenig Verständnis fanden, in Ober- und Niederösterreich umso weniger, als die dortigen Statthalter, bis 1595 Erzherzog Ernst, dann Erzherzog Matthias, eifrige Förderer der katholischen Restauration waren.

Aber die Zustände in der kaiserlichen Regierung wurden schließlich unhaltbar. Deshalb vereinigten sich die Mitglieder des kaiserlichen Hauses und ernannten im März 1606 seinen nächstälteren Bruder Matthias — Ernst war schon verstorben — zum Oberhaupt des Hauses mit der ausgesprochenen Begründung, daß Rudolf an „Gemütsblödigkeiten" leide. Am 13. Juni 1612 wurde Matthias zum deutschen Kaiser gewählt. „Matthias hatte sich nie durch Begabung, Selbständigkeit und Arbeitskraft hervorgetan. Jetzt war er ein abgelebter Greis, obwohl er erst fünfundfünfzig Jahre zählte, und einer ernsten Anstrengung nicht fähig." — „Selbständig die Geschäfte zu leiten und den Gang der Politik zu bestimmen, vermochte er nicht." An Kunstsammlungen, Musik und Hofnarrenspässen hatte er sein Vergnügen; „dagegen kümmerten die Regierungsgeschäfte ihn wenig." Sein allmächtiger Rat war Bischof Klesl (seit 1616 Kardinal). Huber erwähnt hier die „zunehmende Spannung zwischen der Regierung und den protestantischen Ständen in Österreich und den böhmischen Ländern".[90]

Im Jahre 1606 kam es zu Verhandlungen zwischen Matthias und Rudolf. Jeder der Brüder sammelte Truppen, beide aber hatten den Wunsch, einen Bruderkrieg zu vermeiden. Am 24. Juni 1608 kam zwischen beiden ein Vertrag zustande, demzufolge Rudolf an Matthias Ungarn, Österreich und Mähren abtrat und ihm die Anwartschaft auf Böhmen zusicherte. Die Stände stellten die Forderung auf freie Religions-

---

[88] Strnadt: Bauernkrieg, S. 102.
[89] Gennrich: Evangelium, S. 13 f.
[90] Huber: Österreich IV, S. 46 ff.

Abb. 6: Kaiser Rudolf II. (reg. 1576–1612).

Abb. 7: Melchior Klesl (1552−1630) als Bischof von Wien.

übung, ja sie erweiterten diese Forderungen gegenüber ihren ursprünglichen Grenzen. Sie konnten dies jetzt wagen, da die beiden streitenden Brüder auf sie angewiesen waren. Beide bedurften der Zustimmung und des Kräfteeinsatzes der Stände in ihren Ländern. Denn Rudolf war doch nicht so tatenlos, daß er sich alle Machenschaften, ihm die Macht zu entziehen, hätte gefallen lassen; Matthias aber, der sich in den tatsächlichen Besitz der Regierungsgewalt zu setzen suchte, war nicht mächtig genug, sich aus eigener Kraft durchzusetzen. So blieb ihm nichts anderes übrig, als die Forderung der Stände weitgehend zu bewilligen. Im Jahre 1606 erhielten Ungarn und die Erblande das Recht freier Religionsausübung, und auch Mähren bekam Zusicherungen.[91] Für Ober- und Niederösterreich erließ Matthias im Jahre 1609 die sogenannte „Kapitulationsresolution", worin er den Ständen die von Kaiser Maximilian erteilten religiösen Freiheiten bestätigte, und zwar auch deren Ausübung durch die Herren und Ritter in den Städten.[92] Rudolf II. mußte demgegenüber den böhmischen Ständen den sogenannten „Majestätsbrief" mit gleichen und noch weitergehenden Rechten ausstellen, um wenigstens dieses Land auf seiner Seite zu haben.[93] Nach den schärfsten Forderungen der Stände und nach ernsten Verhandlungen kam es endlich durch die am 9. Juli 1609 erfolgte Unterzeichnung dieses Majestätsbriefes zu folgendem Ergebnis: Der Kaiser erlaubte den utraquistischen Ständen, Herren, Rittern und königlichen Städten mit ihren Untertanen und überhaupt allen, die sich zu der 1575 überreichten böhmischen Konfession bekennen, ihre Religion überall auszuüben. Fortan soll niemand, weder die freien Landstände, noch die Bewohner untertäniger Städte und die Bauern von ihren Obrigkeiten oder sonst jemand von ihrem Glauben abgedrängt und zu einer anderen Religion gezwungen werden. Zusätzlich erhielten die drei Stände das Recht, in ihren Städten und Dörfern neue Kirchen zu erbauen und Schulen zu errichten.[94]

Doch war es weder Matthias noch Kaiser Rudolf völlig ernst mit ihren Freiheitsbriefen; es folgten trotzdem noch Übergriffe und Beschwernisse. Und daran änderte sich auch nichts, obwohl Matthias, als er 1612 seinem Bruder in den Erblanden und im Kaisertum nachfolgte, dessen sämtliche Bewilligungen bestätigte. Aber im großen und ganzen war doch der Friede wiederhergestellt, und die evangelische Kirche konnte sich auf ein Jahrzehnt hinaus eines Zustandes erfreuen, der dem unter Kaiser Maximilian II. einigermaßen ähnlich war. Dem drohenden kriegerischen Konflikt zwischen den beiden Brüdern machte der Tod Rudolfs 1612 ein Ende, worauf Matthias auch in der Kaiserwürde nachfolgte, obwohl er, wie ein Friedrich Christoph Schlosser sagt, „niemals an Geist und Körper stark gewesen" sei.

---

[91] Der Vertrag von Wien (23. Juni 1606) bezog sich allerdings nur auf die ungarischen Magnaten, Adligen, Freistädte und privilegierten Orte, ferner auf die ungarischen Soldaten in den Grenzorten; Mecenseffy: Protestantismus, S. 115 f.
[92] 19. März 1609 (siehe unten); Mecenseffy: Protestantismus, S. 132.
[93] Mecenseffy: Protestantismus, S. 134 f.
[94] Huber: Österreich IV, S. 544 ff.

In den Gemeinden herrschte damals ein wechselndes Geschick, bald hatten sie evangelische Geistliche, bald katholische Pfarrer. Aber wir besitzen doch manche evangelischen Geschichtsdenkmäler aus jener Zeit. Auf Grund des Majestätsbriefes war das evangelische Kirchenwesen wiederhergestellt worden, es gab wieder evangelischen Gottesdienst und evangelischen Unterricht.[95] An evangelischen Pfarrern kann Johannes Huber in Schönau namentlich verzeichnet werden; in Freistadt wurde von 1613 bis 1623 ein evangelisches Kirchenbuch geführt. Die ältesten Matrikeln haben wir in folgenden Gemeinden: Krems (1586), Waidhofen (1590), Stein a. d. Donau (1608), Weitra (1609), Maria Laach (1612), Gottsdorf (1617). An Taufnamen wurden für die evangelischen Kinder gewählt: Abraham, Adam, Andreas, David, Gabriel, Jakob, Johannes, Matthäus, Matthias, Michael, Paul, Peter, Simon, Stephan, Thomas u. a.; Eva, Maria, Rebekka, Salome, Sara (sehr oft!), Susanne.

„Der Kampf zwischen Rudolf und Matthias hatte die Stellung der österreichischen Protestanten stark befestigt; von Tirol und Innerösterreich abgesehen, lagen die Dinge jetzt wieder ähnlich günstig wie beim Ausgang Maximilians II. Aber einige schwerwiegende Unterschiede waren doch vorhanden: eifrige, in sich gefestigte katholische Minderheiten standen neben den protestantischen Landständen — in Unterösterreich war z. B. 1616 ein Bündnis zwischen Prälaten, Herren und Rittern „zum Schutz der katholischen Religion" geschlossen worden —, die innere Erstarkung der katholischen Kirche hatte zugenommen, die Jesuiten hatten an allen wichtigen Punkten Niederlassungen und Schulen, die auf die heranwachsende Generation einwirkten — die Universität Graz gehörte ihnen ganz, Wien wurde ihnen 1617 übergeben —, auch die Kapuziner entfalteten eine reiche Tätigkeit. Und schroffer noch als früher war der Gegensatz zwischen der Regierung und den protestantischen Ständen geworden: mit den kirchlichen Streitpunkten hatten sich die politischen ganz und gar verflochten — Protestantismus und Ständewesen gehörten zusammen wie Katholizismus und Landesfürstentum. Je mehr die ständische Macht gestiegen war, je deutlicher der Adel nach einem Bündnis aller böhmisch-österreichischen Stände strebte, um so feindlicher wurde die Stellung der Monarchie gegenüber den kirchlichen Fragen, die eine für das gesamte Staatswesen gedeihliche Lösung unmöglich machte. Matthias war nicht der Mann, eine solche Lösung zu finden; er ließ den Dingen ihren Lauf und förderte nur fortwährend den Kampf im kleinen gegen den Protestantismus. Hätte er die Macht besessen, so würde er gern eine gewaltsame Gegenreformtion durchgeführt haben; bei seiner Ohnmacht beschränkte er sich jedoch auf mancherlei Zwang und Bedrückung im einzelnen und gab dadurch Anlaß zu immer höher steigender Erbitterung in seinen Ländern. Vor allem in Böhmen. — „Als es ihm 1617 durch rasches und drohendes Vorgehen gelang, die Stände zur

---

[95] Die ‚Kapitulationsresolution' (nicht: der Majestätsbrief, der nur für Böhmen galt) war allerdings auf die Stände beschränkt und erlaubte nur diesen auch das freie Exercitium in den Städten. Die mehr oder minder eigenmächtig geschaffenen Verhältnisse auch rechtmäßig gesichert zu bekommen und auch eine Freistellung der Bürgerschaft zu erlangen, war in der Folge eines der Hauptanliegen des evangelischen Adels, das im März 1610 schließlich erreicht wurde; Mecenseffy: Protestantismus, S. 135 ff.

Annahme Ferdinands von Steiermark als künftigen Nachfolger in der Königswürde zu bringen, stieg sein Mut zu gegenreformatorischen Maßregeln – der böhmische Aufstand, das Sichlossagen Böhmens von der habsburgischen Dynastie war die Folge."[96]

In Niederösterreich forderten die Stände eine schriftliche Bestätigung der alten Freiheiten noch vor der Erbhuldigung, verließen sogar Wien, als Matthias nicht darauf eingehen wollte.[97] Aber in Wien blieben doch noch achtzig katholische Herren und Ritter verhandlungsbereit zurück. Die Unterhandlungen zwischen der katholischen Regierungspartei und den abgezogenen Protestanten scheiterten. 180 Herren und Ritter aus Ober- und Niederösterreich verweigerten am 11. September 1608 die Huldigung und zogen geschlossen nach Horn. Dort sammelten sie Kriegsvölker. Am 4. Oktober des gleichen Jahres schlossen 166 Adelige einen Bund gegen Matthias, der es sich als erstes zur Aufgabe stellte, Beziehungen zu den Städten und Märkten und zu den evangelischen Reichsfürsten anzuknüpfen. Zur Abwehr der Bestrebungen dieses Bundes schlossen im übernächsten Jahr, am 1. Februar 1610, die Prälaten und katholischen Stände ebenfalls einen Bund. – Am 19. März 1609 erließ der Kaiser eine Resolution dieses Inhalts: Den Herren und Rittern der Augsburger Konfession wurde die Ausübung ihrer Religion auf ihren Schlössern, Häusern und Besitzungen auf dem Lande garantiert, auch für ihre und anderer protestantischer Adeliger Untertanen. Wer der Religion wegen als Untertan beschwert würde, sollte binnen Jahr und Tag sein Gut verkaufen dürfen; Verstorbene, die der Pfarrer nicht auf seinem Friedhof beerdigen wolle, sollten auf einem anderen Gottesacker bestattet werden können; Errichtung eigener protestantischer Friedhöfe solle freistehen. Bezüglich der Städte und Märkte werde der Fürst so handeln, daß sie sich in keiner Sache zu beschweren oder wegen Unbilligkeit und Bedrängnis zu beklagen haben würden.

Auch die Stände in Oberösterreich stellten die gleiche Forderung, daß sie nämlich nur bei Wiederherstellung der alten Privilegien unter Kaiser Maximilian II. zu huldigen bereit seien. Auch sie schlossen sich in einem Bündnis zusammen, das am 30. August 1609 zustande kam. Es kam zur Besetzung der Stadt Linz einschließlich des dortigen Schlosses. Sofort konnten nun wieder evangelische Gottesdienste in Linz, Gmunden, Steyr und anderwärts gehalten werden.

In Tirol (vgl. S. 34 f.), wo Erzherzog Ferdinand, ein Bruder des Kaisers Maximilian II., regierte, bot die Gegenreformation keinerlei Schwierigkeiten. Der Adel war mit ganz vereinzelten Ausnahmen katholisch geblieben, größtenteils auch die Bauern und Bürger. Eine ständische Opposition fehlte hier. Wohl gab es auch hier Evangelische, wie in den Städten Lienz, Meran, Hall, Kitzbühel, und unter den Bauern befanden sich viele Anhänger der Wiedertäufer; aber das Volk war viel zu unwissend, um

---

[96] PRE Bd. 6, S. 40 (Walter Götz).
[97] Mecenseffy: Protestantismus, S. 127 ff.; Gutkas: Niederösterreich, S. 130; Haider: Oberösterreich, S. 178 f.

die evangelischen Gedanken zu erfassen, viele kannten nicht einmal das Vaterunser und die zehn Gebote. Mit der kleinen Zahl der Evangelischen wurde man leicht fertig, besonders als die Jesuiten kamen und da und dort Schulen gründeten. Man suchte die Leute zunächst zu belehren und stellte ihnen zur Rückbekehrung eine längere Frist; dann nahm man ihnen die „ketzerischen" Bücher weg und gab ihnen katholische in die Hand; wer sich durchaus nicht belehren lassen wollte, mußte auswandern, aber seine Güter vorher verkaufen.

2. Ferdinand II.

So sehr sich die beiden Kaiser Rudolf II. und Matthias sowie der Erzherzog Karl von Steiermark, Kärnten und Krain bemühten, ihre Länder wieder katholisch zu machen, so konnten sie doch am Ende ihres Lebens nur einen nicht sehr starken Teilerfolg verzeichnen. Die politische Lage, vor allem die Türkengefahr, nötigte sie immer wieder, zu den Landständen, den Prälaten, Herren und Rittern sowie den Städten ihre Zuflucht zu nehmen und deren Hilfe durch Zugeständnisse auf religiösem Gebiete zu erkaufen. Aber es war doch nicht nur diese Zwangslage, die sie veranlaßte, immer wieder mildere Saiten aufzuziehen und nicht mit aller Schärfe gegen die evangelische Bewegung vorzugehen. Sie scheuten vor brutaler Gewaltanwendung in Glaubenssachen doch immer wieder zurück, mochten sie auch im einzelnen da und dort einmal von diesem Grundsatz abweichen. Sie oder doch ihre Ratgeber wollten aus politischer Klugheit ihrem Lande schwere Beunruhigungen, innere Kämpfe und im Gefolge davon materielle Schädigungen ersparen. Sie wollten drohende Auswanderungen zahlreicher Volksteile verhindern und wünschten keine blutigen Opfer. Sie begnügten sich mit allerlei kleinen und kleinlichen Maßnahmen, die zwar viel Verärgerung schufen, aber wenig Erfolg zeitigten. Bischof Klesl, ihr Berater, wies sie auf diesen Weg. Eine durchgreifende Gegenreformation konnte so nicht zustandekommen. Wären die nachfolgenden Herrscher auf diesem Wege geblieben, so würde Österreich im Laufe der Zeit vielleicht ein halb katholisches und halb evangelisches Land geworden sein, und die spätere Zeitströmung würde von selbst dazu geführt haben, gegenseitige Duldung auszuüben. Das Gebiet der habsburgischen Monarchie würde zu einem paritätischen Staate sich entwickelt haben, wie auf völkischem, so auch auf konfessionellem Boden. Österreich wäre dann an der Spitze Deutschlands führend geblieben und das Deutsche Reich wäre innerlich gefestigt und stark geblieben. Das Elend des Dreißigjährigen Krieges und das nachfolgende, ebenso schlimme Elend der Reichsohnmacht wäre ihm erspart geblieben.

Daß es anders kam, hängt allein an dem Namen Ferdinands II., des Sohnes des oben erwähnten Erzherzogs Karl (Abb. 8). Nachfolgende Übersicht mag ein Bild von den damaligen Familienzusammenhängen der Habsburger geben:

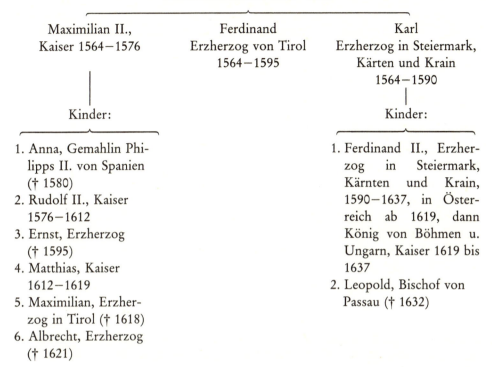

Ferdinand war „kein bedeutendes Talent, auch von Natur zaghaft"[98], ohne „selbständigen Willen oder reichere geistige Begabung; wie ihm später als Kaiser Tatkraft und Selbständigkeit fehlte, so auch Interesse für geistiges Leben, für Wissenschaft oder Künste – Erbauungsschriften und Heiligengeschichten bildeten dauernd die einzige Lektüre dieses Geistes".[99] Eine so geartete Persönlichkeit war das geeignete Werkzeug in den Händen derer, die sich die Bekämpfung des Protestantismus zum Lebensgrundsatz gemacht hatten, der Jesuiten.

Er war geboren am 9. Juli 1578 zu Graz als Sohn des Erzherzogs Karl und der Maria von Bayern. Die Mutter war eine leidenschaftliche Katholikin, und da auch der Vater aufs stärkste gegen die Evangelischen eingenommen war, so ergab sich von selbst die Geistesrichtung, in die der Knabe von frühester Jugend an hineinwuchs. Schon mit elf Jahren wurde er nach Ingolstadt zu den Jesuiten auf ihre Schulen

---

[98] Huber: Österreich IV, S. 337 f.
[99] PRE Bd. 6, S. 41 (Walter Götz). Die vom Vf. verwendete, zum Teil noch im 19. Jahrhundert erschienene protestantische Literatur bewertete die Person des späteren Kaisers und maßgeblichen Gegenreformators verständlicherweise etwas einseitig. Die Forschung nimmt hier mittlerweile, nicht zuletzt durch die Untersuchung Hans Sturmbergers (Ferdinand II.), eine differenziertere Position ein. Vgl. auch NDB Bd. 5, S. 83 ff. (Karl Eder) und Zeeden: Glaubenskämpfe, S. 85, Anm. 6.

geschickt und zugleich der Obhut seines Oheims, des Herzogs Wilhelm von Bayern, unterstellt. Als Karl 1590 starb, forderten die Stände die Rückkehr des jungen Erzherzogs, eine Forderung, der selbst der Kaiser und seine Brüder zustimmten, weil sie den bayrischen Einfluß fürchteten. Allein die Mutter wußte ihren Willen durchzusetzen. Der Knabe blieb noch in Ingolstadt, besuchte erst das dortige Jesuitengymnasium und hörte dann ab 1592 Vorlesungen an der Universität über Physik, Mathematik, Geschichte und Politik, auch etwas Rechtswissenschaft. Gerühmt wird dabei sein Eifer und sein musterhaftes Betragen sowie sein kindlicher Gehorsam, auch seinem Oheim gegenüber. 1595 kehrte er nach Graz zurück, nachdem „die jesuitische Erziehungsmethode ein typisches Beispiel in ihm geschaffen hatte"[100]. Unter gewissen Vorbehalten wurde ihm die Regierung übertragen, nachdem bis dahin zuerst Erzherzog Maximilian, dann Erzherzog Ernst die Regentschaft geführt hatten. Ende des Jahres 1596 gelangte er zur Volljährigkeit und damit zur vollen Regierungsfähigkeit. Ehe er jedoch sein Lebenswerk, die Verdrängung des Protestantismus, begann, unternahm er noch eine Wallfahrt nach Loreto und eine Reise nach Rom, wobei er vor dem Bild der „Mutter Gottes" das Gelöbnis ablegte: „Lieber über eine Wüste herrschen, lieber Wasser und Brot genießen, mit Weib und Kind betteln gehen, den Leib in Stücke hauen lassen, als die Ketzer dulden." Daß er dies sein Gelöbnis halten würde, dafür sorgten seine jesuitischen Beichtväter, vor allem der fremdländische Pater Lamormain[101], die ihm ständig den Gedanken einhämmerten, so sei es Gottes Wille und so erfordere es seiner Seele Heil. Sie veranlaßten ihn vor wichtigen Entscheidungen, sich in die Stille zurückzuziehen und zu prüfen, was Gottes Wille sei; und sie durften gewiß sein, daß er hernach stets das als göttlichen Willen erkannt hatte, was sie seinem unselbständigen Geiste längst als solchen eingeflößt hatten. Wenn er sich nicht immer genau an ihre jesuitischen Ratschläge hielt, so geschah es nur, weil er auch noch andere Ratgeber zur Seite hatte, die er auch zu fragen veranlaßt war: seine weltlichen Regierungsräte, die zwar aus streng katholischen Kreisen gewählt waren, aber doch politisches Denken noch nicht völlig verlernt hatten, und daneben geistliche Berater, wie die Bischöfe Stobäus von Lavant[102] und Martin Brenner von Seckau[103], die ebenfalls noch anderen Gedankengängen zugänglich waren als die Jesuiten. Als z. B. der päpstliche Gesandte dem Erzherzog nahe legte, die Inquisition in seinem Lande einzuführen, riet der Bischof von Lavant ihm davon ab, weil dies eine dem deutschen Volke ganz fremde Einrichtung sei und leicht großen Schaden stifte, und Ferdinand ging nicht darauf ein. Selbst sein Schwager, Herzog Maxi-

---

[100] PRE Bd. 6, S. 41 (Walter Götz).
[101] Guillaume Lamormain SJ (1570—1648), 1624 bis 1637 Beichtvater und politischer Ratgeber des Kaisers; Betreiber des Restitutionsedikts von 1629. LThK Bd. 6, Sp. 769 (Andreas Posch).
[102] Georg III. Stobaeus von Palmberg († 1618), seit 1584 Bischof von Lavant/Steiermark. LThK Bd. 6, Sp. 839 (Josef Wodka).
[103] Martin Brenner (1548—1616), seit 1585 Fürstbischof von Seckau/Steiermark; als „Malleus haereticorum" (Ketzerhammer) in die katholische Kirchengeschichtsschreibung eingegangen. LThK Bd. 2, Sp. 669 (Josef Wodka).

milian von Bayern[104], mit dessen Schwester Maria Anna[105] Ferdinand seit 1600 verheiratet war, äußerte öfters andere Meinung, freilich mit wenig Erfolg, da die beiden persönlich wenig miteinander harmonierten. Im großen und ganzen wußte sich doch der jesuitische Einfluß durchzusetzen und verstand es, alle etwaigen Gewissensbedenken zum Schweigen zu bringen. So ängstlich und unselbständig Ferdinand sonst war, in Glaubenssachen kannte er keine Bedenklichkeiten und kein Schwanken.

So war er im Sinne der Jesuiten der richtige Mann, die Gegenreformation radikal durchzuführen. Er brachte es fertig, die Rechte und Freiheiten der Stände ohne Bedenken zu zerschlagen und damit der evangelischen Bewegung ihren mächtigsten Rückhalt zu nehmen. Es kam nicht darauf an, die volle Staatsgewalt, auch brutalste Gewalt gegen die Andersgläubigen anzuwenden, und er scheut selbst vor Krieg und Blutvergießen nicht zurück; „mit Blut und Tränen ist die Geschichte dieses Herrschers geschrieben"[106]. Er konnte es fertigbringen, ungezählte Tausende der besten und tüchtigsten Menschen aus seinem Lande hinauszujagen und so sein Land wirklich weithin zu einer „Wüste" zu machen; und was er einst für seine Person „lieber" tun zu wollen gelobt hatte, das machte er an zahllosen seiner Untertanen wahr, daß sie nämlich „Wasser und Brot genießen, mit Weib und Kind betteln gehen und den Leib in Stücke hauen lassen" mußten.

3. Die Gegenreformation in Innerösterreich[107]

Sie hatte schon unter Erzherzog Karl begonnen. Dieser Fürst, der Bruder Kaiser Maximilians II., hatte zwar, gedrängt durch seine Schuldenlast und die ständig drohende Türkengefahr, den Adeligen in der „Brucker Religionspacifikation" (1578) die freie Religionsausübung zusichern müssen, aber er war nicht im entferntesten gewillt, dieselbe einzuhalten. Da er ein von Natur gutmütiger, aber eben darum schwacher und unselbständiger Mann war, ließ er sich leicht beeinflussen. Papst und Bischöfe setzten ihm deshalb immer wieder heiß zu, und nicht zum letzten schürte an ihm seine strengkatholische Gemahlin Maria von Bayern. Schon 1572 hatte er die Jesuiten nach Graz gerufen und dafür gesorgt, daß diese ihr Schulwesen immer weiter ausbauen und 1585 sogar eine Universität mit den beiden Fakultäten für Theologie und Philosophie daraus hervorgehen lassen konnten (zuerst Lateinschule mit Konvikt, dann ein großes Gymnasium). 1583 wies er aus den Städten St. Veit und Völkermarkt die evangelischen Geistlichen und Schullehrer aus. 1587 verbot er für Steiermark die Errichtung neuer Bethäuser wie den Aufenthalt von Prädikanten in

---

[104] Maximilian I. (1573–1651), seit 1595/97 Herzog von Bayern, ab 1623 Kurfürst.
[105] Maria Anna von Bayern (1574–1616).
[106] Koch: Luther und das Landl, S. 21 ff.
[107] Vgl. Loserth: Akten; Loserth: Reformation; Dedic: Steiermark.

den landesfürstlichen Städten und Märkten und befahl den Bürgern, ihre Kinder nur in den alten Schulen oder an der Universität Graz studieren zu lassen. Aus den Stadträten und anderen Ämtern sollten die Protestanten entfernt werden. Jeder Verstorbene sollte in seiner Pfarrei begraben werden, was nichts anderes bedeutete, als daß Evangelische ohne kirchliches Begräbnis bleiben mußten, da die katholischen Pfarrer ihre Friedhöfe verweigerten und die Errichtung protestantischer Friedhöfe nicht geduldet wurde. Den Gutsherren bestritt er das Recht der Besetzung von Pfarreien auf ihren Gütern. Allerdings regte sich viel passiver Widerstand und mitunter kam es sogar zu offenen Unruhen. Und so war den gegenreformatorischen Bestrebungen Karls schließlich doch kein rechter Erfolg beschieden. Als er im Jahre 1590 starb, hinterließ er ein Testament, worin er seine Nachfolger aller von ihm den Protestanten gegebenen mündlichen und schriftlichen Zugeständnisse entband und ihnen ans Herz legte, das „schädlich sektisch Wesen" auszurotten.

Sein Nachfolger Ferdinand, der spätere Kaiser Ferdinand II., war bei dem Tode seines Vaters erst zwölf Jahre alt, also noch minderjährig, weshalb eine Regentschaft eingerichtet werden mußte. Hierzu wurde vom Kaiser (Rudolf II.) der Erzherzog Ernst, sein Bruder, ein Neffe des Verstorbenen, ernannt, mit der ausdrücklichen Anweisung, bezüglich der Religion zu keiner Klage Anlaß zu geben. So genossen die Evangelischen noch eine kurze Friedenszeit.

Rasch änderte sich jedoch das friedliche Bild, als Erzherzog Ferdinand gegen Ende des Jahres volljährig wurde. Es war kein leichtes Unternehmen, was er bei seiner Wallfahrt nach Loreto gelobt hatte, die Ausrottung der Ketzerei in seinem Lande. Denn die Protestanten stellten eine große Zahl dar und bildeten nach ihrer sozialen Bedeutung eine nicht zu unterschätzende Macht. Der Adel war mit wenigen Ausnahmen der neuen Lehre zugetan; es gab nur in Steiermark eine beachtenswerte katholische Minderheit. Ähnlich stand es in den Städten, die zum Teil fast ganz evangelisch waren, wie Klagenfurt und Villach, auch noch Laibach, anderwärts wenigstens eine sehr große Zahl, wenn nicht die Mehrheit von Evangelischen aufwiesen. Auch die Bauern waren in Kärnten und in der deutschsprachigen Steiermark zum größeren Teil evangelisch, und nur in der von Slovenen stärker durchsetzten Südsteiermark wie in Krain lag die Mehrheit noch bei den Katholiken.

Im September 1598 verfügte Ferdinand die Ausweisung aller Prädikanten und Lehrer aus Graz.[108] Diese, vierzehn an der Zahl, darunter der berühmte Astronom Kepler, mußten binnen vierzehn Tagen das Land verlassen und zogen nach Ungarn. Bald darauf erlitten die Prädikanten von Judenburg und Laibach das gleiche Schicksal. Weiter wurde verfügt, daß alle geistlichen Stellen mit katholischen Priestern zu besetzen seien, auch alle Patronatsstellen. Letzteres war ein Eingriff in die Rechte der Standesherren, aber der Protest derselben blieb unerhört. Im Herbst 1599 schritt Ferdinand zur radikalen Durchführung der Gegenreformation, zunächst in Steiermark. „Eine Reformationskommission, zu deren Mitgliedern der Freiherr Andreas

---

[108] Vgl. Popelka: Graz I, S. 107 ff.

von Herberstein und der Abt von Admont gehörten, zog in die landesfürstlichen Städte und Märkte wie in die abgelegensten Täler, um die lutherischen Bethäuser zu zerstören oder für die Katholiken in Besitz zu nehmen, katholische Geistliche einzusetzen, lutherische Bücher zu verbrennen und die Einwohner zum Katholizismus zurückzubringen."[109] So sollte die „wahre Reformation" durchgeführt werden. Zwar sollte alles ohne „unnötige Härte und Grausamkeit" geschehen, wie versichert wurde. Vorsorglich nahm man aber doch stets eine größere Zahl von Soldaten, fünf- bis achthundert Mann, überall mit hin, um von vornherein jeden Widerstand unmöglich zu machen. Mit Eisenerz, wo die zahlreichen Bergknappen besonders eifrig dem Evangelium zugetan waren, machte man den Anfang. Dann folgten Aussee, Gröbming, Rottenmann, Schladming usw. Überall wurden Galgen errichtet, Bücher verbrannt, einzelne Protestanten am Pranger ausgepeitscht, mehrere in den Kerker nach Graz abgeführt. Dazwischen wurden auch Geldstrafen verhängt. An verschiedenen Orten blieben Soldaten auf Kosten der Bewohner zurück. Im Ennstal wurden drei Kirchen angezündet und die Mauern niedergerissen.

Weiter ging der Zug der Kommission nach Untersteiermark, zuletzt nach Cilli und Windischgrätz. Auch da wurden mehrere Kirchen zerstört, darunter das prachtvolle Gotteshaus, das die evangelischen Stände bei Sachsenfeld erbaut hatten. Von protestantischen Gottesäckern wurden die Einfriedigungsmauern niedergerissen. Alle Einwohner mußten vor der Kommission erscheinen, wo ihnen eine bestimmte Frist gesetzt wurde, binnen derer sie zum Katholizismus zurückzukehren hätten; versäumten sie diese Frist, so mußten sie ihren Besitz verkaufen und nach Erlegung einer Abzugsgebühr von 10% des Vermögens auswandern. An manchen Orten waren solche Auswanderungen recht zahlreich, wie in Schladming, wo 110 Knappen und Bauern und 23 Bürger mit ihren Angehörigen lieber die Heimat verließen als ihrem Glauben untreu wurden. Dagegen zeigten sich die Bewohner einzelner Städte und Märkte sehr wankelmütig. Aus Eisenerz wanderten nur achtzehn, aus Judenburg nur neun Familien, aus Aussee anscheinend niemand aus.

Nachdem im Frühjahr und Sommer des Jahres 1600 die Gegenreformation auch in den übrigen Teilen Steiermarks durchgeführt worden war, wagte man sich an die Hauptstadt selbst. Am 31. Juli sollten sich alle Bürger und Beamten von Graz in der Pfarrkirche einfinden. Nach einer Predigt des Bischofs Brenner mußten sie einzeln vor die an einem Tisch sitzende Kommission hintreten. Die Hälfte bekannte sich schon jetzt als katholisch, andere erbaten sich Bedenkzeit; 115, darunter sehr viele landständische Beamte und Bedienstete, sollten binnen einer kürzeren oder längeren Frist das Land verlassen. Die eingelieferten unkatholischen Bücher ergaben acht Wagen voll, etwa zehntausend Stück; sie wurden sämtlich vor dem Paulstor verbrannt. Schon um Ostern 1601 sollen in Graz 4170 Personen zur Beichte gegangen sein.[110]

[109] Huber: Österreich IV, S. 346.
[110] Huber: Österreich IV, S. 348.

Im Sommer 1600 erging auch für Kärnten der Befehl, die protestantische Religionsübung im ganzen Lande einzustellen und die Prädikanten und Lehrer binnen zehn Tagen auszuweisen. Im September erschien sodann die Reformationskommission unter Bischof Brenner, dem „Ketzerhammer", und dem Landeshauptmann Graf Johann von Ortenburg*, begleitet von dreihundert Musketieren (Abb. 9). Wohl sammelten sich da und dort bewaffnete Bauern, und in Villach stand die ganze Bevölkerung unter Waffen; aber im entscheidenden Augenblick scheuten sie doch vor dem Kampf zurück. Nach Klagenfurt hatte man fünf- bis sechshundert Landsknechte gelegt; trotzdem ergaben sich dort größere Schwierigkeiten, da Bürger und Rat sich weigerten, ihren Glauben abzuschwören. Erst 1604, als sie vor die Frage gestellt wurden, ob sie auswandern oder katholisch werden wollten, fügte sich der größte Teil, wenn auch nur äußerlich; nur einige fünfzig Bürger zogen schon damals die Auswanderung mit ihren Angehörigen vor.

In Krain erschien die Reformationskommission Ende 1600 und arbeitete mit den bekannten Mitteln. In Laibach ließ der Bischof Thomas Chrön von Laibach[111], der Sohn eines dortigen evangelischen Ratsherrn, aber nun ein glaubenseifriger Konvertit, sogar die Grüfte der Kirche im Bürgerspital aufbrechen und die Leichen in den Fluß werfen. In den kleineren Städten, wo man schon früher vorgearbeitet hatte, gab es keine Schwierigkeiten; nur wenige zogen die Auswanderung der Verleugnung des Glaubens vor. Hartnäckiger aber blieben die Laibacher, die noch immer zumeist evangelisch waren. Noch in den Jahren 1603 und 1604 sah man sich veranlaßt, den Bürgern bei der hohen Geldstrafe von zehn Dukaten die Ablieferung eines Beichtzettels aufzutragen. Gleichwohl hielt sich hier der Protestantismus noch Jahrzehnte lang.[112]

Auf die Mitglieder der Landstände, die Ritter und Herren, war der Ausweisungsbefehl noch nicht ausgedehnt worden, aber auch sie hatten unter den Verordnungen des Erzherzogs schwer zu leiden. Sie mußten ebenfalls ihre evangelischen Geistlichen entlassen, und gleichzeitig wurde ihnen verboten, sich außer Landes zu einem evangelischen Gottesdienst oder zu Trauungen und Taufen zu begeben; sie waren also jeden geistlichen Zuspruchs beraubt. Auch bei der Besetzung von Ämtern und Würden wurden sie überall zurückgesetzt. Ihre Kinder mußten sie in die Jesuitenschulen schicken, wenn sie diese nicht ganz ohne höhere Bildung aufwachsen lassen wollten. Wohl konnten sie noch bis 1615 evangelische Beamte und Diener, also auch Hauslehrer halten; aber dann erging der Befehl, daß künftig nur noch katholische Hausgenossen zu dulden seien. Und am 1. August 1628 war es auch mit der persönlichen Glaubensfreiheit der Adeligen zu Ende. Nun wurde auch ihnen aufgetragen, entweder katholisch zu werden oder binnen Jahresfrist das Land zu verlassen. Letz-

---

* Die bayrischen evangelischen Ortenburg sind ein frühzeitiger Ableger der Kärntner Stammfamilie.

[111] Thomas Hren, 1597–1630 Bischof von Laibach (heute Ljubljana), bemühte sich erfolgreich um eine auch innere Reform in seinem Bistum. LThK Bd. 6, Sp. 732 (Johann Ploner).
[112] Huber: Österreich IV, S. 350 ff.

tere Bestimmung wurde noch dahin verschärft, daß die unmündigen Kinder zurückbehalten und ihnen katholische Vormünder zu geben seien. Gleichwohl wanderte die Mehrzahl von ihnen aus. Ein Verzeichnis von 1652 zählt über achthundert adelige Personen auf aus 51 Herren- und 83 Rittergeschlechtern, die alle ihres Glaubens wegen Innerösterreich verlassen und sich nach Deutschland begeben hatten. Darunter befinden sich Angehörige der ältesten und vornehmsten Geschlechter, sechs Dietrichstein, drei Herberstein, drei Khevenhüller, ein Lamberg, zwei Stubenberg, ein Thurn, ein Trauttmansdorf, sechs Windischgrätz.[113]

Abschließend muß zur Geschichte der Gegenreformation in Innerösterreich bemerkt werden, was alle Geschichtsschreiber betonten, daß das Land dabei viele der wohlhabendsten und aufgewecktesten Bewohner in materieller und geistiger Beziehung verloren hat. Ein „unersetzlicher Verlust für die natürliche soziale Gliederung ihrer Heimat".[114] „Noch wichtiger aber war es, daß die bisherige enge Verbindung mit Deutschland, der rege geistige und persönliche Verkehr mit dem Reiche durch die Vernichtung des Protestantismus abgerissen wurde. Damals begann die geistige Ausscheidung Österreichs aus dem Deutschen Reiche, die endlich auch die politische Trennung zur Folge hatte."[115]

Eine andere Stimme aus der Gegenwart läßt sich folgendermaßen vernehmen: „Von diesem Verlust hat Innerösterreich, wie aufmerksame Beobachter versichern, noch heute sich nicht erholt. Im Mittelalter eines der reichsten Länder, ist es nun verarmt. Die Burgen und Schlösser sind zerfallen, die Güter zersplittert und zum größten Teil in toter Hand, wieder den Klöstern anheimgefallen, von denen schon 1648 nicht weniger als hundert das Land bedeckten, während es vor der Reformation nur einunddreißig waren. Und wie überall hat sich auch hier die Unterdrückung des protestantischen Geistes, des Geistes wahrer christlicher Freiheit, schwer gerächt auf religiösem, auf sittlichem und wissenschaftlichem Gebiete."[116]

---

[113] Huber: Österreich V, S. 243; gemeint ist das in Nürnberg entstandene Exulantenverzeichnis von Andreas Sötzinger (s. Czerwenka: Khevenhüller, S. 629 ff.).
[114] Doblinger: Österr. Exulanten, S. 20 f.; vgl. auch Dedic: Kärntner Exulanten.
[115] Huber: Österreich IV, S. 352 ff.
[116] Gennrich: Evangelium, S. 36.

4. Der böhmische Krieg[117]

Böhmen gehörte nicht zu den altösterreichischen Stammlanden, aber es muß in diesem Zusammenhang kurz berührt werden, da der böhmische Krieg in seinen Auswirkungen den unmittelbaren Anlaß zur Gegenreformation in Ober- und Niederösterreich bot.

Die böhmische Königskrone war durch Erbfolge in den Besitz des Hauses Habsburg gelangt und der jeweilige Erbherr von Österreich wurde damit auch König von Böhmen und gleichzeitig Herr in Mähren. Kaiser Rudolf II. hatte sogar seine Residenz dauernd im Königspalast zu Prag aufgeschlagen und von da aus nicht nur Österreich, sondern das ganze Deutsche Reich regiert, was damals nicht weiter auffiel, da ja Böhmen zum Deutschen Reich gehörte und der König von Böhmen sogar zu den sieben Kurfürsten des Reiches zählte. Als nun Kaiser Matthias im Jahre 1617 bedenklich erkrankte, ließ er den böhmischen Ständen seinen Vetter Ferdinand, Erzherzog von Steiermark, als seinen Nachfolger auf dem Königsthron vorstellen, und die Stände genehmigten das fast einstimmig, allerdings unter der Bedingung, daß der Thronfolger ihnen die gewöhnliche Pflicht und den Eid leiste und alle ihre Rechte und Privilegien bestätige. Ferdinand erteilte sogleich eine schriftliche Bewilligung dieser Forderungen, worauf er als König von Böhmen ausgerufen und am 29. Juni 1617 feierlich gekrönt wurde.

Kaiser und König Matthias kümmerte sich selbst nur wenig um die Staatsgeschäfte und auch um die religiösen Angelegenheiten; dafür ließ er aber den Bischöfen und Prälaten sowie den katholischen Statthaltern in Böhmen freie Hand und duldete es, daß die Bestimmungen des Majestätsbriefes nicht so durchgeführt wurden, wie es rechtens gewesen wäre, daß vielmehr die Gegenreformation offen einzusetzen in der Lage war. „Die Regierung war auf der Bahn der katholischen Reaktion unaufhaltsam vorgeschritten und glaubte nach der Sicherung der Nachfolge Ferdinands noch mehr wagen zu dürfen."[118] Man wollte zunächst auf den ausgedehnten Krongütern und in den königlichen Städten katholisch „reformieren"; man nötigte an einzelnen Orten die Bewohner zur Auswanderung; man schloß die Protestanten von der Erwerbung des Bürgerrechtes aus und zwang umgekehrt die Städte zur Aufnahme von Katholiken in den Bürgerverband; man beschränkte überhaupt das Selbstverwaltungsrecht der Gemeinden in wesentlichen Stücken. Immer höher stieg die Unzufriedenheit im Volke und es war vorauszusehen, daß das vollgerüttelte Maß bald zum Überlaufen kommen würde. Das geschah denn auch, als die evangelische Kirche zu Braunau geschlossen und die zu Klostergrab niedergerissen wurde. In Klostergrab hatten sich glaubensstarke Protestanten ein eigenes Kirchlein erbaut, allerdings gegen den Ein-

---

[117] Zur neueren Forschungslage und Literatur vgl. Zeeden: Glaubenskämpfe, S. 81 ff.; Sturmberger: Aufstand in Böhmen; Lutz: Ringen, S. 404 ff.
[118] Huber: Österreich V, S. 101 ff.

spruch ihres Grundherrn, des Erzbischofs von Prag, aber mit dem Recht der von Gott gesetzten freien Glaubensübung. Doch der Erzbischof erkannte dieses Recht nicht an, sondern ließ die Kirche niederreißen. Dies geschah am 12. Dezember 1617. Am 23. Mai 1618 kam die allgemeine Empörung bei Gelegenheit eines Protestantentages zum Ausbruch. Etwa hundert Mitglieder dieses Tages, meist Angehörige des Herren- und Ritterstandes, zogen bewaffnet auf das Schloß Prag, um ein Protestschreiben an die Regierung zu überreichen. Dabei kam es zu tumultuarischen Auftritten, in deren Verlauf die tief verhaßten beiden Statthalter – der Kaiser hielt sich damals in Wien auf – Martinitz und Slawata, sowie der Geheimschreiber Fabricius nach altböhmischem Brauch zum Fenster hinausgeworfen wurden. Es war ein ungefährlicher Sturz, aber er bedeutete das Signal zu dem furchtbarsten und schrecklichsten Krieg, dem Dreißigjährigen Krieg.

Die in ihrer großen Mehrzahl evangelisch gesinnten böhmischen Stände lehnten sich nun offen gegen das Haus Habsburg auf, da sie sich von diesem nichts Gutes mehr für ihre Sache versprachen, zumal als nach dem Tode des Kaisers Matthias am 20. März 1619 sein Nachfolger Ferdinand II. zur Regierung kam. Sie erkannten ihn nicht als König von Böhmen an, sondern wählten an seiner Statt den Kurfürsten Friedrich V. von der Pfalz.[119] Beide Parteien rüsteten zum Kampf, auf der einen Seite der Kaiser mit dem Bunde der katholischen Fürsten, der Liga, vor allem dem bayrischen Herzog Maximilian und seinem Feldherrn Tilly[120], auf der anderen Seite der Kurfürst und König Friedrich nebst den evangelischen Ständen Böhmens, während die Vereinigung der evangelischen Reichsfürsten, die Union, eine unklare Haltung einnahm und ihre vierundzwanzigtausend Mann bei Lauingen und Günzburg stehen ließ. So blieben die Kräfte von vornherein ungleich, umso mehr als es auf Seiten der Böhmen an einem gleich tüchtigen Führer fehlte, wie es Tilly auf der anderen Seite war. Die böhmischen Truppen befehligte der Graf von Mansfeld[121]. Es kam dann am 8. November 1620 zu der unglückseligen Schlacht am Weißen Berg bei Prag, in der die böhmische Partei alles verlor. Es folgte zunächst eine furchtbare Ausplünderung des Landes durch die kaiserlichen Truppen, die bisher nie einen Sold erhalten hatten, während das Heer der Liga unter Tilly eine ziemlich strenge Mannszucht bewahrte. Ähnlich erging es den Mähren, die sich ebenfalls den aufständischen Böhmen angeschlossen hatten. Ein strenges Gericht erging über die „Rebellen", die Aufständischen, die ihrer Güter für verlustig erklärt wurden und aus dem Lande flüchten mußten, zum Teil auch, wo man ihrer habhaft wurde, hingerichtet wurden. Mit den eingezogenen Gütern wurden die Günstlinge des Kaisers sowie die katholische Kirche und die Klöster in Überfülle beschenkt. Und dann setzte die Gegenreformation in

---

[119] Friedrich V. (1596–1632), Kurfürst seit 1610, König von Böhmen 1619–1621, Verlust der Kurwürde 1623.
[120] Johannes Tserclaes Graf von Tilly (1559–1632), bedeutendster Feldherr der katholischen Liga.
[121] Ernst II. Graf von Mansfeld (1580–1626).

ihrer ganzen Schärfe in Böhmen ein. Für den Anfang traf Ferdinand unter anderem folgende Maßnahmen: Ein Großteil der evangelischen Geistlichen wurde ausgewiesen, die Kommunion unter beiderlei Gestalt wurde verboten, der Gebrauch des Lateinischen in den Gottesdiensten wurde streng durchgeführt, die Pfarreien in Prag und auf den königlichen und den konfiszierten Gütern wurden durch den Erzbischof von Prag besetzt. Das gesamte Unterrichtswesen wurde in die Hände der Jesuiten gegeben. Die persönliche Gewissensfreiheit blieb einstweilen noch geschont. Nur die Wiedertäufer wurden 1622 bei Eintritt des Winters aus Mähren verwiesen und wanderten, etwa zwanzigtausend Seelen, meist nach Ungarn aus. Vom Jahre 1624 an erschienen mehrere Dekrete Ferdinands, wonach in den Städten und Märkten fortan nur noch Katholiken als Bürger aufgenommen werden durften und alle Nichtkatholiken auszuschließen waren. Dann wurden auf den Gütern der Adeligen alle noch vorhandenen Prädikanten aufgespürt und des Landes verwiesen und bei weiterem Aufenthalt eingekerkert. Weiter wurden Bürger und Bauern unter Androhung hoher Geldstrafen aufgefordert, binnen einer bestimmten Zeit zum Katholizismus zurückzukehren; wer sich nicht fügte, erhielt Soldaten als „Seligmacher" einquartiert, die sich dabei die empörendsten Gewalttaten erlauben durften, bis man sich von ihnen durch Vorweis eines Beichtzettels befreien konnte. Viele flohen daraufhin aus dem Lande, besonders nach Sachsen, mußten aber dann ihr ganzes zurückgelassenes Hab und Gut beschlagnahmt sehen, eine Maßnahme, die erst auf Beschwerde des Kurfürsten von Sachsen entsprechend dem Passauer Vertrag dahin geändert wurde, daß die Leute ihren Besitz innerhalb einer bestimmten Frist verkaufen durften, hierbei freilich immer noch zehn Prozent Abzugsgeld, einen Anteil an den Staatsschulden, Strafgelder u. a. zu entrichten hatten. Im Februar 1627 setzten dann die berüchtigten Kommissionen ein, die im Lande umherzogen, die immer noch vorhandenen Evangelischen durch ihre Geistlichen zu bekehren suchten und im Weigerungsfalle Strafen verhängten, Soldaten einquartierten, auch Kerker und Hungerkuren verhängten. Wieder setzte die Flucht über die Grenze ein oder man versteckte sich in die Wälder. Auch offene Aufstände von Bauern kamen vor, die freilich bald mit brutaler Gewalt niedergeschlagen wurden, wobei man die Anführer aufhängte, räderte, pfählte oder doch grausam verstümmelte und brandmarkte. Noch im gleichen Jahre ging man auch gegen die Adeligen vor, soweit solche noch im Lande hatten bleiben dürfen. Auch sie wurden vor die Wahl gestellt, entweder auszuwandern oder katholisch zu werden. Binnen sechs Monaten hatten sie sich zu entscheiden. Wollten sie auswandern, durften sie ihre Güter nur an Katholiken verkaufen, wozu ein weiterer Termin von sechs Monaten gestellt wurde. Für Waisenkinder von evangelischen Adeligen wurden katholische Vormünder bestellt.

So kam die Gegenreformation in Böhmen zu dem gewünschten Ziele. Die Folgen blieben allerdings nicht aus. „Auf wenigstens 30 000 schätzt Slawata die Zahl der Ausgewanderten, darunter 185 vom Herren- und Ritterstande, und es waren vielfach die tüchtigsten, kenntnisreichsten und unternehmendsten Männer, welche sich im Ausland einen neue Heimat suchten. Der Ruin des Landes wurde durch die Gegenreformation vollendet."[122] Bergwerke verfielen, Städte verödeten zum guten Teile, die Bauernsitze schmolzen zusammen. Böhmen blieb bis in die Gegenwart herein das Land, mit dem der Begriff kultureller Rückständigkeit aufs engste verbunden ist.

Die böhmischen Exulanten ließen sich hauptsächlich in Sachsen und anderen Grenzländern im Norden nieder; ein kleinerer Teil mag auch in Oberfranken Zuflucht gefunden haben, doch fehlt hierfür noch der genauere Nachweis.[123]

Daß es den Evangelischen in Mähren nicht besser erging, ist selbstverständlich. Ihnen waren ja seinerzeit nur allgemeine Zusicherungen bezüglich ihrer Religionsfreiheit gegeben worden, während der Majestätsbrief nur den Böhmen galt. Daß auch dieser vor einem Ferdinand keinen Schutz gewährte, haben wir gesehen; Ferdinand soll ihn mit eigener Hand nach der Niederwerfung des böhmischen Widerstandes zerschnitten haben.

Von schlimmsten Folgen war aber das böhmische Unglück auch für die beiden Nachbarländer Ober- und Niederösterreich, wie sich bald herausstellte.

5. Die politischen Folgen für Österreich[124]

Die evangelischen Stände in Ober- und Niederösterreich hatten schon 1608 ein Bündnis zur Wahrung ihrer Rechte, vor allem ihrer religiösen Freiheiten in der Stadt Horn im Waldviertel geschlossen und hatten damit ihren Willen gegenüber dem Erzherzog und nachmaligen Kaiser Matthias durchgesetzt. Demgegenüber hatten sich 1616 allerdings auch die katholischen Stände (Prälaten, katholische Herren und Ritter) zum Schutze der katholischen Religion zusammengeschlossen, wenn auch stark in der Minderheit gegenüber den evangelischen Herrschaften. Das bedeutete immerhin eine wesentliche Verschärfung der Gegensätze auch zwischen Regierung und protestantischen Ständen.

In den österreichischen Stammlanden hofften die Stände noch durch Verhandlungen, durch „Unterhandlungen, Bittschriften, Gesandtschaften, Verweigerung der Erbhuldigung und ähnliche Mittel passiven Widerstandes ihre Rechte zu sichern" (1619 f.). „Die oberösterreichischen Stände, welche den Erzherzog Albrecht in den Niederlanden immer noch als ihren Herren betrachteten und bis zur Regelung der Nachfolge, bzw. bis zur Huldigung, die Verwaltung des Landes in die Hand genommen hatten, besetzten die festen Plätze im Lande und schlossen es durch Sperrung der Pässe und Zugänge von außen ab."[125]

---

[122] Huber: Österreich V, S. 216 ff.
[123] Vgl. dazu inzwischen u. a. Wopper/Herrmann: Exulanten in Hof; Herrmann: Exulanten in Neudrossenfeld; Herrmann: Exulanten im Frankenwald.
[124] Vgl. Mecenseffy: Protestantismus, S. 149 ff.
[125] Gennrich: Evangelium, S. 29 f.

Als nun Erzherzog Ferdinand auf den Thron kam, leisteten ihm zwar die katholischen Stände und die meisten evangelischen aus den Vierteln ober und unter dem Wienerwald willig den Huldigungseid, die übrigen protestantischen Adeligen aber verweigerten denselben. Die Mehrzahl der letzteren zog nun wieder nach Horn und verbündete sich dort mit den aufständischen Böhmen und Mähren, die bereits nach Niederösterreich, eben in das Waldviertel, eingedrungen waren. Sie boten sogar dem zum König erwählten Kurfürsten Friedrich von der Pfalz die Schutzherrschaft über Niederösterreich an.

„In Niederösterreich hatten die Stände in Horn ein Deputiertenkollegium eingesetzt, das von hier aus den Widerstand gegen die Regierung organisierte, Truppen warb und Gesandte an die Nachbarländer schickte. Schließlich hatten die Stände beider Länder (Ober- und Niederösterreich) sogar mit den Böhmen ein Bündnis geschlossen, wenn auch mit der ausdrücklichen Erklärung, durch dasselbe nichts anderes zu suchen als ihre Religion und Gewissensfreiheit, um unter ihrer Obrigkeit und dem Landesfürsten zu einer erträglichen Regierung zu kommen."[126]

Der Landtag trat endlich nach verschiedenen Verschiebungen am 10. April 1620 in Wien zusammen zum Zweck der Erbhuldigung. Die protestantischen Herren aus den Vierteln Ober- und Unter-Wienerwald hatten sich eingefunden, die übrigen waren in Horn geblieben. Ferdinand ließ sich zu einem Zugeständnis an die Stände herbei. Er versprach ihnen, wenn sie das Bündnis mit den Böhmen aufgeben und sich aller Verbindungen untereinander enthalten wollten, nicht nur wegen ihrer Privilegien den gewöhnlichen Revers auszustellen, sondern sie auch bei der gegenwärtigen Übung des Augsburger Bekenntnisses zu belassen.

Auf eine erneute Bitte der protestantischen Ständeglieder um bestimmte Anerkennung der Zugeständnisse Maximilians und Matthias' hatte er ihnen sogar erklärt:

„Glaubet unseren Worten, denn wir euch alles, so wahr wir ein geborner Erzherzog und ein gewählter römischer Kaiser sind, gewißlich halten, uns auch in einem und andern gegen die Stände also erzeigen wollen, wie ein Vater sein Kind lieben tut, und bei denselben leben und sterben."[127]

Auf diese Erklärung hin entschlossen sich die anwesenden protestantischen Herren zur Erbhuldigung mit den katholischen Ständen. Aber die Deputierten in Horn bzw. hernach in Retz an der mährischen Grenze gaben sich damit nicht zufrieden, verlangten vielmehr volle Bestätigung ihrer Privilegien und des Bündnisses mit den Böhmen. Als Ferdinand diese Forderungen ablehnte, erfolgte die Wahl des böhmischen Königs zum Schutzherren. Die oberösterreichischen Stände verweigerten in gleicher Weise die Erbhuldigung und machten ebenfalls eine weitere Verständigung unmöglich.

---

[126] Gennrich: Evangelium, S. 20.
[127] Gennrich: Evangelium, S. 30.

Abb. 8: Allegorie auf Ferdinand II. als Gegenreformator.

Das Ölgemälde von Giovanni Pietro de Pomis (1569–1633), entstanden um 1617/19 als Entwurf für ein Deckenfresko im Mausoleum zu Graz, zeigt die Gegenreformation aus altkirchlicher Sicht. Der geharnischte Ferdinand II., unterstützt von Minerva (der Göttin der Staatsklugheit), tritt die Heuchelei (mit Maske) in die Tiefe, nachdem diese von der Wahrheit (mit Stern) und der Zeit (Chronos mit dem Urpendel) niedergeworfen worden ist. Als Attribute der Justitia kennzeichnen Schwert und Waage sein Tun als gerecht. Ein Putto hält ihm den Siegeslorbeer übers Haupt.

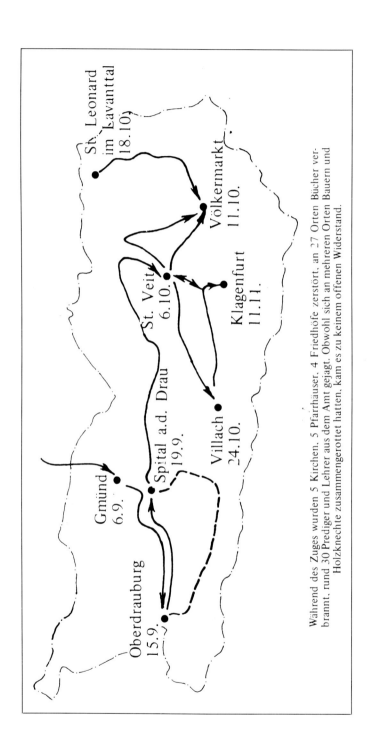

Abb. 9: Der Zug der Reformkommission Bischof Martin Brenners durch Kärnten im Jahre 1600.

Inzwischen rüstete aber der Kaiser ein Heer aus, obwohl ihm das Geld hiezu fehlte, und stellte es unter den katholisch gebliebenen Herrn von Bouquoi aus Böhmen[128]; auch die Baiern unter Tilly mit den Ligisten zogen heran. Ihr Ausgangspunkt war das damals bayrische Städtchen Ried im Innviertel. Bei ihrem Eindringen nach Oberösterreich stellten sich ihnen bei Haag einige Tausend Bauern entgegen, die aber rasch zerstreut wurden, worauf zahlreiche Dörfer und Höfe von den feindlichen Truppen niedergebrannt wurden. Auch die evangelischen Stände hatten gerüstet, aber gegen die große Übermacht konnten sie nichts ausrichten, mußten sich vielmehr überall zurückziehen. Ende Juli 1620 zogen die verbündeten Heere in Linz ein, und am 20. August mußten dort die Stände dem Kaiser huldigen, ohne daß ihre Freiheiten bestätigt wurden. Vielmehr mußten sie ihre Truppen, etwa dreitausend Mann, in das Heer der Liga übertreten lassen. Gegen diejenigen Adeligen, die auch jetzt noch die Huldigung verweigert hatten, ging nun Ferdinand mit strengeren Maßregeln vor; durch kaiserliches Patent wurden 31 von ihnen für Rebellen und damit ihres Lebens und Vermögens für verlustig erklärt.[129] Es wurde dann die Stadt Horn und weiter das ganze Waldviertel von den kaiserlichen Truppen eingenommen und dabei übel gebrandschatzt, wie auch vorher schon von den böhmischen Truppen. Ein Historiker schreibt hierüber: „Währenddessen hausten die zum Kampf gegen die Böhmen herbeigerufenen kaiserlichen Kriegsvölker unmenschlich im Lande; sie sogen die Einwohner bis aufs Blut aus und verübten überall die schändlichsten Gewalttaten, Freund und Feind nicht schonend. Dazu war Graf Thurn mit den Böhmen ins Land gerückt und nahe daran, Wien zu erobern"[130]. Der Zug der kaiserlichen Truppen ging dann weiter nordwärts nach Böhmen hinein und es folgte am 8. November 1620 die entscheidende Schlacht am Weißen Berg bei Prag.

Dieser Ausgang war nunmehr auch von entscheidender Bedeutung für das Schicksal der evangelischen Stände in Österreich. Diese glaubten noch immer nicht an eine ernste Gefahr für ihre Stellung und wollten wegen ihrer Teilnahme an dem böhmischen Aufstand weder um Verzeihung bitten noch die notwendigen Steuern zur Bezahlung der durch den Krieg entstandenen Schulden bezahlen. Erst als der Kaiser mehrere Adelige verhaften ließ und eine Strafkommission einsetzte, unterwarfen sie sich. Sie mußten kniefällig Abbitte vor dem Kaiser leisten, ein Strafgeld von einer Million Gulden (nachträglich auf sechshunderttausend Gulden ermäßigt) übernehmen, weiter die Bestätigung ihrer Privilegien in das Belieben des Kaisers stellen, diesem die alleinige Entscheidung in Religionsangelegenheiten überlassen, ebenso Vorbehalte über die ständische Kasse samt den zugehörigen Gülten und Gütern, sowie über die Lehen und geistlichen Vogteien der Begnadigten. Unter diesen Bedingungen

---

[128] Charles Bonaventura de Longueval, Freiherr von Vaux, Graf von Buquoy (1571–1621), seit 1618 Oberbefehlshaber des kaiserlichen Heeres, stammte aus Flandern. AK Wittelsbach und Bayern II/2, S. 320 ff.
[129] Vgl. auch Hübel: Kompromittierte Protestanten.
[130] Gennrich: Evangelium, S. 29.

gewährte der Kaiser Verzeihung am 27. Februar 1625. Die letzte Bedingung schloß das Recht des Kaisers zur Besetzung der Pfarreien auf den Gütern der Herren in sich.

Die schon 1620 geächteten Herren und Ritter blieben von der Begnadigung ausgeschlossen. Ihre Güter fielen dem landesfürstlichen Kammergute zu; da sie jedoch meist stark verschuldet waren, teilte sie der Kaiser neu aufkommenden Geschlechtern zu. So verschwanden z. B. aus dem am meisten betroffenen Waldviertel die Geschlechter der Puchheimer (Herren auf Horn); Kuefsteiner, Starhemberg auf Albrechtsberg, Grabner auf Rosenburg, Landau auf Rappottenstein[131], Hofkirchen, Thurn, Thonradl, Wurmbrand, Römer, Nütz, Hilleprandt, Friedensheim, Teufel, Gregoritzky und Stadel. Die meisten dieser Familien sind in der Fremde verschollen. Auch die später in Thüringen ansässigen Wolzogen verließen damals ihre Heimat. An die Stelle der Ausgewanderten traten die Muschinger, Kurz, Megier, Lindegg, Mellenthein, Geyer, Lempruch, Underholzer, Breuner, Althan, Sonderndorfer, Dietrichstein, Hackelberger[132], Sprinzensteiner, Windhag u. a.

Mit seinem Vorgehen hatte Ferdinand erreicht, daß fortan die Macht der Stände gebrochen blieb. Die evangelische Bewegung hatte nunmehr keinen festen Rückhalt mehr an dem österreichischen Adel. Der Kaiser war in keiner Weise mehr bei dem Werk der Gegenreformation gehemmt, das Haupthindernis war ausgeschaltet. Auch die jetzt noch begnadigten Herren und Ritter hatten damit für ihre Person nur eine kurze Galgenfrist erreicht.

Eine weitere Folge des böhmischen Krieges war die Besetzung von Oberösterreich durch die bayrischen Truppen[133]. Kaiser Ferdinand hatte die Mittel zur Kriegsführung nicht aufbringen können und mußte deshalb seinem Schwager, Herzog Maximilian von Bayern, Oberösterreich als Pfand überlassen, bis die Kriegsschulden getilgt sein würden. Schon ehe die bayrischen Truppen nach Niederösterreich und von da weiter nach Böhmen zogen, wurde das Land ob der Enns von Maximilian in Verwaltung genommen und dazu eine Besatzung von fünftausend Mann zurückgelassen. Diese, wie auch die weiterziehenden Truppen, brandschatzten das unglückliche Land nach Herzenslust, zogen plündernd, brennend und mordend von Ort zu Ort. Ferdinand hatte sich jedoch die Landeshoheit vorbehalten, so daß er entsprechende Anordnungen zu treffen in der Lage war. Das wirkte sich hernach bei dem Einsatz der Gegenreformation dahin aus, daß Ferdinand die erforderlichen Befehle (Mandate) an den bayrischen Statthalter ergehen ließ und daß dieser die Mandate vollziehen mußte. Es ergab sich da ein gefährlicher Irrtum in der Anschauung des Volkes, das des Glaubens war, die Gegenreformation ginge von Bayern aus, während der fürstliche Hof in Wien mehr oder weniger unbeteiligt dabei sei. Der Haß des Volkes richtete sich darum vor allem gegen die Bayern und man glaubte sogar im

---

[131] Die Landau konnten sich als Protestanten noch bis 1662 auf ihrer Herrschaft halten!

[132] Die Familie Hackelberger von Höhenberg auf Arbesbach war noch 1652 evangelisch und schützte bis dahin auch ihre protestantischen Untertanen!

[133] Vgl. Heilingsetzer: Bayern in Oberösterreich.

Sinne Österreichs zu handeln, wenn man sich gegen die bayrische „Tyrannei" auflehnte. Der Fahnenspruch der Bauernschaft in dem nachfolgenden Aufstand lautete: „Von Bayerns Joch und Tyrannei und seiner großen Schinderei mach uns, o lieber Herrgott, frei Weils gilt die Seel und auch das Gut, so soll's auch gelten Leib und Blut. O Herr, verleih uns Heldenmut Es muß sein!" Ein patriotischer Zug mischte sich so in den Kampf der Bauern um ihren Glauben, leider ohne tatsächlichen Hintergrund und zu ihrem eigenen Schaden.

6. Die Gegenreformation in Oberösterreich[134]

Nachdem Ferdinand den böhmischen Aufstand niedergeschlagen hatte, säumte er nicht, nun sein Lieblingswerk, die Gegenreformation, auch in Österreich durchzuführen. Und zwar sollte zunächst das noch von den Bayern besetzte „Ländlein ob der Enns" an die Reihe kommen (Abb. 10). Zwar zeigte Kurfürst Maximilian von Bayern wenig Lust, seine Beamten und Soldaten zu diesem Werk zur Verfügung zu stellen, und wünschte den Aufschub bis zum Abschluß der Besetzung; aber Ferdinand drängte zum sofortigen Angriff und Maximilian konnte dem nicht widerstehen. So erging denn am 4. Oktober 1624 das erste kaiserliche Mandat, das mit Trompetenschall im ganzen Lande verkündet wurde: Binnen acht Tagen seien sämtliche protestantischen Prediger und Lehrer abzudanken, und diese hätten sofort das Land zu verlassen. Es war das immer und überall der erste Schritt zur Rekatholisierung des Landes: die Gemeinden ihrer Hirten und Seelsorger zu berauben, um so das verwaiste und hilflose Volk leichter beeinflußen und gefügig machen zu können. Dem ständischen Adel verblieb zwar noch das Recht evangelischer Religionsübung, aber mit dem strengen Verbot, die Bauern daran teilnehmen zu lassen; ihre Prediger und Lehrer mußten sie auch entlassen. Nicht weniger als 115 evangelische Geistliche mußten damals das Land verlassen und in der Fremde ihr Brot suchen. Die meisten von ihnen wanderten nach Westen aus in das Altreich, wo sie oft lange umherziehen und viel Not und Entbehrung leiden mußten, bis sie endlich wieder eine Heimstätte fanden. Ferdinand setzte wiederum eine „Reformationskommission" ein, als deren Mitglieder genannt werden: Adam Graf Herberstorff[135], Dr. Georg Falbe (Abt von Göttweig), Landesanwalt Dr. Johann Baptist Spindler von Hofegg und der Mautamtmann von Linz, Konstantin Grundemann von Falkenberg.

So lesen wir im ältesten Kirchenbuch zu Reichenau den bezeichnenden Eintrag: „1624 expulsi sunt prädicantes" (1624 wurden die Prediger ausgetrieben). Man sieht,

---

[134] Vgl. Loesche: Oberösterreich; Mecenseffy: Protestantismus, S. 163 ff.; Heilingsetzer: Bayern in Oberösterreich.
[135] Siehe unten Kapitel 6 c.

daß die Anordnung Ferdinands streng durchgeführt wurde. Es war ja auch nicht schwer, die armen Geistlichen von ihren Stellen wegzubringen; ein kleines Kommando bayrischer Soldaten genügte, um jeden Widerstand, sei es des Geistlichen oder der Gemeinde, schon im Keime zu ersticken. Schwieriger war dagegen der andere Teil der kaiserlichen Anordnung, nämlich überall an Stelle der evangelischen Pfarrer katholische Geistliche einzusetzen. Es fehlte ja an solchen weit und breit. Man war genötigt, das Ausland zu Hilfe zu rufen, man rief sogar eine größere Zahl italienischer Pfarrer herbei, die nicht einmal richtig Deutsch sprechen konnten. Es ist begreiflich, daß auf diese Weise nicht gerade die besten und tüchtigsten Geistlichen in das Land kamen und daß schwerste Klagen über das ärgerliche Leben dieser katholischen Pfarrer laut wurden, über Konkubinat, Geldsucht, Völlerei usw., genau die alten Klagen, wie sie schon hundert Jahre früher erhoben wurden. Selbst der bayrische Statthalter Graf Herberstorff sah sich veranlaßt, an den Kaiserhof in Wien über die „bösen, unexemplarischen und ungeschickten Priester" zu berichten und besonders die Entfernung bei wälschen, ungelehrten Geistlichen zu fordern. Aber statt dessen erging an ihn die Weisung, mit aller Strenge gegen die evangelischen Unruhestifter vorzugehen, sie an der Straße aufzuhängen usw., also mit brutaler Gewalt jeden Widerstand gegen die katholischen Pfarrer zu unterdrücken.

Solcher Widerstand hatte sich allerdings im Volke erhoben, freilich in der Regel nur passiver Art. Die Evangelischgesinnten gingen nämlich nicht in die Gottesdienste dieser Geistlichen, versammelten sich vielmehr in den Privathäusern zu gemeinsamen Andachten, wo man aus der deutschen Bibel und aus Predigtbüchern vorlas und gemeinsame Lieder aus den evangelischen Gesangbüchern sang. Oder man ging von Zeit zu Zeit außer Landes, nach Ortenburg in Niederbayern, einer kleinen, evangelisch gebliebenen Grafschaft[136], oder nach der altevangelischen Reichsstadt Regensburg oder auch nach Niederösterreich, wo die Gegenreformation noch nicht stattfand. Besonders zu Taufen und Trauungen ging man gern ins Ausland. Es wurden deshalb im Januar und Februar Kommissäre im Lande umhergeschickt, um die „Reformation", wie man es nannte, d. h. die Wiederkatholisierung durchzuführen. Diese Reformationskommissäre hatten überall die Kirchen, Schulen und Spitäler wieder der katholischen Geistlichkeit zu überantworten, die Gemeindeämter mit Katholiken zu besetzen, den Besuch des katholischen Gottesdienstes anzuordnen, das Auslaufen in Nachbarländer sowie das Lesen evangelischer Bücher zu verbieten. Aber alle Bemühungen der Kommissäre blieben ohne sonderlichen Erfolg. Darum erließ Kaiser Ferdinand unter dem 10. Oktober 1625 das Reformationspatent, das folgende schärfste Bestimmungen enthielt:

1. Evangelische Prediger (Prädikanten) und unkatholische Schulmeister bleiben abgeschafft; die Abhaltung von Predigten und Konventikeln, geheimes Lesen von Postillen (Predigtbüchern), der Besuch von Predigten im Auslande ist streng verboten.

[136] Vgl. Hausmann: Protestanten.

2. Jedermann hat bei obrigkeitlicher Strafe dem katholischen Gottesdienst an Sonn- und Feiertagen vom Anfang bis zum Ende beizuwohnen.
3. An den gebotenen Fasttagen und in der ganzen Fastenzeit darf niemand Fleisch kochen oder essen.
4. Die Zünfte (Handwerkervereinigungen in den Städten) haben sich an der Fronleichnamsprozession zu beteiligten.
5. Niemand darf seine Kinder an unkatholischen Orten unterrichten und erziehen lassen.
6. Die im Lande vorhandenen unkatholischen Bücher sind in Monatsfrist abzuliefern.
7. Allen und jedem wird eine unüberschreitbare Frist bis Ostern 1626 zum Übertritt zur katholischen Religion gesetzt und bis dahin das Recht zur Auswanderung freigelassen. Wer dann noch halsstarrig bleibt, muß das Land räumen, aber dabei erst noch 10% Nachsteuer von seinem Vermögen entrichten. Wer sich bekehrt, hat den Absolutionsschein (Beichtzettel) den geistlichen Kommissarien zu übergeben. Gegen solche, die nicht beichten, soll mit Strafe vorgegangen werden. Nur der alte Adel darf bei der Augsburger Konfession verbleiben.

Diesen Bestimmungen merkt man es an, daß sie ganz von jesuitischem Geiste durchtränkt sind. Zu ihrer Durchführung wurde vom Kaiser eine neue Kommission unter dem Vorsitz des Statthalters Herberstorff mit besonderen Vollmachten eingesetzt. Auf Bitten der Stände wurde für den Fall der Auswanderung die Frist zum Verkauf der Häuser auf zwei Jahre verlängert, im übrigen aber wurden die Maßregeln seit Neujahr 1626 noch verschärft. Besonders wurden zu den erwähnten Abgaben noch geschlagen: die Steuern für das laufende Jahr, Schreibgebühren und Zehrungskosten, bei Bürgern in Städten und Märkten weiter ein Betrag zu den Rebellionsstrafen und zu den gemeindlichen Schulden, sowie eine Abgabe zur Wiederherstellung geistlicher Stiftungen. Die Auswanderung sollte offensichtlich möglichst erschwert werden.

a) Die Durchführung in den landesfürstlichen Städten und Märkten

Linz, Wels, Gmunden, Enns, Freistadt, Vöcklabruck und Eferding, diese sieben Städte in Oberösterreich waren, weil landesfürstlich, stets bei der Zusicherung religiöser Freiheiten ausgenommen, wenn sie sich auch in Wirklichkeit dabei immer den adeligen Herrschaften gleichzustellen suchten. Sie stellten eigene evangelische Geistliche an, sorgten für die Abhaltung evangelischer Gottesdienste und waren überall eine Hauptstütze des Protestantismus. Aber da sie in keiner Weise durch landesfürstliche Versprechungen gesichert waren, so konnte man gegen sie mit einem gewissen formalen Rechte vorgehen nach dem damals geltenden Grundsatze „cuius regio, eius religio" (wem das Land gehört, der hat die Religion zu bestimmen). Daß dies ein der Glaubens- und Gewissensfreiheit stracks zuwiderlaufender und darum gegen alles göttliche und menschliche Recht aufgestellter Grundsatz ist, bedarf keines Beweises; aber er stand damals weithin in Geltung und man bediente sich seiner nur allzu gern und allzu oft[137]. So auch im vorliegenden Falle gegen die Städte in Oberösterreich.

Schon im Februar 1626, also schon vor dem gestellten Termin (Ostern) begann die Kommission ihre Tätigkeit. Es wurden zunächst die vornehmeren Bürger vorgefordert und zu Protokoll genommen, ob sie katholisch werden oder auswandern wollten. Dazu hielten die Kapuziner und Franziskaner Predigten und Kinderlehren ab und suchten so auf das Volk zu wirken. Inzwischen ging man scharf mit Strafen gegen solche vor, die die Festtage nicht einhielten oder die katholischen Gottesdienste nicht besuchten. Anfang März wollten manche auswandern, aber dem standen nun die hohen Abgaben entgegen, die z. B. in Enns fast die Hälfte des Vermögens ausmachten. Dabei mußten die Häuser bei dem starken Angebot zu einem äußerst niedrigen Preis losgeschlagen werden. Es ist begreiflich, daß viele zögerten und die Entscheidung hinausschieben wollten. Aber nun wandte die Kommission bald nach Ostern ein anderes Zwangsmittel an: man legte den Schwankenden Soldaten in das Haus, die sie völlig zu verpflegen hatten und unter deren Zuchtlosigkeiten sie Unerträgliches zu erdulden hatten. In Steyr[138] wurden den reicheren Bürgern hundert und mehr Soldaten aufgezwungen, weniger bemittelten zehn bis zwanzig. Man kann es verstehen, daß nicht wenige solchen Strafexekutionen zu entgehen suchten und sich, wenn auch nur äußerlich, „bekehrten". Gleichwohl zog ein sehr großer Teil, vielleicht die Hälfte der Bevölkerung, und zwar die bessere, tüchtigere und charaktervollere Hälfte die Auswanderung dem ständigen Glaubens- und Gewissensdruck vor. Ein Beweis dafür ist die Tatsache, daß im Jahre 1629 von 600 Bürgerhäusern nur noch 312 bewohnt waren, in Linz von 286 Häusern um diese Zeit nur noch 166 standen, woran allerdings auch der Bauernkrieg zum Teil Schuld trug; in Wels lagen 121 Häuser in Asche, in Vöcklabruck standen alle Häuser bis auf 16 leer.

Um den Schwierigkeiten eines Verkaufs ihrer Häuser und Güter zu entgehen, haben manche alles im Stiche gelassen, zumal wenn Schulden vorhanden waren, und haben heimlich das Land verlassen, wie ein Korrespondent bald nach 1626 schreibt: „Es sind schon etliche tausend Personen mit Weib und Kind davongelaufen und haben Haus und Hof samt allem Vorrat dahinter gelassen." Die Verschuldung war nach dem Bauernkrieg auf dem Land nicht verwunderlich, doch stand es in der Beziehung auch in den Städten zum Teil recht schlecht. Von denen, die heimlich

---

[137] Das ‚ius reformandi' war den Landesfürsten spätestens im Augsburger Religionsfrieden von 1555 reichsrechtlich zugesichert worden, um die bisherigen konfessionellen Entwicklungen festzuschreiben bzw. zu kanalisieren und militärische Auseinandersetzungen zu verhindern; als Korrelat zu diesem Recht der Obrigkeit war aber auch das ‚ius emigrandi' aufgenommen worden, das den Untertanen erlaubte, sich dem Gewissenszwang durch den Wegzug und das Aufsuchen eines konfessionell genehmeren Territoriums zu entziehen. Beide Festlegungen, die immer im Zusammenhang betrachtet werden müssen, waren keineswegs Ergebnisse von Despotie, sondern abgewogene und hart ausgehandelte Mittel der Friedenssicherung, die die herrschaftlichen Interessen genauso wie die Gewissensentscheidungen des gemeinen Mannes berücksichtigten.

[138] Vgl. Doppler: Steyr.

abgezogen waren, wurde ohne weiteres das gesamte Vermögen durch die Regierung eingezogen.

Von Anfang an hatte man es auf die evangelischen Bücher abgesehen. Es wurden die Häuser nach ihnen durchsucht, schon seit Januar 1626. So wurde z. B. aus Ennsdorf ein großer Wagen voll gesammelt und abgefahren, in der Stadt Steyr innerhalb vier Tagen zwanzig Wagen voll. Selbstverständlich wurden sämtliche aufgefundenen Bücher öffentlich verbrannt.

Die Folgen einer solchen Glaubensverfolgung in den Städten ergaben sich zwangsläufig[139]. Die blühenden Industrien in den oberösterreichischen Städten, vor allem die Eisenindustrie, wurden völlig lahmgelegt. Die arbeitende Bevölkerung hatte es ja am leichtesten, auszuwandern, da sie gewiß sein durfte, anderswo im Deutschen Reiche lohnende Beschäftigung zu finden, ja sie wurde dort geradezu mit offenen Armen aufgenommen und hat dort ihr Gewerbe zu neuer Blüte gebracht. Aber auch die Vermögenden sind zum großen Teil wieder in erfreuliche wirtschaftliche Verhältnisse gekommen. Solches kann berichtet werden aus den neuen Heimatstädten Regensburg[140], Ulm, Augsburg, Nürnberg, Lindau u. a. Im entsprechenden Maß sank aber in der alten Heimat der einst so lebhafte Handel vom Süden nach dem Norden und vom Westen nach dem Osten zusammen, und die weltbekannten Handelsstraßen durch die Alpen, über die Donauebene und durch das nördliche Waldgebirge verödeten. Man braucht nur etwa die alte Grenzstadt Freistadt im Mühlviertel anzusehen mit ihrem großräumigen Marktplatz und den stattlichen Bürgerhäusern, um ein anschauliches Bild davon zu bekommen, was für ein reges Leben ehedem dort geherrscht haben muß. Mag auch anderwärts, wie in Steyr, in der neueren Zeit sich wieder eine neue Industrie aufgebaut haben, so gilt doch für das gesamte österreichische Land von der Vergangenheit seit jenen Tagen, was ein Kenner der Verhältnisse schreibt: Immer wieder drängt sich uns die schmerzliche Beobachtung auf, „welche Summe von Jammer und Elend durch die Gegenreformation über die herrlichen deutsch-österreichischen Lande gebracht worden ist."

b) Vorgehen auf dem Lande, das Blutgericht auf dem Haushamerfelde

Das flache Land hatte man bisher noch mit Kommissionen verschont, obwohl die Verordnungen Ferdinands ebenso für die Bauern galten wie für die Bürger in den Städten und Märkten. Aber man wollte klug vorgehen, nicht das ganze Volk gleichzeitig in Bewegung bringen und dadurch vielleicht eine gefährliche Lage schaffen, sondern — nach einem bekannten Grundsatz — die Bevölkerung teilen und so über die verschiedenen Klassen nacheinander Herr werden: zuerst über die Bürger, dann

---

[139] Der Niedergang der Wirtschaft hatte aus konjunkturellen Gründen allerdings schon vor dem Einsetzen der Gegenreformation begonnen. Die heutige Forschung schreibt dem Abzug der Protestanten deshalb zwar immer noch eine große Bedeutung in diesem Zusammenhang zu; am auslösenden Charakter der Emigration läßt sich aber nicht mehr festhalten.
[140] Vgl. Schnabel: Protestanten.

über die Bauern und endlich über den Adel. Darum verschonte man die ländliche Bevölkerung vorerst noch mit Strafexekutionen. Nur einzelne Adelige und geistliche Herren gingen jetzt schon mit Schärfe gegen ihre Untertanen vor. Erasmus von Rödern auf Berg bei Rohrbach im Mühlviertel war vom evangelischen Glauben wieder zum katholischen zurückgekehrt und wollte nun in bekanntem Konvertiteneifer auch seine Grundholden den gleichen Weg führen; er sperrte vierzehn von ihnen so lange ein, bis sie den Übertritt zusagten. Ähnlich ging der Graf Achaz von Losenstein auf Losensteinleithen bei Steyr, ebenfalls ein Konvertit, gegen seine Untertanen vor. Auch der Prälat vom Kloster Schlägl im nördlichen Mühlviertel warf die Widerspenstigen in den Kerker. Doch blieben das Ausnahmen. Nur die Ausweisung der evangelischen Prediger und Lehrer und die Einsetzung katholischer Pfarrer wurde auch auf dem Lande durchgeführt, letzteres trotz allen passiven Widerstandes der Bevölkerung.

Nur blieb es auf die Dauer nicht bei dem passiven Widerstand. In Frankenburg, einem Markte im südwestlichen Teil von Oberösterreich in den Ausläufern des Hausruck-Höhenzuges, am Fuße eines den Grafen Khevenhüller gehörigen Schlosses, trat dies in besonderer Weise in Erscheinung. Dort sollte ein katholischer Geistlicher am 11. Mai 1625 in der Pfarrkirche eingesetzt werden, und zwar durch den gräflichen Oberpfleger Abraham Grünbacher, der eben erst seinen evangelischen Glauben mit dem katholischen vertauscht hatte. Zur Feier waren die Gemeindevertreter von Frankenburg, der „Rat", die „Richter und Achter" befohlen worden. Sie gingen aber nicht mit in das Gotteshaus hinein, sondern blieben auf dem Friedhof stehen, wo sich nach und nach immer mehr Leute, Bürger aus dem Markt und Bauern aus den eingepfarrten Ortschaften sammelten. Es entstand große Erregung unter den Anwesenden; sie erhoben ein wildes Geschrei und bald läuteten die Glocken zum Sturm. Der Oberpfleger Grünbacher flüchtete darauf in das Schloß, der Geistliche aber wurde von den in die Kirche eindringenden Leuten geschlagen und davongejagt. Gegen Abend belagerten an die 1500 Leute das Schloß. Man schickte in die Nachbargemeinden, worauf am nächsten Tage etwa fünftausend das Schloß umlagerten.

Der Statthalter Herberstorff, der von dem Aufstande hörte, zog sofort alle im Lande befindlichen Truppen in dem nahe gelegenen Vöcklamarkt zusammen und ließ den Belagerern sagen, sie sollten straffrei ausgehen, wenn sie die Rädelsführer auslieferten; auch werde er ihren Beschwerden nach Möglichkeit abhelfen. Die Belagerer liefen daraufhin am 13. Mai auseinander. Am 14. Mai aber erschien Herberstorff mit sechshundert Fußknechten, fünfzig Reitern, drei Geschützen und dem Henker von Linz in Frankenburg. Und nun gab er bekannt: Die gesamte männliche Bevölkerung von Frankenburg und Umgebung habe sich am nächsten Tage, Donnerstag, den 15. Mai, nachmittags 3 Uhr, bei der großen Linde auf dem Haushamer Felde zu versammeln; wer durch sein Kommen zeige, daß er Gnade suche, solle Gnade erhalten; wer aber ausbleibe, dessen Leben und Habe, Weib und Kind solle den Soldaten preisgegeben werden.

Gegen sechstausend Männer stellten sich am Tage darauf bei der Linde ein. Herberstorff ließ seine Soldaten aufmarschieren und verlangte von den Anwesenden die Bildung eines Ausschusses, damit er mit ihnen verhandeln könne; es sollten alle Vertreter der Gemeinden, Räte und Richter, Achter, Vierer und „Zechleute" aus jeder Pfarrei vortreten. Das geschah. Aber kaum waren diese Gemeindevertreter beisammen, so wurden sie von den Soldaten umringt und von den übrigen Leuten abgeschlossen. Darauf erklärte Herberstorff den Gemeinden: Die Leute würden begnadigt, wenn sie wieder katholisch würden, außerdem müßten sie auswandern; der Ausschluß aber müsse an Stelle der entkommenen Rädelsführer büßen, den anderen zum Beispiel und Abscheu. Dem Ausschuß selbst sagte der Statthalter: Sie hätten alle verdient, lebendig gerädert und gespießt zu werden, aber weil er Gnade zugesagt habe, sollten sie nur aufgehängt werden; obendrein wolle er der Hälfte von ihnen das Leben schenken; sie sollten miteinander würfeln, je zwei und zwei, und wer von den beiden die geringere Zahl von Augen werfe, sei dem Tode verfallen.

Grausiges Entsetzen ging durch die Reihen der Versammelten. Aber alles Bitten und alle Vorstellungen waren umsonst; Herberstorff blieb bei seinem teuflischen Entschluß. Unter der grünenden Linde wurde ein schwarzer Mantel ausgebreitet, und Paar um Paar von den unglücklichen 36 Opfern wurde von den Soldaten gezwungen, in Todesangst um das Leben zu würfeln. Wer verlor, wurde sogleich durch den Henker gebunden. Zwei der Unglücklichen konnten noch durch Grünbacher und andere losgebeten werden; die übrigen sechzehn aber, zu denen tags darauf noch ein siebzehnter kam, wurden ohne Erbarmen aufgehängt; vier an der Haushamer Linde, sechs oben am Kirchturm zu Frankenburg, drei am Kirchturm zu Vöcklamarkt, drei am Kirchturm zu Neukirchen. Am Samstag, den 17. Mai, wurden die Leichen vom Henker abgenommen und an der Reichsstraße zwischen dem Mösenberg und dem Geumannholze auf Spieße gesteckt zum abschreckenden Beispiel für das Volk und alle Wanderer. Die Namen der Gehenkten sind: aus Frankenburg Christoph Strattner, David Müller, Hans Frödl; aus Vöcklamarkt Sebastian Nader, Sebastian Tiechler, Wolf Fürst; dann Georg Preiner von Hausham, Georg Wilhelm von Gampern, Georg Perner von Bergham, Hans Streicher von Peunt, Michael Paur von Egnern, Abraham Mammer von Dorf, Wilhelm Hager zum Kien, Johann Leutner zum Windpichl, Tobias Strohmair zur Au, dazu der Wirt von Baumgarting. Nachträglich wurde der Färbergesell Sigmund gefangen und am Kirchturm zu Frankenburg gehenkt (am 17. Mai).

Die Rädelsführer, die sich geflüchtet hatten, waren:
1. Hörlesberger Tobias von Wehleiten, Pfarrei Neukirchen.
2. Scheichl Hans, Häusler auf dem Gsötten zu Freyn, „Hauptrebelle".
3. Neuhödl Hans, Bäcker zu Frankenburg.
4. Lachperger Adam von der unteren Freyn.
5. Fürst Wolf, Färber von der untern Freyn, „Hauptrebelle".

6. Linner Sebastian, von der unteren Freyn, „Hauptrebelle".
7. Ölbauer Melchior zu Freyn, „Hauptrebelle".
8. Schwenkh Hans, Hutmacher zu Freyn.
9. Pinder Leopold, Hafner, „Hauptrebelle".
10. Hoß Wolf, Häusler zu Erkapollingen, entfloh erst Ostern 1626.
11. Schrambl Hans, Weber zu Erkapollingen, desgleichen.[141]

Todesstille herrschte im Khevenhüllerschen Herrschaftsgebiet, lähmendes Entsetzen ging durch das ganze Land über dieses Blutgericht, das ohne jedes gerichtliche Verfahren und rechtmäßige Urteil gehalten wurde, das Unschuldige und Minderschuldige mitbetraf. Wohl lag ein Stück Aufruhr gegen die weltliche Obrigkeit vor, aber der Beweggrund dazu war doch nur der Kampf um ein allgemein menschliches Recht, um die Freiheit des Glaubens und Gewissens, die beide von der Obrigkeit mit Füßen getreten wurden. Lag aber eine Schuld vor, so mußte diese durch ein geordnetes Verfahren festgestellt werden; es durften nicht willkürlich Leute herausgerissen und zum schmählichen Henkerstode abgeführt werden. Aber Herberstorff wollte, genau nach der von Wien aus erteilten Anweisung ein abschreckendes Beispiel aufstellen. Selbst der gut katholische Chorherr Franz Kurz von St. Florian urteilt in seiner Geschichte des Bauernkrieges: „Dieses ganz rechtswidrige Verfahren mußte notwendig schlimme Folgen nach sich ziehen. Ohne Verhör siebzehn aufhenken zu lassen, ist ungerecht und grausam gehandelt." Wohl mögen einige schuldig gewesen sein, aber doch nicht alle; daß sie den Aufstand hätten verhindern sollen, ist eine gerechte Forderung, aber ob sie dazu im Stande waren? „Hat doch der Statthalter selbst mit allen seinen Soldaten im folgenden Jahre die Empörung nicht verhindern können."[142]

Mit Recht sieht darum die evangelische Kirche in diesen Gehenkten „Blutzeugen des evangelischen Glaubens".

Die alte Haushamer Linde muß ein gewaltig großer Baum gewesen sein. Nach einer Messung im Jahre 1858 hatte sie in Mannshöhe einen Umfang von 8,4 Meter. Aber mit der Zeit verfiel der Baum, ein Stück nach dem andern ging dem morschen Stamm verloren, bis er schließlich von dem Besitzer des Grundstücks umgehauen wurde. Ein größeres Stück davon wurde dem Linzer Museum übergeben. 1881 wurde an der Stelle der alten Linde eine junge gepflanzt.

Schon im Jahre 1630 hatte der damalige Dechant von Pfaffing, Melchior Krieg, eine schlichte Gedenksäule, ein Marterl errichten lassen. In neuester Zeit wurde daneben ein großes und stattliches Denkmal gebaut, ein Steingefüge nach altgermanischem Vorbild, mit zwei hoch aufgerichteten viereckigen Steinsäulen und darüber einer Deckplatte. In der Lichtung befindet sich unten eine Platte mit den Namen der Gerichteten. Steinstufen führen zu dem Denkmal empor.

---

[141] Strnadt: Bauernkrieg, S. 149.
[142] Strnadt: Bauernkrieg, S. 45 f.

c) Der Bauernkrieg 1626[143]

Die Stille, die auf das Blutgericht von Haushamer Felde folgte, war nur eine Stille vor dem Sturm. Eine maßlose Erbitterung flutete durch das Land, ein furchtbarer Zorn stieg in den Herzen des gläubigen Volkes empor, ein Zorn, der sich gegen den „Bluthund" Herberstorff und seine bayrischen Soldaten richtete.

Herberstorff[144] war ein gebürtiger Steiermärker aus gut evangelischem Hause, der selbst bei der Gegenreformation in Innerösterreich um seines evangelischen Glaubens willen die Heimat verließ, aber dann in die Hände der Jesuiten in Neuburg an der Donau geriet, die ihn zu umgarnen und zum Katholizismus zu bekehren verstanden. Auch er war also einer von den Konvertiten, von denen ein Geschichtsschreiber sagt: „Bekehrte sind gewöhnlich eifriger als jene, die in demselben Glauben geboren sind, vielfach aber nicht aufrichtiger und sehr häufig nur auf weltliche Vorteile bedacht. Auch Herberstorff, der die Katholisierung des Landes mit großem Eifer betrieb und vom Kaiser in den Grafenstand erhoben wurde (1623), wußte seinen Vorteil sehr wohl wahrzunehmen."[145] Aus den Gütereinziehungen evangelischer Adeliger hat er sich drei Herrschaften erworben: Pernstein, Orth und Puchheim bei Attnang, sämtlich zu recht wohlfeilen Preisen. Freilich, ein Segen ruhte nicht darauf. Denn nach seinem frühen Tode (1629 im Alter von 44 Jahren) war seine Witwe genötigt, alles wieder zu veräußern, um die vielen Gläubiger zu befriedigen. Zur Beurteilung seiner Persönlichkeit darf nicht übersehen werden, daß er nicht aus eigener Vollmacht handelte, sondern nur die Befehle seiner Herren ausführte, des Kaisers Ferdinand II. und des Kurfürsten Maximilian von Bayern. Diese Befehle hat er dann allerdings mit aller Härte und Grausamkeit ohne Gewissensbedenken, auch ohne Scheu vor Unehrlichkeit und Wortbruch ausgeführt.

Das Volk schob ihm alle Schuld, auch die seiner Herren, zu. Da das Kaiserhaus sich von der Öffentlichkeit im Hintergrunde hielt, glaubte man im Volke sogar, daß dieses günstig gesinnt sei, ähnlich wie es frühere Herrscher waren. Man meinte ihm darum einen Gefallen zu tun, wenn man gegen die Bayern als die vermeintlichen Urheber aller Drangsale auftrat. Dieser Meinung waren auch die beiden Männer, die sich an die Spitze der durch das Haushamerfelder Blutbad ausgelösten starken Bewegung setzten: Stephan Fadinger von Parz bei St. Agathen im Gebirgsland südlich der Donau (Abb. 11) und sein Schwager Christoph Zeller, Wirt in St. Agathen, aus Haibach stammend. Diese Männer wußten das Vertrauen des Landvolkes zu gewinnen, organisierten die Bewegung durch Aufstellung bestimmter Haufen für den bevorstehenden Kampf, sorgten für entsprechende Bewaffnung, für einen geordneten Meldedienst und für Aufrechterhaltung der Verbindung zwischen den verschiedenen

---

[143] Vgl. Mecenseffy: Protestantismus, S. 165 ff. Neuere wissenschaftliche Darstellungen und Wertungen: Heilingsetzer: Bauernkrieg; AK Bauernkrieg; Heilingsetzer: Bayern in Oberösterreich, S. 420 f.
[144] Adam Graf Herberstorff (1585–1629), der sich wohl eher als Soldat denn als Politiker fühlte, wird heute in mancher Hinsicht milder beurteilt als von der älteren (protestantischen) Forschung. Vgl. NDB Bd. 8, S. 580 f. (Hans Sturmberger); Sturmberger: Herberstorff.
[145] Strnadt: Bauernkrieg, S. 37.

Landschaften. Und das alles im geheimen, ohne daß die bayrische Besatzung etwas davon erfuhr.

Der zündende Funke fiel dann allerdings schon zwei Wochen vor dem ins Auge gefaßten Termin in das Pulverfaß. In dem Markte Lembach nördlich der Donau kam es am 17. Mai 1626 zu einer Rauferei zwischen Bauern und den dort einquartierten 25 Soldaten, wobei sechs Soldaten erschlagen und die anderen verjagt wurden. Anschließend wurde dann der Pfarrhof gestürmt, und drei katholische Priester wurden erschlagen. Noch in der Nacht wurden weiterhin die Bauern aus der Umgegend aufgeboten und die Orte Sarleinsbach, Rohrbach und Neufelden, sämtlich im westlichen Mühlviertel gelegen, besetzt. Gleichzeitig erging die Meldung nach St. Agathen, von wo aus noch während der Nacht das Aufgebot an die Bauern im Waldland und in der Ebene erging. Es folgte sodann der Zug gegen die Schlösser Neuhaus, Schaunburg und Aschach, wo man sich Waffen holte. Ein anderer Zug ging auf Waizenkirchen, Grieskirchen und Peuerbach (sämtlich südlich der Donau). In dem größeren Markte Peuerbach lagen 250 Soldaten, die überwältigt und zum Anschluß gezwungen wurden.

Nun rückte Graf Herberstorff am 20. Mai von Linz mit tausend Fußknechten, hundert Kroaten und drei leichten Geschützen gegen Peuerbach heran. Er gedachte offenbar das Verfahren von Frankenburg zu wiederholen, indem er Straflosigkeit bei Unterwerfung versprach, vorsorglich aber schon den Henker mitgebracht hatte. Allein die Bauern unter Zellers Oberbefehl ließen sich nicht mehr täuschen. Sie hatten eine gute Stellung bezogen und traten von da aus in den Kampf ein. Es war eine mörderische Schlacht, wobei sechs- bis siebenhundert Soldaten von den wütenden Bauern getötet und die übrigen überwältigt wurden. Herberstorff mußte fliehen und erreichte mit Mühe die Landeshauptstadt Linz, nachdem er drei Pferde zuschanden geritten hatte. Und nun begingen die Bauern den ersten Fehler, daß sie nicht sofort nach Linz nachfolgten und die Hauptstadt in Besitz nahmen, was bei der allgemeinen Verwirrung und der Ungeschütztheit der Stadt sehr wohl möglich gewesen wäre. Sie hielten sich vielmehr zurück, wählten erst Fadinger zum Oberhauptmann im Hausruck- und Traunviertel, sowie Zeller für das Mühl- und Machlandviertel. Auch verzettelten sie ihre Kraft durch die Bildung einer Anzahl von Lagern, wie bei Peuerbach, in der Weiberau (gegen Bayern), um Freistadt, zu Ottensheim an der Donau, zu Urfahr gegenüber von Linz, zu Steyr und vor Enns. Dazu kamen noch kleinere Haufen, wie zu Kremsmünster und St. Florian, zwei Klöstern, und bei Neuhaus an der Donau.

Der Statthalter Herberstorff schob nun die Verordneten der Stände vor, die sich gerade in Linz aufhielten und die er nicht mehr aus der Stadt ließ. Er hielt zwölf- bis fünfzehntausend Mann für nötig zur Niederschlagung des Aufstandes; diese konnte aber weder der Kaiser noch der bayrische Kurfürst zur Verfügung stellen, da ihre Truppen in Norddeutschland gegen den König von Dänemark und dessen Verbündete im Felde standen. So faßte man den Plan, die Bauern durch Verhandlungen so lange hinzuhalten, bis genügend Kriegsvolk beisammen war. Es wurden darum den

Bauern allerlei Zusagen gemacht und unbestimmte Versprechungen gegeben. Herberstorff ließ versichern, daß er im vollen Werke sei, es beim Kaiser und beim Kurfürsten dahin zu bringen, daß man sich der Freistellung der Religion und des Gewissens zu getrösten habe; auch weltliche Beschwerden würden unzweifelhaft abgestellt werden. Die Bauern ließen sich wieder einmal täuschen und gingen auf die Verhandlungen ein. Als freilich die kaiserlichen Kommissäre am 3. Juni in Enns erschienen, brachten sie keine weitere Vollmacht mit, als zu „hören" und zu „berichten" und die Abstellung „rechtmäßiger" Beschwerden zu versichern. Die Bauern waren sogar bereit, wenn man ihnen die Religion frei gebe, durch freiwillige Steuern die ganze Summe aufzubringen, für die Oberösterreich an Bayern verpfändet war. Eine Gesandtschaft, die ihnen zum Kaiser und zur Kaiserin empfohlen war, wurde aber von beiden nicht empfangen.

Nun merkten sie endlich, daß man sie nur hintergangen hatte. Und jetzt rückte endlich Fadinger mit seiner Hauptmacht vor Linz am 24. Juni (Abb. 12). Es half nun den Bauern nichts, daß sie inzwischen fast das ganze Land in Besitz genommen hatten; sie hatten dem Statthalter Zeit gelassen, sich in Linz festzusetzen und die Stadt wehrhaft zu machen. Etwa achttausend Bauern belagerten die Stadt und begannen die Beschießung derselben. Unglücklicherweise wurde Fadinger am 3. Juli durch einen Schuß aus der Stadt so schwer verwundet, daß er nach zwei Tagen starb. Für ihn wurde Achaz Wiellinger zum Oberbefehlshaber des Linzer Lagers gewählt, ein Edelmann, unerschrocken, aber allzu nachgiebig. Er ließ sich neuerdings hinhalten durch das feierliche Versprechen der kaiserlichen Kommissäre, daß kein Kriegsvolk ins Land einrücken würde, wenn die Bauern Stillstand hielten. Dabei waren die Truppen schon unterwegs und konnten am 18. Juli nach Linz gelangen, nachdem sie zu Schiff auf der Donau herabgefahren waren und die bei Neuhaus über die Donau gelegten Ketten gesprengt hatten: 340 Musketiere mit Geschützen, Munition und Lebensmitteln. Am 21. Juli kam es dann zum großen Sturm auf Linz, der zwar tausend Mann kostete, aber ohne Erfolg blieb. Neues Kriegsvolk rückte aus Niederösterreich an und besetzte die Nachbarorte von Linz: Enns und Ebelsberg, am 23. Juli. Von Böhmen her kam Oberst Breuner in das Land und nahm bei Kerschbaum eine Bauernschanze, erschlug eine Anzahl Bauern und verbrannte andere, die sich in einen Hof geflüchtet hatten. Das Totenbuch von Lasberg zählt allein fünfzig Bauern auf, die aus der dortigen Pfarrei dabei den Tod fanden, ohne die nicht gemeldeten ledigen Burschen (wohl Knechte von auswärts). Das war am 6. August. Inzwischen war auch Christoph Zeller tödlich getroffen worden. Die Bauern bekamen es satt, vor Linz dauernd vergebliche Arbeit zu leisten, und so zogen sie am 29. August nach neunwöchiger Belagerung von der Stadt wieder ab.

Am 7. September wurde zwischen den beiden kriegführenden Parteien ein Waffenstillstand für die Zeit vom 10. bis 18. September abgeschlossen mit der ausdrücklichen Bestimmung, daß innerhalb dieser Zeit kein Kriegsvolk in das Land hereingeführt werden dürfe. Die Bauern waren bereit, dem Kaiser Gehorsam zu leisten und auf dessen Friedensbedingungen einzugehen, nachdem ihnen Gnade — mit Ausnahme der Rädelsführer — zugesagt worden war. Ferdinand schrieb sogar an den Kurfürsten von Bayern wegen der übermäßigen, das Land beschwerenden Besatzung und wegen der allzu großen Schärfe der bayrischen Beamten. Aber nun besorgte der Kurfürst, daß ihn der Wiener Hof aus dem Pfandbesitz des Landes verdrängen wolle. Er gab darum den in Passau und sonst an der österreichischen Grenze liegenden bayrischen Truppen den gemessenen Befehl, in Oberösterreich einzurücken ohne Rücksicht auf Einwendungen der Kaiserlichen und trotz des abgeschlossenen Waffenstillstandes. Das geschah denn auch am 18. September, also noch vor Ablauf des Waffenstillstandes: Der Herzog von Holstein fuhr von Passau aus auf der Donau mit viertausend Mann und hundert Reitern auf 84 Schiffen nach Oberösterreich und landete bei Wesenufer. Die zumeist schon heimgekehrten Bauern sahen sich jetzt abermals schändlich betrogen, umso mehr, als die gelandeten Truppen in alter Weise plünderten, brannten, vergewaltigten und mordeten. Kein Wunder, daß ihr Zorn aufs neue entflammte. Wieder eilten die Ansager hinaus auf die Dörfer und riefen zu einem neuen Aufgebot der Bauern. Mit wildem Grimm stürzten sie über die bayrischen Truppen her und erschlugen sie oder verjagten sie, wobei sie große Beute machten. Das war in der Frühe des 19. September. Ein gleiches Schicksal erlitten tags darauf die südlich davon zusammengezogenen bayrischen Truppen mit dreitausend Mann und an siebenhundert Reitern bei Korneredt. Nunmehr wollten die siegreichen Bauern nichts mehr von Unterwerfung wissen. Sie schlugen die gegnerischen Truppen am Traunfall, vor Wels und um Lambach. Auch im Mühlviertel, wo die Soldaten Breuners in üblicher Weise hausten, brach die Empörung durch. Der Bäkker David Spat von Haibach rief dort zum Kampfe auf am 8. Oktober, und es wurden Marsbach, Hofkirchen, Sarleinsbach und Peilstein, besonders auch Schlägl und Aigen besetzt. In Marsbach ließ sich leider die Bauernschaft dazu hinreißen, die Besatzung dieser Burg von hundert Mann trotz der Zusage freien Abzugs niederzumetzeln. Aber nun wendete sich das Schicksal: Die Besatzung von Haslach bereitete den Bauern am 22. Oktober eine Niederlage und sprengte auch am folgenden Tage die Bauern bei Peilstein auseinander. Die Mühlviertler kehrten nun zum Gehorsam zurück.

Aber die Bauern im Hausruckviertel blieben trotz aller Mißerfolge unter den Waffen. Da gelang es dem bayrischen Kurfürsten, den tüchtigen General Gottfried Heinrich von Pappenheim[146], den Stiefsohn des Statthalters Herberstorff als Feldherrn zu gewinnen. Dieser zog vom 1. bis 4. November von Passau über das Mühlviertel nach Linz, wo er alle Truppen, auch die kaiserlichen, zusammenzog. Am 8. November hatte er etwa achttausend Mann beisammen, mit denen er sich nun gegen die Stadt Eferding westlich von Linz wandte. Am Emlinger Holz stellten sich ihm die Bauern entgegen, die noch vor der Schlacht Psalmlieder sangen. In wütendem Ansturm war-

---

[146] Pappenheim (1594–1632), aus fränkischem Geschlecht stammend, war 1614 konvertiert; er stand zur maßgeblichen Zeit als Generalwachtmeister im Dienste des bayerischen Kurfürsten (AK Wittelsbach und Bayern II/2, S. 378 f.).

fen sich ihm die Bauern entgegen; viermal wurden sie zurückgeworfen und ebenso oft stürmten sie wieder vor. Erst nach verlustreichen Kämpfen gelang es Pappenheim, die schlecht bewaffneten Bauern in den Wald zu treiben, wo nun ein wildes Morden folgte. Gegen dreitausend Bauern opferten so ihr Leben; Gnade wurde weder von ihnen erbeten noch ihnen gewährt. Pappenheim mußte hernach an den Kurfürsten von Bayern berichten: „Es war das wunderbarste Fechten, das vielleicht in langen Jahren geschehen ist. Kein Bauer hat seine Waffen weggeworfen, noch viel weniger sind sie weggelaufen; obwohl sie weichen mußten, ist es doch nur Fuß für Fuß geschehen." Was für ein Heldenmut hat diese Bauern beseelt und was für eine Glaubenskraft stand hinter diesem Heldentum!

Ein Teil der Bauern hatte sich südwärts nach Gmunden gewendet und die Umgebung dieser Stadt besetzt, zog sich dann in die Nähe des Nachbardorfes Pinsdorf zurück, als die verbündeten Heere vor Gmunden erschienen. Das war am 14. November. Am nächsten Tag war Sonntag. Die Bauern hielten Gottesdienste ab. Die Feier einer kleineren Abteilung in der Nähe des heutigen Bahnhofes wurde unterbrochen und fand seine Fortsetzung auf dem südöstlichen bewaldeten Hang eines Hügels hinter Pinsdorf, wohin sich die Hauptmacht der Bauern zurückgezogen hatte. Dort erklangen die alten evangelischen Lieder: „Es wolle Gott uns gnädig sein", „Ein feste Burg ist unser Gott" und „Erhalt uns, Herr, bei deinem Wort". Ein Student hielt die Predigt, die mit den Worten schloß: „Der Herr ist für uns gestorben, so wollen wir denn auch für ihn sterben." Darauf riefen die Bauern dreimal: „Jesus, steh uns bei, hilf uns, verlaß uns nicht!" Dann brachen sie gegen die anrückenden kaiserlichen Truppen mit solcher Gewalt vor, daß sie dieselben in die Flucht jagten und sie bis vor die Mauern der Stadt Gmunden verfolgten. Inzwischen aber hatte Pappenheim mit seinen Soldaten auf der anderen Seite den Hügel erstiegen. Und da erhob sich nun der grimmigste Kampf. Siebenmal trieb er die Bauern zurück und siebenmal stürmten sie wieder vor. Vier Stunden währte so die Schlacht, bis endlich die Bauern erlagen. Dann entstand ein entsetzliches Gemetzel unter ihnen, denn Gefangene wurden nicht gemacht. Besonders unter den von Gmunden zu spät zurückkehrenden siegreichen Bauern richtete der Hinterhalt Pappenheims ein furchtbares Blutbad an. Von sechstausend Bauern mögen etwa zweitausend gefallen sein. Ein Teil von ihnen liegt unter dem sogenannten Bauernhügel begraben, der sich in der Nähe von Pinsdorf an der von Gmunden herführenden Straße als ein mächtiges hochaufgeschichtetes Grab erhebt. Im Jahre 1883 wurde dort eine Säule als Denkmal errichtet mit der Inschrift:

    Des Kaisers Regiment im Land
    Statt Herberstorff den Bayer,
    Den Glauben frei, den Bauernstand
    Von Lasten fortan freier:

> Das hat der Bauer einst begehrt,
> Und als umsonst sein Bitten,
> Verzweifelt leider dann zu Schwert
> Gegriffen und gestritten.
>
> Da pfiffen hier die Kugeln scharf,
> Es sausten Sens und Klingen,
> Als Pappenheim ihn niederwarf
> In blutig heißem Ringen.
>
> Wohl tausend Bauern deckt der Sand;
> Der Hügel fortan grünte.
> Den Denkstein pflanzt erst dann die Hand,
> Als blutig Tun entsühnte
>
> Das Wort aus zweier Kaiser Mund,
> Das alten Bann gebrochen
> Und frei den Glauben, frei den Grund
> Dem Bauer zugesprochen.

Diese mehr historischen als poetischen Worte mußten damals als „Verherrlichung des Protestantismus" getilgt werden, stehen aber heute wieder an ihrer Stelle. Pappenheim hat selbst wieder den Bauern alles Lob gespendet mit den Worten: „Ich bin in etlichen Schlachten gewesen, habe aber nie ein hartnäckigeres, mehr den Erfolg bestreitendes und grausames Fechten gesehen." Das Schwert, das er in den Schlachten beim Emlinger Holz und bei Pinsdorf geführt hatte, hing er in der Pfarrkirche zu Gmunden zu Ehren des heiligen Georg auf.[147]

Mit der blutigen Schlacht bei Pinsdorf war das Schicksal der Bauern in Oberösterreich entschieden. Es folgten nur noch Abschlußkämpfe, wie bei Vöcklabruck, wo dreitausend Bauern in die Flucht geschlagen wurden, und bei Wolfsegg, wo zweitausend vertrieben wurden. Andere Scharen liefen von selbst auseinander, wie die um Haag und Geiersberg, dann eine größere Zahl bei Peuerbach und etwa zweitausend Bauern bei Neukirchen am Wald.

Die Soldaten wurden nun in die Winterquartiere im Lande gelegt. Im Mühlviertel wurden folgende Orte davon betroffen: Leonfelden, Reichenau, Landshag, Haslach, Freistadt, Zell, Münzbach und Mauthausen. Obwohl die Verheerung des Landes ohnehin schon furchtbar war durch das fortgesetzte Brennen, Rauben und Plündern der Soldaten, mußten die Bewohner jetzt noch zwölftausend Mann den Winter über verpflegen. Und man kennt die gewaltigen Ansprüche, welche damals ein Heer stellte. Besonders die bei Wesenufer so empfindlich geschlagenen Leute des Herzogs von Holstein rächten sich jetzt auf diese Weise.

[147] Strnadt: Bauernkrieg, S. 90.

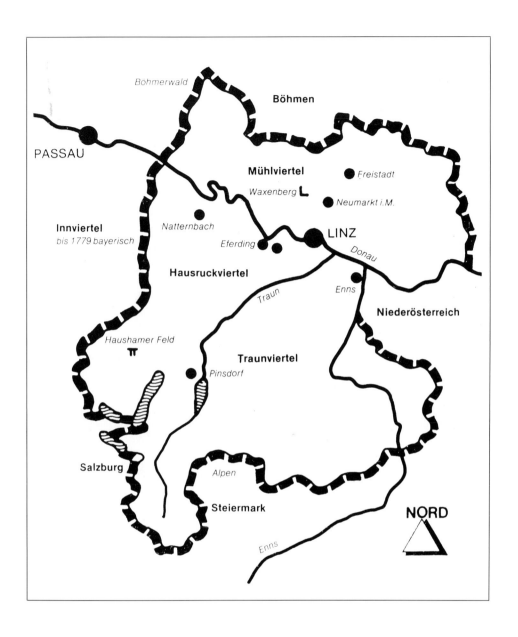

Abb. 10: Oberösterreich im Jahre 1626.

Abb. 11: Stephan Fadinger, Führer der Aufständischen im oberösterreichischen Bauernkrieg von 1626.

Über die Führer der Bauern ergingen schreckliche Blutgerichte, soweit sie sich nicht durch die Flucht aus dem Lande hatten retten können. Die Güter aller Straffälligen wurden eingezogen. Fadingers und Zellers Weib und Kinder wurden auf ewig des Landes verwiesen. Die Leichname der beiden wurden wieder ausgegraben und an einem wüsten Ort in der Nähe von Eferding verscharrt.

Über die furchtbaren Folgen des Bauernkrieges in Oberösterreich schreibt der Historiker Huber: „Der Bauernaufstand und dessen Niederwerfung wie die Durchführung der Gegenreformation schlugen dem Land ob der Enns so schwere Wunden, daß es sich nur sehr langsam zu erholen vermochte. Viele Hunderte von Häusern waren niedergebrannt oder ihrer Bewohner beraubt, Tausende von Menschen getötet oder ausgewandert, das Land durch die brutalen Soldaten verwüstet, die Leute ausgeplündert und gebrandschatzt, Vieh und Getreide weggeführt. Wo früher zehn Bürger gewesen, so versichern die sieben landesfürstlichen Städte in einer Eingabe vom 5. September 1627, seien nur mehr zwei, drei oder höchstens vier zu finden."[148] Nach Strnadt war die Stadt Gmunden in einem Ausmaß geplündert und durch Brand zerstört worden, „daß es zum Erbarmen ist". Auch die Schlösser des Landes waren weitgehend durch Plünderung ihrer Reichtümer beraubt worden. Aus Waizenkirchen meldet Strnadt achtzehn Brandstätten, Peuerbach hatte noch im Jahre 1647 ebenso viele Brandstätten aufzuweisen; Neukirchen am Wald war gänzlich niedergebrannt; in der Pfarrei St. Agathen gab es fast kein Vieh mehr, da die Pfarrei voll ausgeplündert worden war.[149]

Es ist gegen die Bauern der Vorwurf erhoben worden, sie seien eine „mordlustige Bande" gewesen. Das trifft jedoch nicht zu. Gewiß haben auch sie sich einer Reihe von Gewalttaten, besonders am Anfang, schuldig gemacht, wie der Ermordung der Geistlichen in Lembach und Gunskirchen; aber im Vergleich zu dem blutrünstigen Wüten und Morden der zuchtlosen Soldaten treten die Ausartungen der Bauern weit zurück. Strnadt schreibt mit Recht: „Wenn auch einzelne Gewalttaten verübt wurden, so sind die Bauern doch erst infolge der Greuel, welche die kaiserlichen Soldaten bei ihrem Eindringen in das Land verübten, grausam und zerstörungslustig geworden."[150]

Eine andere Frage ist es, ob der Aufstand der Bauern überhaupt unter religiösem Standpunkt berechtigt war. In Glaubenssachen gilt für evangelische Christen doch das Wort Jesu: „Wer das Schwert nimmt, der soll durch das Schwert umkommen." Das gilt selbstverständlich auch für den Bauernkrieg in Oberösterreich, soweit er aus religiösen Beweggründen hervorgegangen war. Nur darf zu einer gerechten Beurteilung nicht übersehen werden, daß für die Bauern in Oberösterreich starke politische Gründe inmitten lagen. Sie glaubten, in echt patriotischem Sinne gegen die bayrische Unterdrückung und für den Kaiser in Wien zu kämpfen. Sie wollten sich weiterhin

---

[148] Huber: Österreich V, S. 239 f.
[149] Strnadt: Bauernkrieg, S. 92 f.
[150] Strnadt: Bauernkrieg, S. 59.

gegen die Gewalttaten der bayrischen Soldaten zur Wehr setzen und in diesem Sinne Haus und Hof verteidigen. Und auch wo der Glaube im Mittelpunkt stand, glaubten sie, das Recht zu haben, der gegen sie ausgeübten Gewalt wieder mit Gewalt zu begegnen, ein Glaube, der gewiß nicht evangelisch und lutherisch ist, der aber in dem gegen die Bevölkerung angewandten harten und unchristlichen Verfahren eine gewisse Entschuldigung findet. Jedenfalls darf den österreichischen Bauern das Lob nicht versagt werden, das Felix Stieve über sie ausspricht: „Sie fochten treuen Herzens mit einer Tapferkeit und Zähigkeit, wie sie von Bauern kaum jemals sonst bewährt wurde, für das Höchste und Edelste, was der Mensch besitzt, für Gewissen und Überzeugung."[151]

Die Namen der nach dem Bauernkrieg Hingerichteten verdienen hier verzeichnet zu werden. Sie sind dem Geschichtsschreiber Strnadt entnommen[152]. Manche von den gefangenen Rädelsführern starben freilich schon in den Gefängnissen, teils an Krankheit, wie Dr. Holzmüller, teils an ihren Wunden, teils auch an den Folgen der Folterungen, denen man sie ausgesetzt hatte, um weitere Namen von ihnen zu erpressen. Am 26. März 1627 wurden auf dem Hauptplatz zu Linz zum Tode gebracht:

Vischer Hans von Eck, Pfarrei Natternbach, der allein bis zum Ende im evangelischen Glauben standhaft geblieben war, während die anderen in der Hoffnung, ihr Schicksal zu mildern, zum katholischen Glauben übergetreten waren.
Wiellinger Achaz, der adelige Bauernführer.
Madlseder, dem zuerst die rechte Hand abgehauen wurde, mit der er die Beschwerdeschriften verfaßt hatte, der dann enthauptet und geviertelt wurde, wonach die einzelnen Stücke an den Landstraßen vor Linz, der Kopf aber in Steyr aufgespießt wurden.
Hausleitner Hans, Pfleger von Parz.
Mayr Balthasar.
Angerholzer Tobias.
Haizenauer Kilian von Losenstein.
Hofmann Georg, Stadtschreiber von Steyregg. Die Köpfe Hausleitners und Angerholzers wurden zu Grieskirchen bzw. in der Weiberau aufgesteckt.

Am 23. April wurden weiter hingerichtet, nachdem man sie zuvor katholisch gemacht hatte:
Himmelberger Hans, Stadtkämmerer von Steyr.
Mayr Tobias, Bürger von Gmunden.
Vorauer, Bürger von Neumarkt, dessen Kopf zu Riedau oder Neumarkt aufgesteckt wurde.

---

[151] Felix Stieve (zitiert nach Koch: Luther und das Landl, S. 23).
[152] Strnadt: Bauernkrieg, S. 94 ff.

Wurm Wolfgang, Wirt von Dorf an der Pram, dessen Leichnam geviertilt, der Kopf auf dem Turm zu Enns, die Viertel auf dem Aichberg vor der Stadt, wo das Bauernlager stand, aufgesteckt wurden.
Reiter Georg, Richter von Lasberg.
Spat David, Bäcker zu Haibach, dessen Leiche hernach durch den Henker verbrannt wurde.
Aupöck Hans, Wirt von Aistersbach.
Vätterer Elias, Wirt von Tragwein.
Hochwanger Christoph, Bauer aus der Pfarrei Kalham, wurde gehenkt.
Ringel Jakob aus Reichenthal, ebenfalls gehenkt.
Am 12. August wurden hingerichtet zu Linz:
Hofmann, Bürger von Steyr.
Sandperger, Bauer bei Eferding.
 Nachrichten fehlen über das Schicksal der verhafteten:
Hayden Christoph von Dorf,
Plank Christoph am Pirn,
Grausgruber Hans,
Scheiber August,
Plankenberger Wolf von Hehenberg bei Bad Hall,
Strizel Hans von Neukirchen am Wald
Pechschuster Philipp aus der Herrschaft Starhemberg.
 Erst nachträglich wurden gefangen gesetzt und am 7. Juli 1628 „aus Gnade" zur Hinrichtung durch das Schwert verurteilt in Gmunden:
Fux Sebastian, Bauernhauptmann, und
Paurnösel Georg, Korporal. Der Kopf des ersteren wurde zu Gmunden aufgesteckt, der des letzteren auf dem Kogel bei Gmunden.

d) Fortgang der Gegenreformation[153]

„Das Land lag gedemütigt und wehrlos zu Füßen des Kaisers, der nunmehr die Weiterführung der Gegenreformation anordnete", so schreibt Strnadt von dem unglücklichen Ausgang des Bauernkrieges in Oberösterreich.[154] Am gleichen Tage, an dem die ersten Hinrichtungen der gefangenen Bauernführer stattfanden, am 26. März 1627, gab Ferdinand seinen oberösterreichischen Untertanen bekannt, daß das „Reformationswerk" fortgesetzt werde. Die Linzer Reformationskommission gebot nun allen unkatholischen Personen in den Städten und Märkten, die seinerzeit erklärt hatten, daß sie aus dem Lande ziehen wollten, aber dann doch geblieben waren, entweder binnen eines Monats das Land zu verlassen oder sich zur katholischen Kirche zu bekehren, widrigenfalls sie die angedrohten Strafen über sich er-

---
[153] Vgl. Mecenseffy: Protestantismus, S. 168 ff.
[154] Strnadt: Bauernkrieg, S. 97.

gehen lassen müßten. Gleichzeitig wurde den Bauern befohlen, das Auslaufen zu unkatholischen Geistlichen zu meiden, daheim die katholischen Pfarrkirchen zu besuchen, da taufen und trauen zu lassen, ihre Kinder in katholische Schulen zu schicken, die Fasttage und katholischen Feiertage zu halten usw. Gleichzeitig ging man auch gegen die evangelischen Adeligen vor, die bisher noch für ihre Person das Recht besaßen, ihren Glauben frei zu wählen; am 22. April 1627 verlangte auch von ihnen ein kaiserliches Patent, daß sie sich binnen dreier Monate zu entscheiden hätten, ob sie katholisch werden oder auswandern wollten. Viele vom Herren- und Ritterstande ergriffen jetzt den Wanderstab und suchten in den Städten des Altreiches einen neuen Wohnsitz, Glieder der Adelsfamilien Jörger, Rödern, Polheim, Volkersdorff, Zelking, Gera, Herberstein, Hohenfelder, Grünthal, Kirchhammer und vieler anderer. Weitere folgten später noch nach. Ihre Güter mußten sie binnen Jahresfrist verkaufen. Freilich gab es auch nicht wenige, die „ihre Überzeugung den zeitlichen Gütern opferten und katholisch wurden, zumal Ferdinand die Übertretenden mit offenen Armen empfing und reich zu belohnen pflegte."[155] Daß dabei manche Familien sich spalteten, die einen auswanderten, die anderen aber blieben und katholisch wurden, war nicht zu vermeiden. So wurde ein Teil der Starhemberger zu Exulanten, während es von einem anderen Stamm der Familie im Kirchenbuch zu Reichenau heißt: „1630 conversus abdicavit heresim lutheranam illustrissimus atque generosissimus Dominus Henricus Wilhelm de Starnberg" (hat sich bekehrt und die lutherische Ketzerei verleugnet der hochangesehene und hochedle Herr Heinrich Wilhelm von Starhemberg). Ferdinand wiederholte und verschärfte 1629 die gegen Adel und Bürgertum gerichteten Verordnungen und ordnete schließlich 1630 eine Generalvisitation an zur strengeren Durchführung derselben. Versuche der ausgewanderten und der im Lande verbliebenen Evangelischen, dem Protestantismus zu einer besseren Lage im Lande zu verhelfen, schlugen fehl und verschlimmerten nur seine Bedrängnis.[156]

Einzelne adelige Konvertiten glaubten, ihre evangelische Vergangenheit durch besondern Eifer in katholischem Sinne auslöschen zu sollen, wie der Graf von Losenstein, der kurz vor dem Bauernkriege katholisch geworden war und nun mit besonderer Strenge auf seiner Herrschaft Losensteinleithen vorging. Er drohte seinen evangelischen Untertanen höchste Strafen an, wenn sie nicht sofort auswandern wollten, warf sie ins Gefängnis, zog ihr Vermögen ein usw. Seine Pfleger mußten die Leute anweisen, sich an bestimmten Tagen zum Religionsunterricht im katholischen Pfarrhof einzufinden; über die Kommunikanten und die Ungehorsamen wurden Register angelegt; die katholischen Pfarrer hatten unvermutet Visitationen in den Häusern vorzunehmen und nach evangelischen Büchern zu fahnden und evangelische Predigtleser zur Bestrafung anzuzeigen; alle unkatholischen Diener, Verwalter und Pfleger mußten aus dem Lande.

---

[155] Gennrich: Evangelium, S. 37.
[156] Gennrich: Evangelium, S. 36 f.

Khevenhüller betrieb ebenfalls persönlich die Gegenreformation, fand überall „schlechten Gehorsam und Willen"; erst als er „Schärfe gegen den Ungehorsam" gebrauchte (Gefängnis und Einquartierung), ging es langsam besser, wenigstens äußerlich. 1652 hatten fast alle gebeichtet.

Daß auch die an die Stelle der evangelischen Adelsherren tretenden neuen katholischen Herren mehr oder weniger eifrig an der Rekatholisierung der Bevölkerung mitarbeiteten, ist begreiflich. Mehr noch versteht sich das von den geistlichen Herrschaften, den Klöstern und den Besitztümern der Bischöfe von Passau, Regensburg, Bamberg und anderer. Besonders taten sich die Jesuiten hervor auf ihrer Niederlassung in Traunkirchen und Pulgarn, sowie auf der ihnen vom Kaiser geschenkten Herrschaft Ottensheim. So entstand rasch ein Vollbetrieb im Werk der Gegenreformation. Stadt und Land wurden mit allem Eifer und aller Gewalt katholisch zu machen versucht. Es kam so weit, wie der venetianische Gesandte Venier 1630 berichtet: „Die Leute werden mit Soldaten in die Kirche, zur Messe, zur Kommunion getrieben." Hierzu dienten allerdings nicht mehr die bayrischen Soldaten, da diese 1628 hatten abziehen müssen; denn der Kaiser hatte am 22. Februar dieses Jahres einen Vertrag mit dem Kurfürsten Maximilian geschlossen, wonach letzterer auf seine Kriegsforderung von dreizehn Millionen Gulden verzichtete und dafür die Oberpfalz und den rechts des Rheins gelegenen Teil der Unterpfalz erhielt. Oberösterreich wurde daraufhin von den bayrischen Truppen geräumt, an ihrer Stelle aber machten sich jetzt kaiserliche Truppen breit, die teils das Land durchzogen, teils darin einquartiert wurden, jederzeit übel hausten und die Bevölkerung hart bedrückten.

Der Adel und die städtischen Auswanderer fanden, wie gesagt, zumeist wieder Unterkunft in evangelischen Städten, wie Regensburg[157], Nürnberg[158], Ulm, Lindau und weiter westwärts, auch im Norden und in Mitteldeutschland. Ebenso waren tüchtige Arbeiter (Eisenindustrie u. a.) und Handwerker überall gesucht. Dagegen stand es schlimm um auswandernde Bauern, für die es in der Zeit um 1632 nicht leicht freie Güter und Höfe in einem Lande gab, außer da, wo noch gerodet wurde, wie etwa in Siebenbürgen und im Nordosten des Deutschen Reiches. Es war darum äußerst schwer für die Landbevölkerung, den Wanderstab zu ergreifen und die Heimat zu verlassen. Wir begreifen es darum, daß sie sich zunächst unter die Gewalt duckte und äußerlich den katholischen Glauben annahm, dies allerdings in der festen Hoffnung, daß auch wieder bessere Zeiten kommen würden, gleichwie es in der Vergangenheit immer wieder der Fall war. Der Übertritt zum katholischen Glauben geschah nur ausnahmsweise aus Überzeugung; allermeist wollte man nur die Belegung mit wüsten Soldaten, der Sperrung des Gewerbes, den Geld- und Arreststrafen und der Landesverweisung entgehen. Innerlich blieb man dabei gut evangelisch. Manchmal mag freilich auch kluge Berechnung zum Übertritt verleitet haben, etwa

---

[157] Vgl. Mecenseffy: Exulanten in Regensburg; Schnabel: Protestanten in Regensburg.
[158] Vgl. Lochner: Exulanten in Nürnberg; Schnabel: Racknitz.

wenn dadurch der billige Kauf eines Gutes oder Hofes ermöglicht oder wenn auf diese Weise der Ehrgeiz befriedigt wurde. Niedrige Gesinnung hat es überall und zu allen Zeiten gegeben. Von bäuerlicher Auswanderung schreibt zwar ein Berichter schon bald nach 1626: „Es sind schon etlich Tausend Personen mit Weib und Kind davongelaufen und haben Haus und Hof samt allem Vorrat dahin gelassen." Aber die Betreffenden mögen die kaiserliche Rache nach dem Mißlingen des Bauernaufstandes gefürchtet haben und darum geflüchtet sein. Die Möglichkeit zahlreicher Ansiedlung in der Fremde ergab sich erst, nachdem die Verheerungen des Dreißigjährigen Krieges das deutsche Land weithin entvölkert hatten, also um das Jahr 1635. Um diese Zeit setzte denn auch, wie aus den Akten deutlich zu ersehen ist, die Auswanderung der Bauern aus Oberösterreich ein und setzte sich dann die nächsten zwei bis drei Jahrzehnte hindurch fort.[159]

Zur Bekehrung der Evangelischen wurde gern folgendes Verfahren angewendet: Die erschienenen Missionare, Kapuziner und Jesuiten, ließen die Untertanen durch die Herrschaften auf bestimmte Tage nach Dörfern geordnet zusammenrufen, erteilten ihnen dann in summarischer Weise Religionsunterricht und nötigten sie daraufhin, sofort zur katholischen Lehre überzutreten, zu beichten und zu kommunizieren. Selbst dem Kaiser war dieses Verfahren allzu summarisch; er lehnte für seine eigenen Leute (Grundholden) jeden Zwang ab, verlangte eine Bedenkzeit von wenigstens acht Tagen, nach deren Verlauf erst mit Arrest vorzugehen sei, und wollte die Auswanderung aus den kaiserlichen Erblanden freigestellt sehen. Im übrigen blieb freilich des Kaisers Wille fest bestehen, „nicht Einen Untertanen, welcher nicht seiner Religion sei, in seinen Königreichen und Ländern zu gedulden" (1633). An diesem Willen änderte sich auch nichts, als auf Kaiser Ferdinand II. dessen Sohn Ferdinand III. folgte[160]. Dieser gab vielmehr in dem Patente vom 12. Juli 1637 sein Befremden und Mißfallen zu erkennen, daß nun wieder viele Bauern und gemeine Leute trotz aller Ermahnungen sich nicht zu den anbefohlenen Zeiten zur Beichte und Kommunion einfänden. Da Zwang Heuchelei erzeugt, so ließen nicht wenige gegen Bezahlung andere Leute für sich beichten und wiesen dann bei der Nachfrage deren Beichtzettel vor. Auch sonst wußten sich die Leute einen Aufschub für die Auswanderung zu verschaffen. Am meisten gefürchtet war die Einquartierung von Soldaten. Wenn die Schärfe der Gegenreformation zeitweise etwas nachließ, suchte man die sorgfältig versteckten Bibeln, Postillen (Predigtbücher), Gesang- und andere Bücher wieder hervor und erbaute sich in Zusammenkünften untereinander. Ein

---

[159] Eine zahlenmäßig größere Auswanderung ins Reich ist „bald nach 1626" zumindest unter der Landbevölkerung noch nicht festzustellen. Versuche, evangelische Bauern zu vertreiben, wurden 1633 sofort wieder eingestellt. Auch war die Lage der ländlichen Bevölkerung in Franken ab 1632/34 infolge der Kriegsereignisse so verheerend, daß zahlreiche evangelische Bauern von hier nach Ober- und Niederösterreich zogen, um dort besser zu überleben. Die erste harte Bauernverfolgung erfolgte 1636 durch Constantin Grundemann von Falkenberg (s. u. S. 88 f.). Von einer agrarischen Abwanderung größeren Ausmaßes kann man erst seit den 1640er, vor allem dann in den 50er Jahren sprechen.

[160] Ferdinand III. (1608–1657), Römischer König seit 1636, Kaiser ab 1637.

[161] Vgl. Hausmann: Protestanten.

beständiges Auslaufen fand nach Ortenburg in Niederbayern sowie nach Preßburg und Ödenburg in Ungarn statt, wo man nicht nur evangelische Gottesdienste feierte, sondern vor allem auch Trauungen und Kindstaufen vornehmen ließ, zur Beichte und zum heiligen Abendmahl ging, alles besonders an den hohen Festtagen[161]. Bisweilen brachte man auch evangelische Prediger in unbekannter Kleidung in das Land.

Die Hoffnung auf kommende bessere Zeiten hielt das Volk immer wieder aufrecht. Diese Hoffnung flammte besonders hell auf, als der Schwedenkönig Gustav Adolf[162] die kaiserlichen Truppen unter Tilly bei Breitenfeld in Sachsen geschlagen hatte (September 1631). Als vollends die Sachsen in der böhmischen Hauptstadt Prag einrückten, erhoben sich 1632 die Bauern im Hausruckviertel zu einem zweiten großen Aufstand, zu dem allerdings nicht nur religiöse Beweggründe, sondern auch schwere Klagen über große Lasten und harte Bedrückungen Veranlassung gaben. Von Mitte August bis Anfang Oktober kämpften die Bauern, wurden aber dann durch bayrische und kaiserliche Truppen unter Tilly überwältigt. Durch barbarische Hinrichtungen suchte man die Lust zu Aufständen für immer zu ersticken. Eine neue Reformationskommission wurde nun eingesetzt und verbreitete Furcht und Schrecken. Wo sie erschien, „liefen die Untertanen haufenweise von ihren Häusern weg, zu Pürstein zweihundert, zu Eschelberg einhundert, und verbargen sich in Wäldern und Gräben."[163] In Gramastetten nahm der Hofrichter von Wilhering fünf Paar Ochsen mit sich und erklärte, er werde sie erst zurückgeben, wenn die Eigentümer einen Beichtzettel vorweisen würden. Andere wurden in Arrest gelegt oder sonst bestraft. Um dem Religionswechsel zu entgehen, meldeten sich viele jüngere Leute zum Soldatenstande, was gleichbedeutend mit einem Gang ins Elend war.

Neue Hoffnung erweckte der Prager Friede 1635, der freilich für die Lage der Evangelischen in Österreich keinerlei Bedeutung haben konnte. Bessere Erwartung brachte dagegen das Jahr 1648. Denn Schweden und Franzosen standen bereits am Inn, und General Wrangel[164] hatte schon Gesandte an die Bauern im Lande ob der Enns geschickt; ebenso standen die evangelischen Truppen in Böhmen, und der Feldherr Königsmark[165] hatte schon die Kleinseite von Prag eingenommen; bei dem dortigen Oberstkommandierenden, dem Pfalzgrafen Karl Gustav von Pfalz-Zweibrücken[166], erschien eine Bauerndeputation aus Oberösterreich und bat ihn eindringlich, einen Zug in ihr Land zu unternehmen, wozu sie die Versicherung gaben, daß beim Erscheinen der Schweden viele Tausende die Waffen ergreifen und Hunderte von Fahrzeugen zum Übergang über die Donau bereitstellen würden. Aber da

---

[162] Gustav II. Adolf (1594–1632), König seit 1611.
[163] Czerny: Bilder, S. 167 ff.
[164] Graf Carl Gustav Wrangel (1613–1676), schwedischer Generalfeldmarschall, später schwedischer Generalbevollmächtigter bei den Nürnberger Friedensexekutionsverhandlungen.
[165] Hans Christoph von Königsmark (1600–1663), schwedischer Generalfeldmarschall; vgl. ADB Bd. 16, S. 528 ff. (Krause).
[166] Carl Gustav von Pfalz-Zweibrücken (1622–1660), später als Karl X. König von Schweden.

wurde eben der Friede von Münster und Osnabrück (24. Oktober 1648) verkündet und machte allem Kampf ein Ende. Er machte aber auch allen Hoffnungen der Österreicher ein Ende. Mochten sie noch so sehr und noch so oft ihren guten Willen gegenüber der weltlichen Obrigkeit betont haben, es half ihnen nichts; sie konnten damit nicht ihr höchstes Anliegen, die Glaubensfreiheit, zur Geltung bringen. Der Kaiser wollte nun einmal kein evangelisches Christentum in seinen Landen dulden; bei ihm und seinen jesuitischen Ratgebern gab es nur dies eine: Gegenreformation bis zum letzten Mann und zur letzten Frau. Es ist ergreifend, was ein bayrischer Adeliger im Jahre 1641 über die Bauernschaft im Lande ob der Enns schreibt: „Sie wollten ihren Herrschaften in allem, was sie zuvor getan, gern Gehorsam leisten und an keine Hilf dem Feind zu Nutz gedenken, wenn man ihnen ihre Prediger wieder in das Land brächte; es sei ihnen an der Seelen Seligkeit mehr gelegen, weil man sie nötigt, abergläubischen Pfaffen, die nichts als Fresser, Säufer und der Hurerei ergeben sind, zu beichten."[167]

e) Bilder aus der Gegenreformation

1. Einen gewissen Spiegel über den Fortgang der Gegenreformation in Oberösterreich bieten die Kirchenbücher. Sie waren durch die Kirchenversammlung von Trient 1563 für alle katholischen Pfarreien angeordnet worden, doch erfolgte ihre tatsächliche Einführung meist viel später. Im Zuge der Gegenreformation wurde jedoch anscheinend stärker darauf gedrungen. So gibt der Beginn der Kirchenbuch-Einträge vielfach den Zeitpunkt der Wiedereinsetzung eines katholischen Pfarrers oder doch den Beginn der Rekatholisierung kund.

In Reichenau trägt das älteste Kirchenbuch den Vermerk: „Desiit haeresis Lutherana, incepit florere fides Catholica. Fui ego Petrus de Rubeis primus installatus anno 31" (Die lutherische Ketzerei hörte auf, es begann der katholische Glaube zu blühen. Ich, Peter von „Rubeis", bin als erster Pfarrer eingesetzt worden im Jahre 1631).

In Oberneukirchen beginnt das älteste Taufbuch 1625 mit dem Eintrag: „Series baptizatorum ritu catholico" (Reihenfolge der nach katholischem Brauche Getauften).

In Gramastetten beginnen die Matrikeln zwar schon 1626, aber im Totenregister findet sich unterm 23. Mai 1633 der bezeichnende Vortrag: „Ist die alte Städtlerin, so zum erstenmal auf katholisch gebeicht, auch zum erstenmal auf katholisch begraben worden, gratis." Bis dahin also haben sich die Bewohner des Ortes von der katholischen Beichte ferngehalten. Dazu stimmt der Eintrag unterm 14. Oktober 1635: „Ist die alte Schlosserin, meine Untertanin, gut katholisch gestorben, begraben worden."

---

[167] Nach Felix Stieve: Bericht eines bairischen Adelichen über die Bauerschaft in Oesterreich ob der Enns [1641] Februar 14, in: MIÖG 5 (1884), S. 624 ff., hier S. 625.

Die weitaus größte Mehrzahl der Kirchenbücher beginnt erst zwischen 1625 und 1635, zum Teil noch später, ganz abgesehen von den erst später errichteten Pfarreien, von den Zerstörungen durch Brand u. a.[168]

2. In dem Markte Reichenthal (Mühlviertel) wirkte von 1619 bis 1627 der evangelische Prädikant Georg Vogel. Sein katholischer Nachfolger konnte jedoch nicht in Reichenthal bleiben wegen der bäuerlichen Unruhen, sondern hielt sich zu Freistadt auf. Die Kirchenbücher setzten erst mit 1637 ein, woraus zu schließen ist, daß erst in diesem Jahre der Pfarrer die Rückkehr in seine Pfarrei wagte.

3. In Wartberg ob der Aist beginnen die Kirchenbücher bereits mit dem Jahr 1600. Aus einer Notiz des damaligen katholischen Pfarrers im Trauungsbuch von 1610 ergibt sich die Tatsache, daß seine Pfarrkinder allzu gern „mit Kindtauf und Kopulationen nicht bei der Pfarrkirchen und ihren ordentlichen Pfarrern bleiben, sondern anderswohin zu den ketzerischen Prädikanten laufen". Gleiches gilt von den „andern Sakramentis", womit jedenfalls das heilige Abendmahl mit der Beichte gemeint ist, wozu sich noch die Bemerkung findet: „Das Beichtgeld seind sie auch schuldig zu geben."

4. Der Schneider von Goldwörth (an der Donau) und seine Frau gingen bei fremden Pfarrern zur Beichte und verkauften dann den Beichtzettel an Evangelische um je zwei Gulden. In St. Martin wollten die Bauern vom Pfarrer selbst Beichtzettel erhalten und boten dafür je zwölf Reichstaler, andere ihre schönste Kuh. „Sie konnten den Versuch wagen, weil es wirklich katholische Pfarrer gab, die gegen Geld aus der Verlegenheit halfen."[169]

5. Im September 1630 suchte der Pfleger von Frankenburg bei dem Landeshauptmann an, verschiedene evangelische Bauern, die sehr begütert seien, kein Ärgernis geben, fleißig die Kirche besuchten usw., nicht zum Verkauf ihrer Güter zu treiben, weil sie davon „mehr als Halbes verlieren", auch oft die Nachfolger solcher Höfe sich nicht halten und ihre Abgaben nicht leisten könnten. Der Bescheid lautete: Es bleibt bei der Ausschaffung. Neunzehn Untertanen, die nach Frankenburg zurückgekehrt waren, erhielten einen letzten Termin von zwei bis sechs Wochen.

6. Der Markt Oberneukirchen (Mühlviertel) wurde kirchlich von dem Zisterzienserkloster Wilhering bedient. Ein katholischer Pfarrer amtierte dort seit 1625. Gleichwohl erhielt sich dort die evangelische Bewegung noch lange fort. Der Richter des Marktes wurde 1636 um hundert Taler gestraft, weil er an Sonn- und Feiertagen lutherische Predigten vorgelesen hatte. In dem ebenfalls von Wilhering versorgten Oberweißenbach klagte der Pfarrer noch 1646 bis 1649, daß so viele Leute nach Ortenburg und Regensburg ausliefen, auch dort sich kopulieren ließen; in seiner Messe seien an Sonn- und Feiertagen kaum neun bis zehn Personen; man versammle sich dafür in einzelnen Häusern, wo Bibel und Postille von den Hausvätern gelesen und erklärt würden. Noch um 1660 befanden sich in dieser Pfarrei 511 Evangelische.

---

[168] Grüll: Matrikeln (Zusammenstellung aller Kirchenbücher in Oberösterreich).
[169] Czerny: Bilder, S. 167 ff.

Auch in der Pfarrei Zwettl (Mühlviertel), ebenfalls bei Wilhering, waren 1647 noch alle Bauern und die meisten Bürger lutherisch.[170]

7. Der Markt Kirchdorf an der Krems hatte den Bischof von Bamberg als Grundherrn, der schon 1614 dreißig Bürger zum Übertritt in die katholische Kirche genötigt hatte. Im Jahre 1626 nahm eine Kommission den Bürgern die lutherischen Bücher weg; wer sich nicht zur katholischen Religion bequemen wollte, wurde in Verhaft genommen. Zwei Jahre später wurden vier Häuser von Bürgern, die der Gegenreformation ausgewichen waren, vom Bischof eingezogen und öffentlich versteigert. Dennoch hielten sich noch länger fort heimliche Protestanten; noch 1640 wurde der Färber Hans Handl wegen Lesens lutherischer Bücher gestraft.[171]

8. Die Herrschaft Waldenfels verzeichnet eine Reihe von Untertanen, die ihres Glaubens wegen ausgewandert sind im Jahre 1636:

Satzinger Philipp zu Reichenthal,
Brandt Thomas am Sollberg,
Lechner Michl am Steltz-Mühlein im Hirschgraben,
Leitner Thomas am Püßhof.
Im nächsten Jahre folgten aus der gleichen Heimat:
Haintzl Matthias zu Waldburg,
Marpeck Sigmund, Maurer zu Waldburg,
Grünauer Georg von der oberen Schwandt,
Kär Michael von Lärndorf, Schneider.

Das waren normale Abzüge. Aber bei anderen heißt es:

1635: Thomas Prändschuch ist „heimlich ausgerissen", weil er sich „zur heiligen katholischen Religion nit bekehren wollen". Sein Gut zu Rutzing bei Linz wurde darum anderweitig vergeben.

1637: Stephan Rechberg zu Alhuet und seine Frau Margareta haben sich trotz „vielfältiger und treuherziger Vermahnung" nicht „accomodieren" (der katholischen Religion anbequemen) wollen, sondern haben ihr Gut der Herrschaft „heimgesagt"; dieses wurde darum dem Verkauf unterstellt, doch übersteigen die Schulden den Erlös.

1637: Sigmund Stromberger ist wegen der „fürgenommenen heilsamen Religionsreformation heimlich und strafmäßiger Weise hinweggegangen"; Haus und Gut wurden darum eingezogen und verkauft.

1637: Caspar Brandt am Sollberg hat sich aus dem gleichen Grunde „auf flüchtigen Fuß gesetzt"; darum erfolgte ebenfalls der Verkauf seines Gutes.

1637: Benedikt Ziegler auf der Stelzmühl im Hirschgraben ist „wegen der heilsamen Religionsreformation ausgetreten", weshalb sein Besitz „konfisziert und heimgefallen" ist.

---

[170] Czerny: Bilder, S. 149 f.
[171] Strnadt: Bauernkrieg, S. 10.

1640: Sigmund Leutner, Schneider, ist vordem rechtmäßig ausgewandert, hernach aber erkrankt und wieder zu seinem Eidam Hans Zimmermann auf der Oberschwandt gekommen und da nach wenigen Tagen gestorben; hat nochmals das Freigeld zu bezahlen.

An Strafen, die von der Herrschaft Waldenfels der Religion wegen verhängt wurden, seien erwähnt:

1640: Hans Raindtmayr, Zimmergesell von Lärndorf, hat sich zur „heiligen Katholischen Beicht und Kommunion" nur einmal eingestellt, ist aber hernach „samt seinem Weib heimlicherweis hinauf ins Reich gezogen und sich allda wiederum auf lutherisch speisen lassen und also von der heiligen alleinseligmachenden katholischen Religion wieder abgefallen"; es wurde deshalb zur Strafe ein Guthaben von ihm bei Mert Ortner eingezogen, „weil er sonst ein mehreres nit vermögt hat".

1642: Hans Mittermüller, gewesener Wirt und Richter zu Waldburg, wurde mit fünfzehn Gulden bestraft „wegen seines Weibes Ungehorsam, daß sich selbige zur heil. Beicht und Kommunion niemals einstellen wollen, auch deshalben gar aus hiesiger Herrschaft hinaus und in Unterösterreich gezogen" (in Unterösterreich gab es damals für die Evangelischen noch eine gewisse Freiheit).

1643: Sigmund Mittermüller zu Reichenthal wird mit zehn Thalern (= 15 fl.) bestraft wegen seines Ungehorsams, daß sich selber zur österlichen Zeit nicht mit heil. Beicht und Kommunion eingestellt. Aus gleichem Grunde wurden bestraft:

Hans Pfenninger auf der untern Schwandt mit 30 fl.,
Sigmund Peurl am Strohhof mit 20 fl.

Die Herrschaft Waldenfels, vordem im Besitz der evangelischen Herren von Gera, die durch die Gegenreformation zur Auswanderung gezwungen waren, kam 1636 durch Kauf in die Hand des Konstantin Grundemann von Falkenberg, eines Mitgliedes der Linzer Reformationskommission.

9. Die Herrschaft Weinberg (Mühlviertel), die aus den Händen des evangelischen Herren von Zelking ebenfalls in katholischen Besitz übergegangen war, hatte zur Durchführung der Gegenreformation eigene Listen angelegt, worin die „Bekehrten" mit einem „c" = conversus oder auch als „reformiert" bezeichnet wurden. Diese „Reformation" wurde dort bereits 1633 vorgenommen. Aus den dortigen Strafprotokollen seien folgende Namen angeführt:

1635: Niklas Ostermayr ist mitsamt seinem Weibe ohne Abschied „entloffen" und hat seine Behausung „leer, ohne große Schulden hinter ihm" verlassen.

1639: Adam Puechmoidt in der Lamb hat sich zu dem „heilsamen Reformationswesen nicht bequemen wollen", sondern ist über sechs Jahre ungehorsam geblieben, wird deshalb mit 30 fl. bestraft.

1641: Christof Kreller hinten am breiten Berg, ein alter Knecht, hat niemals gebeichtet, sondern „sich seit der Reformation heimlich durchgezogen", ist nun gestorben und wird noch nachträglich an seinem Vermögen mit 15 fl. gestraft.

1635: es wurden sehr viele Leute bestraft, weil sie der obrigkeitlichen Aufforderung zur Beichte keinen Gehorsam leisteten. Es wurden Strafen bis zu 30 fl. verhängt, vermutlich je nach dem Vermögen. Es seien hier angeführt:

Simon Schlecht für sein Weib 12 fl.
Gall Lieb für sein Weib 12 fl. 41 kr.
Thomas Capeller für sein Weib 19 fl. 41 kr.
Helena Steininger, Witwe 12 fl. 45 kr.
Hans Stermüller für sein Weib 15 fl.
Lehner alt zu Passberg und sein Weib 19 fl.
Mert Maurers Weib zu Prendt, „so entloffen" 11 fl. 45 kr.
Schromb alt zu Prendt, Weib 2 fl. 45 kr.
Thomas Cronperger zu Helbertschlag Weib 1 fl. 15 kr. usw.

Sehr streng wurde die Abgabe eines falschen Beichtzettels bestraft. So hören wir von

Thomas Stromberger zu Kerschbaum und seinem Weib 90 fl.
Hans Steiniger zu Kerschbaum und seinem Weib 60 fl.
Hans Rebel zu Passberg mit Frau 60 fl.
Weitere mit 12 bis 60 fl.

10. Im Taufbuch zu Neumarkt (Mühlviertel) findet sich öfters die Bemerkung, daß Taufpaten zurückgewiesen wurden, weil sie „unkatholisch" waren. Ebenso begegnet uns im dortigen Totenbuch bei der Beerdigung Evangelischer der Satz: „Auf das ausgezeichnete Ort der Unevangelischen begraben". Ob der gemeinte Platz noch im Friedhof lag oder außerhalb desselben, ist nicht gesagt; wahrscheinlich war das letztere der Fall.

f) Ausgang der Gegenreformation

Der Abschluß des Dreißigjährigen Krieges durch den Westfälischen Frieden (Münster und Osnabrück, 24. Oktober 1648) hatte auch die letzten Hoffnungen der Evangelischen in Österreich zerschlagen. Nur für den Adel in Niederösterreich war eine Erleichterung vorgesehen; dagegen ging Oberösterreich völlig leer aus. Das in den Friedensbestimmungen festgesetzte Normaljahr 1624, das allen, die in diesem Jahre evangelisch waren, die weitere freie Betätigung ihres Glaubens zusicherte, konnte für Österreich nicht greifen, da ein rechtsgültiger Bekenntnisstand damals für die Evangelischen nicht gegeben war; denn der dortige Adel hatte während des böhmischen Aufstandes dem Kaiser Ferdinand II. die Huldigung verweigert und darum keinerlei Zusagen bezüglich der Glaubenshaltung empfangen, auch später nicht, als er demütig Abbitte leisten mußte; damit entfiel auch für die Bauern jedwede, auch nur stillschweigende Duldung des evangelischen Bekenntnisses, und die Bürgerschaft in den landesfürstlichen Städten und Märkten war von jeher bei allen landesfürstlichen Konzessionen ausgenommen geblieben. Es konnte lediglich von solchen, die sich nicht zum katholischen Glauben bekennen wollten, das Recht der Auswanderung in Anspruch genommen werden, das ihnen dann ohne jedwede Belästigung, ohne besondere Steuern, mit einer fünfjährigen Frist zu gewähren war, wozu ihnen auch die erforderlichen Zeugnisse auszuhändigen waren.[172]

Es verwundert deshalb nicht, daß Kaiser Ferdinand III., der ganz in den Fußstapfen seines Vaters wandelte, alsbald nach dem Friedensschluß daranging, nun mit den immer noch vorhandenen Evangelischen in Oberösterreich aufzuräumen. Am 2. Juni 1650 erging die Anordnung, alle noch vorhandenen nichtkatholischen Untertanen „abzustiften"; das hieß, alle Grundherrschaften hatten ihre evangelischen Untertanen aus ihrem Gebiete auszuweisen, ihren Grundbesitz zu versteigern, wenn sie denselben nicht rechtzeitig selbst verkauften. Wieder traten die berüchtigten „Reformationskommissionen" in Tätigkeit, die von bestimmten Orten aus alle Leute vor sich luden, die nicht nach katholischem Brauch beichten und kommunizieren wollten. Im Hausruckviertel wurden dieselben während der Jahre 1652 und 1653 nach Eferding, Wels, und Vöcklabruck vorgerufen. Dabei stellte es sich heraus, daß noch eine beträchtliche Zahl von „Irrgläubigen" vorhanden war, wie der Kaiser selbst in einem Patent von 1652 erklärte. Namentlich im Mühlviertel war noch immer der evangelische Glaube äußerst lebendig. Der Kaiser klagte auch über den mangelnden guten Willen mancher Herrschaften, ein Zeichen, daß der Adel des Landes sich trotz des landesfürstlichen Zwanges noch vielfach evangelisches Bewußtsein bewahrt hatte.

Unterm 13. Februar 1653 traf deshalb die Linzer Kommission in besonderem Auftrag des Kaisers schärfste Maßnahmen, um das Reformationswerk zum Abschluß zu bringen. Überall mußten jetzt Visitationen abgehalten werden, alle Nichtkatholischen sollten ohne weiteren Termin abgeschafft werden, gleichviel ob sie für ihre Häuser Käufer fanden oder nicht. Unbefugt Zurückkehrende sollten in Arrest genommen werden, wozu die Pfarrer in jedem Falle sogleich Anzeige an die Obrigkeit zu erstatten hatten. Die bei der Auswanderung zugunsten der Grundherrschaften zu erhebende Nachsteuer von zehn Prozent des Vermögens sollte künftig nur nach Abzug der Schulden erhoben werden, was eine höchst gerechtfertigte Erleichterung bedeutete. Großjährige Kinder dürfen mit ihren Eltern auswandern, minderjährige sollen nach Möglichkeit zurückbehalten und im katholischen Glauben erzogen werden. Gegen Personen, die krankheits- oder altershalber nicht transportiert werden können, ist mit der Abschaffung innezuhalten und höhere Weisung einzuholen. Dasselbe gilt für schwangere Frauen und Kindbetterinnen. Unkatholische Ehefrauen bei katholischen Männern sollen bis auf weiteres geduldet werden; geben sie aber Ärgernis, sind sie abzustrafen. Unkatholische Männer sind mit ihren Weibern abzuschaffen, auch wenn letztere katholisch sind; doch können die Weiber auf den Häusern zurückbleiben, dürfen aber nicht ohne Erlaubnis der Kommission ab- und zureisen. Unkatholische Dienstboten sind abzuschaffen; wer solche hält, wird bestraft. Die Obrigkeiten haben ein besonderes Augenmerk zu richten auf das hoch-

---

[172] Vgl. Mecenseffy: Protestantismus, S. 181.

schädliche Lesen der Postillen (Predigtbücher) und auf heimliche Zusammenkünfte; verdächtige Häuser und Orte sind öfter zu visitieren, und zwar auch unversehens, um womöglich die Leser auf frischer Tat zu ertappen; unkatholische Bücher sind nach Linz einzuliefern. Die Obrigkeiten haben stets den Pfarrern mit der weltlichen Gewalt beizustehen. Um das Beichthören zu erleichtern, soll dieses zu verschiedenen Terminen von Amt zu Amt durch die Pfarrer angesagt werden. Die Obrigkeiten, Pfleger, Verwalter, Schreiber sollen ein frommes erbauliches Leben führen, mit ihren Angehörigen fleißig, besonders an Festtagen, zu Gottesdienst und Beichte gehen und bei jeder Gelegenheit die Untertanen zu Gottesfurcht und Kirchgang aneifern.[173]

Eine nach diesen Grundsätzen durchgeführte Gegenreformation mußte die Leute, die sich dem katholischen Glauben nicht anbequemen wollten, notwendig aus dem Lande treiben. Eine letzte große Auswanderungswelle setzte ein. Nicht mit einem Schlage trat sie in Erscheinung, sondern sie erstreckte sich auf eine Reihe von Jahren durch das ganze Jahrzehnt und noch darüber hinaus. Das ergibt sich schon aus den Berichten der Kommission, die z. B. bei den Stiftsuntertanen des Klosters Schlägl im oberen Mühlviertel im März 1643 noch 874 unkatholische Personen feststellte, von denen sich 252 „bequemten", d. h. sich äußerlich der katholischen Kirche fügten, nur 283 auswandern wollten, 339 aber noch im Lande verblieben. Einen gewissen Schutz fanden die letzteren immer noch bei verschiedenen Grundherrschaften und ihren Beamten, obwohl man auch gegen diese, wenn sie zu wenig guten Willen als zuständige Obrigkeiten zeigten, mit Strafen vorging. Auf die Dauer konnte freilich dieser heimliche Schutz nicht genügend und so mußten sich auch die Hartnäckigsten schließlich entscheiden, ob sie katholisch werden oder auswandern wollten (Abb. 13).

Von einem wirklichen Abschluß der Gegenreformation konnte freilich auch nach dieser letzten Periode keine Rede sein. Es blieben noch viele heimliche Protestanten im Lande, wie in einem späteren Abschnitt gezeigt werden wird.

7. Die Gegenreformation in Niederösterreich[174]

Wie bereits erwähnt wurde (S. 62), hatte ein Teil der evangelischen Ritter und Herren in Niederösterreich am 10. April 1620 zusammen mit den katholischen Ständemitgliedern dem Kaiser Ferdinand II. als Landesfürsten gehuldigt, nachdem er ihnen versprochen hatte, sie nicht nur bei ihren bisherigen Privilegien, sondern auch bei der gegenwärtigen Übung des Augsburger Bekenntnisses zu belassen, und nachdem er noch ausdrücklich versichert hatte, daß man diesem seinem Worte glauben

---

[173] Strnadt: Bauernkrieg, S. 109 f.
[174] Vgl. Gutkas: Niederösterreich, S. 139 ff.; Mecenseffy: Protestantismus, S. 168 f., 182 ff.

dürfe, so wahr er ein geborner Erzherzog und ein gewählter römischer Kaiser sei. Für diejenigen Standesherren freilich, die sich an der Huldigung nicht beteiligt hatten – es war wohl die Minderzahl, hauptsächlich aus den Vierteln Ober- und Unter-Manhartsberg (nördlich der Donau) –, galt dieses Versprechen nicht; ihre Hauptführer wurden überdies geächtet und verloren damit ihre österreichischen Sitze. Die landesfürstlichen Städte und Märkte waren ebenso wie in Oberösterreich von jeher ausgeschlossen von den religiösen Konzessionen, wenn sie auch tatsächlich nach der Kapitulationsresolution des Erzherzogs Matthias von 1609 wieder ein reiches evangelisches Leben in ihren Mauern entfaltet hatten, ähnlich wie unter Maximilian II. Das Schicksal des Bauernstandes aber hing in religiöser Hinsicht durchaus von dem Geschick der Grundherren ab, das heißt: Wo evangelische Herren und Ritter walteten, konnten auch sie ihrem evangelischen Glauben gemäß leben; wo aber katholische Herren, gleichviel ob Adelige, Prälaten, Bischöfe oder auch der Erzherzog unmittelbar, die Grundherrschaft ausübten, da mußten auch die Bauern dem Glauben derselben folgen und katholisch werden.

Als nun Kaiser Ferdinand II. den böhmischen Aufstand niedergeworfen hatte und nun mit allem Nachdruck die Gegenreformation in die Wege leitete, da begann er auch in gleicher Weise wie in Oberösterreich zuerst mit dem ungeschützten Bürgertum. Es wurden hier die früheren scharfen Edikte gegen Wien und andere Städte erneuert und den Bürgern wie auch den Bauern die Teilnahme an unkatholischen Gottesdiensten bei strengster Strafe verboten. Um das Auslaufen der Wiener in die Umgegend zu verhindern, wurden die evangelischen Prediger in den Nachbarorten Hernals und Inzersdorf vertrieben (Abb. 14). Es wurde weiter der Befehl erteilt, wer nicht innerhalb vier Monaten nach geschehener Unterweisung in der katholischen Lehre den katholischen Glauben annehme, müsse auswandern. Es wiederholte sich hier genau das Gleiche, was wir schon in Oberösterreich sehen mußten, wenn wir auch aus dem Lande unter der Enns nicht ebenso eingehende Nachrichten besitzen, wie aus dem Ländlein ob der Enns[175]. Es ist auch wohl möglich, daß man in Niederösterreich etwas langsamer vorging; am Schlusse stand es aber doch auch hier so, daß die Bürger mit Einschluß der industriellen Arbeiter den wehmütigen Scheidegruß anstimmen mußten:

> Behüt dich Gott in Frieden,
> Du liebes Österreich!
> Es muß doch sein geschieden
> In Sorg und Trauer reich;
> Laßt uns das Elend bannen
> Mit Christo hier in Zeit,
> So werden wir ihn schauen
> Dort in der ew'gen Freud!

---

[175] Vielfache Nachweise, nach Ortschaften gegliedert, bei Wiedemann: Niederösterreich.

Daß auch die katholischen Stände in ihren Gebieten mit dem evangelischen Wesen nach Kräften aufräumten, war selbstverständlich. Besonders taten sich diejenigen Herren hervor, die an die Stelle der geächteten evangelischen Standesherren getreten waren und deren Güter überkommen hatten. Aber auch gegen die dem Kaiser treu gebliebenen Herren und Ritter, denen bei der Huldigung 1620 freie Religionsübung mit einem kaiserlichen Worte versprochen worden war, ging man vor. Ferdinand hatte dabei freilich einige Bedenken, ob das „ohne Verletzung seines fürstlichen Juraments" geschehen könne; aber sein Beichtvater Lamormain und der päpstliche Gesandte Caraffa[176] wußten seine Bedenken leicht zu entkräften, indem sie den Vorwand unterschoben, die Protestanten in Niederösterreich seien Calvinisten, während das Wort des Kaisers nur den Bekennern der Augsburger Konfession gegolten habe. Es war das eine ganz klare Wortbrüchigkeit; denn wenn sich auch einzelne Anhänger Calvins vorgefunden haben mochten, so war doch offenkundig, daß die übergroße Mehrheit der evangelischen Adeligen und der von ihnen auf den Schlössern gehaltenen Geistlichen durchaus auf lutherischem Boden stand. Gleichwohl erging am 14. September 1627 ein Generalmandat an die niederösterreichischen Stände, alle lutherischen Prediger und Lehrer zu entlassen und dafür katholische anzustellen. Es folgte 1628 ein zweites Mandat, wonach alle Vasallen, Untertanen und Einwohner sich des Lesens unkatholischer Bücher zu enthalten und an allen katholischen Religionsübungen teilzunehmen hätten. Dem Adel wurden dazu jede Art von Gottesdienst auf den Schlössern, das Lesen der lutherischen Postillen, die Reisen ins Ausland, um dort Taufen und Trauungen vollziehen zu lassen, aufs strengste untersagt. Allerdings scheint man hernach doch in diesem wortbrüchigen Vorgehen ein Haar gefunden zu haben; denn wir treffen in der Folgezeit doch wieder evangelische Geistliche unter einem evangelisch gesinnten Adel. So wirkte in dem Markte Gresten, wo die Grafen von Zinzendorf maßgebend waren, noch bis 1642 – wenn auch mit Unterbrechung – der Magister Matthäus Münzenrieder als Pfarrer[177]. Sein Nachfolger, der Benediktinerpater Reisenbuch, mußte 1643 berichten, daß in Gresten nur 340 Häuser katholisch, die übrigen noch protestantisch seien. Besonders aus dem Waldviertel, das an Böhmen und Oberösterreich anschloß, hören wir von einer stark evangelischen Bevölkerung, obwohl gerade dort der alte evangelische Adel dem katholischen hatte weichen müssen infolge der kaiserlichen Achterklärung. Man hatte sich also doch wieder zu einem milderen Verfahren entschlossen, zum guten Teil wohl auch infolge der politischen Ereignisse und der Rückschläge auf dem Kriegsschauplatz. Wenn sich diese schon in Oberösterreich geltend machten, wie

---

[176] Carlo Caraffa († 1644), Bischof von Aversa, 1621–1628 Nuntius am Kaiserhof. Vgl. LThK Bd. 2, Sp. 935.
[177] Es handelt sich hier um eine Fehlinterpretation der Angaben von Seefried: Gresten, S. 122 f. Matthäus Münzenrieder († 1632) und sein Bruder Hans († 1639) waren Katholiken und als solche mit ihrer Mutter etwa Anfang 1628 aus Schwaben nach Gresten gekommen. In Gresten selbst, „nidus acatholicorum", hielten sich nach dem Passauer Visitationsprotokoll allerdings noch um 1653 „1800 Acatholici" auf.

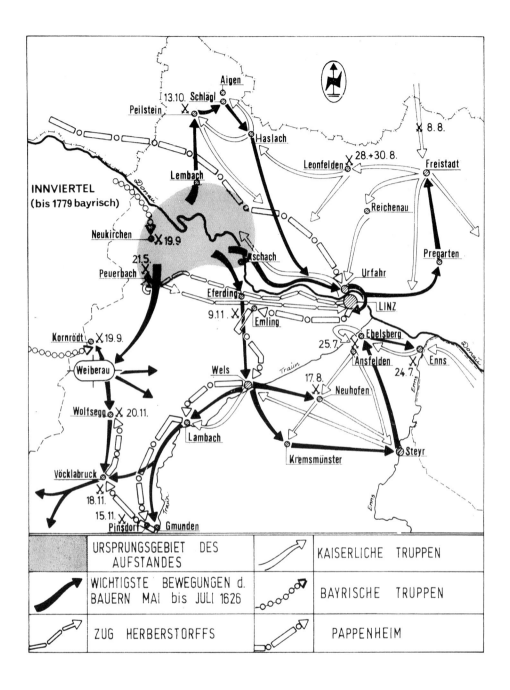

Abb. 12: Die wichtigsten Truppenbewegungen des oberösterreichischen Bauernkrieges von 1626.

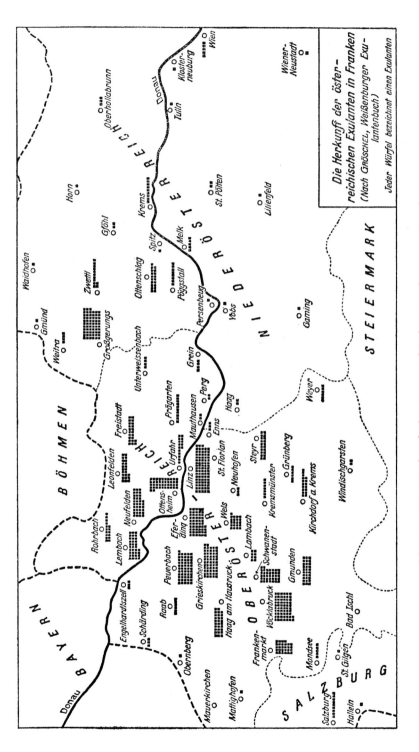

Abb. 13: Die Herkunft der österreichischen Exulanten in Franken.

Die Graphik bezieht sich auf die von Gröschel in der Weißenburger Gegend eruierten Exulanten. Wenngleich die bekannte Gesamtzahl der Nachgewiesenen (gerade auch in anderen Zuwanderungsgebieten) inzwischen weit höher ist, ermöglicht die Karte doch interessante Rückschlüsse auf die geographische Verteilung der Herkunftsorte.

viel mehr dann in Niederösterreich. So konnte es zeitweise geschehen, daß Evangelische aus dem Lande ob der Enns in das Land unter der Enns umsiedelten oder nach Ungarn reisten, um dort zu beichten und zu kommunizieren.

Wie sehr es die evangelisch gebliebenen Bewohner von Niederösterreich verstanden, sich dort trotz aller Verbote und Hindernisse geistlich zu versorgen, dafür liefern die Abendmahlslisten der Pfarrei Weißenkirchberg bei Leutershausen einen guten Beleg. Dort erschienen im Jahre 1643 zahlreiche Viehhändler aus Arbesbach, Rappottenstein, Wiesenfeld, Griesbach, Rohrhof, Lembach und anderen Orten des Waldviertels, verkauften in der Gegend das aus Österreich herausgetriebene Vieh und benützten die Gelegenheit, um in Weißenkirchberg zu beichten und das heilige Abendmahl in evangelischer Weise zu empfangen. Gleiches wiederholte sich im folgenden Jahre, wo unter anderen sich auch eine sechzig Jahre alte Witwe aus Arbesbach einstellte, „die in sechzehn Jahren zur evangelischen Beichte nit hat gelangen können". Einzelne scheinen sich dabei auch in der Gegend dauernd niedergelassen zu haben.[178] Beliebt war bei den Niederösterreichern auch das Auslaufen nach Ungarn, wo die Erzherzöge, obwohl sie Könige von Ungarn waren, doch das evangelische Bekenntnis dulden mußten, da das Land seine Selbständigkeit zu wahren verstanden hatte. So konnte sich der Protestantismus in Niederösterreich durch den ganzen Dreißigjährigen Krieg hindurch behaupten. Selbst in der Umgebung von Wien fanden sich noch zahlreiche Evangelische, wie in Vösendorf, wo es 1644 noch 187 Lutheraner gab, oder in Inzersdorf, wo um jene Zeit von achthundert Einwohnern noch siebenhundert evangelisch waren. Es hing das von der Standhaftigkeit der dortigen evangelischen Grundherren ab, gegen die man doch nicht mehr mit aller Schärfe vorzugehen wagte.

Der Westfälische Friede (1648) bedeutete für die Evangelischen in sämtlichen österreichischen Ländern – wie schon gesagt – eine letzte große Enttäuschung. Er schaffte ihnen keinerlei Recht oder auch nur stillschweigende Duldung. Nur Schlesien machte eine Ausnahme und der evangelische Adel in Niederösterreich. Da hier nur von letzterem die Rede ist, so wurden folgende Zugeständnisse festgelegt: Niemand sollte genötigt werden können, wegen der Zugehörigkeit zur Augsburger Konfession Vermögen abzutreten oder auszuwandern, aber berechtigt sein, den evangelischen Gottesdienst außerhalb des Territoriums in benachbarten Orten zu besuchen. Für den Fall einer freiwilligen Auswanderung wurde ihnen erlaubt, ihre nicht verkauften Besitztümer behufs Beaufsichtigung und Besorgung der Wirtschaft frei zu betreten. Dazu kamen noch Erleichterungen für bereits Ausgewanderte. Das war der dürftige Inhalt der Religionskonzessionen für die adeligen Herren in Niederösterreich. Keine Annahme evangelischer Prediger oder Lehrer auf den Schlössern wie vordem, keine Gottesdienste in Schloßkapellen oder sonstwo, keinerlei Recht in religiösen Dingen für die Untertanen, nicht einmal für das Schloßpersonal, lediglich

---

[178] Georg Mayer-Erlach: Abendmahlsgäste aus Österreich in Weißenkirchberg, in: BlFF 16 (1944), S. 22 ff.

ein schwaches persönliches Recht für den Schloßherrn und seine Familie. Es war klar, daß in diesen engen Schranken auf die Dauer kein evangelisches Leben gedeihen konnte, daß vielmehr dieses zum langsamen Absterben verurteilt war. So geschah es denn auch. Waren es nicht schon die Kinder, so waren es gewiß die Enkel, die sich der rein katholischen Umgebung „anbequemten" und den katholischen Glauben annahmen. Nur wenige, wie z. B. die aus Lilienfeld nach Gresten verzogenen Grafen Zinzendorf, brachten es fertig, bis um die Zeit von 1700 ihren lutherischen Glauben festzuhalten.

Im übrigen ging die landesfürstliche Regierung gegen alle evangelischen Bewohner jetzt mit der gleichen Schärfe vor wie in Oberösterreich. Es ergingen die bekannten, immer schärfer werdenden Anordnungen, und es wurden die berüchtigten „Reformationskommissionen" eingesetzt (1652). Im Waldviertel (nördlich der Donau), wo seinerzeit der Widerstand gegen Ferdinand II. am heftigsten entbrannt war und hernach an die Stelle der geächteten protestantischen Herren neue katholische Adelige getreten waren, machten sich eben diese neuen Herren dadurch bemerkbar, daß sie mit besonderem Eifer die Rekatholisierung des Landes betrieben. Der neue katholische Besitzer der Rosenburg, Joachim Freiherr von Windhag, hat zusammen mit dem Abt Leiß von Altenburg im Auftrag des Kaisers die Pfarreien des Waldviertels von 1652 bis 1654 bereist, etwa 140 Pfarreien und 58 Filialen, wobei sie ungefähr 77 000 Katholiken und 22 000 Neubekehrte zu verzeichnen bekamen.[179] Um diese Zeit trat auch der besondere katholische Kultus wieder recht in Erscheinung, die Fronleichnamsprozessionen, die Wallfahrten u. a. Der Graf Ferdinand Sigmund von Kurz erbaute dazu eine Alt-Öttinger Kapelle bei den Tuchmachern in der Stadt Horn und eine Kapelle am Marienbründl in Kamegg bei Gars (1656)[180]. Andere Adelige sahen das „Reformieren" geradezu als eine Lieblingsbeschäftigung an, in der sie die Geistlichkeit weit übertrafen. Sie scheuten dabei auch vor Grausamkeiten nicht zurück, begnügten sich nicht nur mit Geldstrafen, sondern verhängten auch Gefängnis, straften mit Hunger, Auspeitschen und dergleichen. Es war nicht ihre Schuld, wenn es trotzdem mit der Gegenreformation nur sehr langsam vorwärts ging. So waren in Vitis 1652 noch 484 Lutheraner neben 556 Katholiken zu verzeichnen, selbst 1654/55 finden sich noch lutherische Sterbefälle in den Kirchenbüchern.[181]

Südlich der Donau betätigte sich ebenfalls der genannte Freiherr Joachim von Windhag, hier im Verein mit dem Abt Gabriel von Seitenstetten. Diese Kommission erschien erst 1659 im Gebiet der Zinzendorfer in und um Gresten, zunächst mit Missionspredigten. Aber alle Bemühungen war hier vergebens, da die Herren von Zin-

---

[179] Die Zahl der ‚Neubekehrten ist sicher nicht richtig; viele der in den Listen genannten Akatholischen, d. h. Lutherischen, waren in der Berichtszeit bereits in die evangelischen Pfarreien Frankens abgewandert. Vgl. Kuhr/Butz: Exulantenforschung, S. 34 f.
[180] Hermann Göhler: Kirchliche und Pfarrorganisation, Reformation und Gegenreformation, in: Eduard Stepan (ed.): Das Waldviertel, Bd. 7/I: Geschichte, Wien o. J. [1937], S. 65 ff., hier S. 99.
[181] Vgl. Kuhr/Butz: Exulantenforschung, S. 14–20.

zendorf sich zu keinerlei Entgegenkommen bewegen ließen und darum auch die Untertanen sich halsstarrig zeigten. Gegen letztere ging man mit empfindlichen Strafen vor. Der Pfarrer von Gresten konnte keine Liste der Unkatholischen vorlegen, da sich zur österlichen Zeit die meisten Leute im Walde verlören und ein Kirchendiener die zu Hause Gebliebenen nicht ohne Gefahr beschreiben könne. Freilich, auf die Dauer half aller passiver Widerstand nichts. Wer sich nicht bekehren wollte, mußte doch schließlich das Land verlassen. Nach 1660 nahm den Pfarrmatrikeln zufolge die Zahl der Evangelischen auch in Gresten auffallend ab, wie eben überall um jene Zeit in Niederösterreich.[182]

Über die Folgen dieser streng durchgeführten Gegenreformation in Niederösterreich schreibt der Verfasser der Geschichte des Marktes Gresten, Graf Otto von Seefried: „Allmählich wurde sich die Landesregierung bewußt, daß die Strafe der Landesverweisung eine sehr zweischneidige Waffe war. Die Zahl der Ödstätten, der zerfallenen Bauernhöfe, von ihren Besitzern verlassen, nahm zu, und aus den Städten und Märkten zogen oft gerade die besten Handwerker nach Deutschland. Namentlich die Schmiedmeister und ihre Gesellen waren zum größten Teil Protestanten, die fest an ihrem Glauben hingen, und ihr Abzug erwies sich als großer Nachteil nicht nur für die Orte mit hochentwickelter Eisenindustrie, wie für Waidhofen a. Ybbs, Gresten, Ybbsitz, sondern für die österreichische Eisenindustrie überhaupt, welche bisher den europäischen Markt beherrscht hatte. Die auswandernden Arbeitskräfte bildeten ihre in Österreich erworbenen Fertigkeiten in Deutschland fort und brachten bald die deutsche Eisenindustrie zu einer Blüte, welche die österreichische in den Schatten stellte."[183]

Nachgetragen sei, daß gerade das Waldviertel eine ausnehmend hohe Zahl von Auswanderern stellte, wie aus den Kirchenbüchern in Franken hervorgeht. Und hier war es wieder die Herrschaft Rappottenstein, die am häufigsten genannt wird.

---

[182] Vgl. Kuhr/Butz: Exulantenforschung, S. 9–40; Seefried: Gresten, S. 123–126, 173. Die Abwanderung aus Gresten-Land und Reinsberg erfolgte ab Sommer 1653.
[183] Seefried: Gresten, S. 124.

8. Das Schicksal des Protestantismus in den österreichischen Ländern nach der Gegenreformation[184]

Zur Übersicht sei dem Leser vor den Text die Tafel der österreichischen Regenten gesetzt, und zwar zum Anschluß an das bereits Geschilderte von Ferdinand III. an und der Vollständigkeit halber bis zu Franz Joseph, zeitlich also von 1637 bis 1916.

Die österreichischen Regenten von 1637 bis 1916.

1637–1657 Ferdinand III., zugleich Deutscher Kaiser.
1658–1705 Leopold I., ganz wie sein Vorgänger.
1705–1711 Joseph I.
1711–1740 Karl VI., der letzte Habsburger.
1740–1780 Maria Theresia, die letzte Habsburgerin.
  (1742–1745 Karl VII. von Bayern, Deutscher Kaiser.)
  (1745–1765 Franz I., Gemahl der Maria Theresia, Kaiser).
  (1765–1790 Joseph II., Sohn der Maria Theresia, Kaiser.)
1780–1790 Joseph II.
1790–1792 Leopold II.
1792–1835 Franz I. (als Römischer Kaiser: Franz II, bis 1806)
1835–1848 Ferdinand I. (als österreichischer Kaiser).
1848–1916 Franz Joseph I. (als österreichischer Kaiser).

Es war der ausgesprochene Wille der beiden Kaiser, Ferdinands II. und Ferdinands III., gewesen, keinen Untertanen in ihren Ländern zu dulden, der nicht ihres Glaubens sei. Scheinbar hatten sie dieses Ziel beim Abschluß der Gegenreformation erreicht, abgesehen von den wenigen evangelischen Adelsherren in Niederösterreich. Aber es war doch nur scheinbar. Denn so viele auch aus dem Lande wegzogen und so viele sich aus äußeren oder inneren Gründen wirklich zum Katholizismus bekehrten, es blieben doch noch viele übrig, die sich zwar äußerlich der Gewalt gebeugt hatten, die jedoch im Innern überzeugte Protestanten blieben. Zunächst durften ja manche im Lande bleiben, auch wenn sie sich ganz offen zum evangelischen Glauben bekannten; das waren die evangelischen Frauen katholischer Männer, das waren weiter alte, schwache und gebrechliche Leute evangelischen Glaubens. Arme Leute, die gar nichts besaßen, die man also auch nicht an ihrem Vermögen strafen konnte — längere Freiheitsstrafen waren überhaupt nicht üblich —, scheint man ebenfalls gern übergangen zu haben. In diesem Sinne finden wir öfters Kirchenbuch-Einträge in Österreich, wie z. B. im Totenbuch zu Vorderweißenbach 1672: Igelspöck Sara, una mendica (eine Bettlerin); 1684: Marhoffer Sara, uxor lutherana (lutherische Ehefrau);

---

[184] Vgl. Mecenseffy: Protestantismus, S. 186 ff.

Oellingerin Sara, lutherana; 1688: sepulta mendica uxor des alten Illus (begraben als Weib des alten Illus, eine Bettlerin) u. a.

Vielfach verwehrte man solchen „ketzerischen" Personen eine Begräbnisstätte auf dem zur Pfarrei gehörigen Friedhofe, über den der katholische Geistliche allein zu verfügen hatte. Es blieb dann den Angehörigen nichts anderes übrig, als ihre Toten daheim im Garten oder sonst an einem geeigneten Orte beizusetzen. So lesen wir z. B. im Totenbuch zu Vorderweißenbach von 1664: Maria Hametnerin, haeretica in Brunwald, ibidem sepulta (daselbst, also in Brunnwald, begraben). Oder im Totenbuch der Pfarrei Zwettl im Mühlviertel: 1661: Susanna Schwingenkrug, acatholica, fuit sepulta in suo horto (eine Unkatholische, wurde begraben in ihrem Garten); 1664: uxor des Simon Kahr aus der Samstraß, acatholica, fuit sepulta domi (das Weib des Simon Kahr wurde zuhause begraben); und so noch öfter.

Um solche Übelstände abzustellen, wurde unter Kaiser Ferdinand III. und in der Folgezeit den Protestanten gestattet, sich eigene Friedhöfe anzulegen, so daß es nunmehr in Österreich evangelische Friedhöfe gab. So entstand z. B. für den großen Markt Gresten 1658 ein evangelischer Friedhof, dessen Ort heute allerdings nicht mehr bekannt ist. Er wurde noch 1693 benützt, wo ein armer Bettelmann „auf dem lutherischen Gottsacker" laut Kirchenbuch beerdigt wurde.[185]

Was die Gruppe der alten, gebrechlichen sowie der mit einem katholischen Mann verheirateten Evangelischen betrifft, so starb diese von selbst nach einer gewissen Zeit aus. Dagegen blieb noch die große Zahl der heimlichen Protestanten. Sie suchten im Verborgenen ihren Glauben weiter zu pflegen und zu erhalten, wenn man ihnen schon das öffentliche Bekenntnis verwehrte. Dazu diente das schon früher so oft geübte „Auslaufen" in evangelische Orte, um dort Gottesdienste mitzumachen, zu beichten und zu kommunizieren. Für Oberösterreich kamen hierzu die mitten im bayrischen Gebiet gelegene Grafschaft Ortenburg und die Reichsstadt Regensburg in Betracht, für Unterösterreich das benachbarte Ungarn. Allein dieses Auslaufen war nicht nur mit vielen Beschwerden verbunden, sondern es gab auch zu viele Aufpasser im Lande wie an der Grenze, als daß dies hätte unbemerkt bleiben können. Es geschah allzu leicht wie 1630, wo der Pfleger von Frankenburg dreizehn solche Kirchfahrer auf der Rückkehr verhaften ließ und sie mit Arrest bestrafte. So blieb in der Hauptsache nur die zweite Möglichkeit, nämlich das Lesen evangelischer Bücher, der Bibel, des Katechismus, der Predigtbücher usw. Allerdings konnte auch das nicht ohne Gefahr geschehen; denn fortgesetzt schlichen Gerichtsdiener und Kapläne im Lande umher, suchten die Leute beim Lesen zu überraschen und durchstöberten die Häuser in allen Winkeln nach solchen Büchern. Wo sie etwas fanden, wurden die Bücher unbarmherzig weggenommen und verbrannt, die Leute überdies mit Geld oder Arrest bestraft. Da erforderte es schon viel Geschick, die Bücher vor den Augen der Späher so zu verstecken, daß sie nicht gefunden werden konnten. Man benützte etwa verborgene Nischen in den Mauern oder legte doppelte Wände

---

[185] Seefried: Gresten, S. 125.

oder doppelte Fußböden an; man höhlte Balken dazu aus oder dicke Holzstücke auf dem Holzstoß; man verbarg die Bücher im Walde oder im Garten, in trockenen Fels- oder Erdhöhlen, auch wohl unter hohen Reisighaufen. In Gmunden gebrauchte ein Mann eine sorgfältig gedeckte Nische hinter der Türe, die man bei offener Türe nicht sehen konnte; in der Viechtau legte man die Bücher unter die Futterkrippe einer störrischen Kuh, die niemanden zuließ; anderwärts versteckte man sie auf dem hinteren Heuboden, vor dem lose Bretter lagen, durch die ein Uneingeweihter beim Betreten nach unten abstürzen mußte; in Leopoldschlag barg man die Büchertruhe unter der Dreschtenne, in Steinbühl im Blasebalg eines Schmiedes; in Obertraun ruhte eine Bibel ein halbes Jahr lang in einem fest verpichten Fäßchen im Hallstätter- see. Als eine Frau gerade beim Brotbacken über dem Lesen der Bibel überrascht wurde, schlug sie diese kurz entschlossen in Teig ein und schob diesen in den Back- ofen; die Bibel ist noch vorhanden, wenn auch durch die Hitze des Ofens beschädigt.

In solcher Weise mußten sich die Leute behelfen, um ihren evangelischen Glauben durch Not und Verfolgung hindurchzuretten. Aber es war doch nur ein Notbehelf, der nur über eine kürzere oder längere Zeit hinweghalf. Es war ein Feuer, das nicht hellauf brennen durfte, das darum nur still fortglimmen konnte und immer in der Gefahr des Auslöschens stand. Und es löschte eben doch mit der Zeit aus. Die heran- wachsenden Kinder konnten vielleicht noch unter dem Schein dieses Lichtes erhalten werden; aber die Enkel und mehr noch die Urenkel mußten in der rein katholischen Umgebung mit dem recht sichtbaren katholischen Kultus, mit dem religiösen Unter- richt in den katholischen Schulen und bei den Geistlichen mehr und mehr ihres evan- gelischen Bewußtseins entwöhnt und gut katholisch werden. So konnte es gesche- hen, daß z. B. in dem einst so entschieden auf dem evangelischen Glauben stehenden Mühlviertel schon verhältnismäßig bald die Erinnerung an die Vergangenheit ver- blaßte, so sehr, daß man hundert Jahre später evangelische Kinder, die man katho- lisch erziehen lassen wollte, dorthin verbrachte. Nur der Markt Gallneukirchen machte hier eine Ausnahme.

Aber nicht überall ging es so. Es gab Orte und ganze Gegenden, wo man den glim- menden Funken treu zu bewahren wußte. Gegen sie richtete sich darum immer wie- der der Verfolgungseifer, sobald ihre Glaubensstellung bekannt wurde, sei es durch die Auffindung evangelischer Bücher oder sonst durch ihr Verhalten. Besonders in den Alpenländern kam das nicht selten vor, weil dort sich das evangelische Bekennt- nis am treuesten hielt. Die Suche nach „lutherischen" Büchern ging ja durch die ganze Folgezeit fort. So wurden z. B. im Khevenhüllerschen Herrschaftsgebiet im Attergau 1717/18 noch 175 Bücher bei 123 Untertanen gefunden. Außer den verbo- tenen Büchern waren es noch verbotene Speisen, denen die Spürnasen nachgingen. Verbotene Speise war in erster Linie Fleisch an Fasttagen. Wer in der Fastenzeit oder an einem Freitag bei der Zubereitung oder gar beim Verzehr einer Fleischspeise überrascht wurde, machte sich damit als heimlich Evangelischer verdächtig und hatte unter Umständen sogar eine Geldstrafe zu gewärtigen.

Im Jahre 1712 waren aus dem Salzkammergut noch siebzig Personen, ganze Familien und Jünglinge nach Nürnberg ausgewandert, um dem fortlaufenden Gewissenszwang zu entgehen. Die in ihrer Heimat verbliebenen Evangelischen, meist Salinen- und Holzarbeiter, wandten sich nun 1731 an das Corpus Evangelicorum, d. h. an die zu Regensburg tagenden evangelischen Reichsstände, und baten, ihnen bei dem Kaiser Karl VI. Religionsfreiheit oder doch Duldung ihrer Religionsübung zu vermitteln. Der Schritt wurde ihnen sehr verübelt, gleich als ob sie ein großes Unrecht begangen hätten. Als der Kaiser eine Erhebung über die Zahl der dortigen Protestanten anordnete, ergab sich die erstaunlich hohe Zahl von 1200 Personen, nachdem der Salzamtmann Graf von Seeau freie Auswanderung zugesagt hatte. Alle Bekehrungsversuche an diesen neuerdings registrierten Protestanten blieb erfolglos. Als sie dann in das Reich auswandern wollten, verweigerte ihnen dies Kaiser Karl VI. entgegen der Bestimmung des Westfälischen Friedens und gestattete nur eine Ausreise nach Ungarn und Siebenbürgen. Es kam infolgedessen zu Unruhen, die aber mit Militärgewalt niedergehalten wurden. Wer nur erklärte, wieder katholisch werden zu wollen, durfte in der Heimat bleiben; die Halsstarrigen wurden mit Gewalt auf Schiffe gebracht und nach Siebenbürgen transportiert, im ganzen 362 Personen.[186] Aber auch dadurch war die evangelische Lehre im Salzkammergut nicht ausgerottet worden. Über die Geschichte des ersten Transportes siehe nachfolgende „Bilder"!

Viel heftiger, allgemeiner und ausdauernder war die Verfolgung der Protestanten unter der Kaiserin Maria Theresia, von deren mütterlichem Herzen dabei nichts zu merken war. Sie war „streng katholisch fromm und scheute jeden Schlag gegen das katholische Kirchenrecht ebenso wie jeden Konflikt gegen das Papsttum"[187]. Den Akatholiken gegenüber hat sie die Praxis des alten Österreichs kaum verlassen. Die Protestanten waren nach wie vor in den österreichisch-böhmischen Ländern so gut wie rechtlos; von allen Beamtungen, vom Erwerb von Grundbesitz, vom Bürger- und Meisterrecht waren sie ausgeschlossen. Den Gedanken der Toleranz hat sie unbedingt abgelehnt. Es blieben die Religionskommissionen in Tätigkeit, die von Staats wegen durch Missionen und weltliche Gewaltmaßregeln für die Reinheit und Alleinherrschaft der katholischen Religion zu sorgen hatten. Noch das Religionspatent von 1778 ließ die alten Bestimmungen in Kraft, wonach der Besitz lutherischer Bücher mit Arrest und Strafarbeit, im Wiederholungsfall mit Zuchthaus bestraft, hartnäckige Ketzer aber nach Siebenbürgen und auf entlegene Kameralherrschaften Ungarns abgeschoben werden sollten. Diese „Transmigrationen" trafen noch in den siebziger Jahren tatsächlich Protestanten, die in Innerösterreich und Mähren hervortraten.[188] Nur mit Mühe hatten Joseph und Kaunitz[189] noch härtere

---

[186] Buchinger (Landler) bringt genaue Zahlen und Listen zu den Transmigrations-Transporten aus dem Land ob der Enns, Steiermark, Kärnten und dem Salzkammergut. Für das letztere sind 624 Personen nachweisbar.
[187] PRE Bd. 9, S. 367 (Karl Müller).
[188] Vgl. Mecenseffy: Protestantismus; S. 198 ff.
[189] Anton Wenzel von Kaunitz-Rietberg (1711–1794), österreichischer Staatskanzler seit 1753.

Maßregeln abgewandt. In Siebenbürgen wurde im Widerspruch mit allen verbürgten Rechten 1751 und 1768 die „Apostasie" vom Katholizismus zum Protestantismus mit schweren Strafen bedroht und verfolgt.[190]

Maria Theresias Religionsverfolgungen begannen acht Jahre nach ihrer Thronbesteigung und endeten nicht vor ihrem Tod, also 1748 bis 1780. Sie setzte auf jedes aufgefundene evangelische Buch eine Strafe von drei Gulden, wovon der Anzeiger ein Drittel erhielt. Sie bestimmte weiter eine eigene Kommission zur Behandlung und Aburteilung der Irrgläubigen, und daneben vier Missionsabteilungen, um die Lutheraner ausfindig zu machen. Die Verdächtigen wurden vorgeladen, scharf examiniert und, wenn sie das katholische Glaubensbekenntnis nicht öffentlich in der Kirche ablegen wollten, verhaftet, nach Linz transportiert und so lange eingesperrt, bis ein größerer Transport nach Siebenbürgen beisammen war. Besonders rührig zeigten sich dabei die Jesuiten von Traunkirchen bezüglich ihres Herrschaftsgebietes, auch das Kloster Lambach und die Herrschaft Puchheim. Von 1752 bis 1762 wurden auf diese Weise 206 Personen deportiert[191]. Herzergreifendes spielte sich bei diesen Transporten ab, zumal wenn die Kinder von ihren Eltern mit roher Gewalt weggerissen wurden, um sie in katholische Erziehung zu geben.

Es ist behauptet worden, daß die Deportierten es in Siebenbürgen ganz gut getroffen hätten, wie Briefe derselben bekunden. Aber das gilt nur von einem Teil derselben und nicht z. B. von den Armen und Mittellosen, und bezieht sich vor allem auf die gastfreundliche Aufnahme durch die Deutschen im dortigen Lande. Ein an Kaiser Karl VI. gerichtetes Dankschreiben ist offensichtlich unter dem Druck des kaiserlichen Kommissärs abgefaßt und darum ohne Beweiskraft. Man kann daraus nur entnehmen, daß man in Wien doch die öffentliche Meinung im Deutschen Reiche scheute, weshalb man ja auch die Evangelischen nicht in das Reich auswandern ließ, sondern sie zwangsweise in das weit entlegene Siebenbürger Land verschaffte.[192] Dort waren sie durch das weite ungarische Land völlig von ihrer Heimat abgeschlossen, im Gegensatz zu den früher nach Franken und Schwaben Ausgewanderten, die nicht unschwer über Regensburg mit der alten Heimat noch eine gewisse Verbindung aufrecht erhalten konnten. Gern wurden dazu die Linzer Märkte benützt, wohin stets viel Volk von nah und fern zusammenströmte. Wie wenig die österreichische Regierung von menschenfreundlichen Gedanken sich bestimmen ließ, beweisen die nachfolgenden Bilder aus dieser Zeit der Glaubensverfolgung.

„Die Bäuerin Pühringer auf dem Alexandergute zu Hag bei Wallern (Traunviertel), welche sich an einem Donnerstag in der Fasten eine Leber gekocht hatte, wurde

---

[190] PRE Bd. 9, S. 368 f. (Karl Müller).
[191] Namen bei Strnadt: Bauernkrieg, S. 134 ff. Genauere Zahlen bei Buchinger: Landler; es fanden insgesamt 17 Transporte statt mit 2042 Personen aus dem Ländlein ob der Enns (S. 239), 851 aus Kärnten (S. 314) sowie 188 aus der Steiermark (S. 335).
[192] Der wahre Grund dafür, daß die Transmigrationen innerhalb des halbsburgischen Herrschaftsgebietes stattfanden, war allerdings nicht das schlechte Gewissen der Herrscherin, sondern lag bei den inzwischen herrschenden merkantilistischen und kameralistischen Wirtschaftsüberlegungen, denen an einer Abwanderung wertvoller Arbeitskräfte ins ‚Ausland' nicht gelegen sein konnte.

als Protestantin erkannt und arrestiert; im Gefängnis zu Kremsegg bei Kremsmünster wurde sie von einem Söhnlein (Joseph Pühringer) entbunden. Neun Wochen nach ihrer Entbindung wurde sie zu Wasser fortgebracht. Als das Schiff vom Lande stieß, riß ihr noch ein Gerichtsdiener das Kind von der Brust. Einige Jahre später gelang es ihr, nach Oberösterreich zu entkommen und unerkannt ihre Kinder wieder zu sehen."[193]

Am 7. Juli 1734 wurde der erste große Transport nach Siebenbürgen in Linz auf Schiffe verladen. „Evangelische sind es aus den Gegenden von Hallstatt, Goisern, Laufen und Ischl, die man hier nach Linz zusammengebracht hat, um sie nach Ungarn und Siebenbürgen zu verpflanzen, denn nur dort will ihnen kaiserliche Gnade verstatten, ihres Glaubens frei leben zu dürfen. Ein heiliger Ernst liegt auf allen Mienen und auch das Mannesauge schämt sich der Tränen nicht in solcher Stunde. Die Taue, die die Fahrzeuge noch am Strande halten, sind das einzige Band, das die Scheidenden noch an die Heimat fesselt, alle andern sind mit bitterm Weh gelöst worden. Warum zögert das Kommandowort noch? Da plötzlich entsteht ein Bewegen und Drängen, die Menge am Ufer wird geteilt, Soldaten betreten die Schiffe und rufen den Auswanderern zu: Wir haben Befehl, eure Kinder zurückzuhalten, damit sie im katholischen Glauben erzogen werden. Einen Augenblick erstarrt allen das Herzblut – dann bricht der Mütter namenloser Schmerz in den Jammerruf aus: „Aber unsere Kinder können wir doch nicht lassen!" Und die Antwort ist kurz: „Nun denn, so laßt euren Glauben!" „Aber unseren Glauben können wir nicht lassen!" gibt der Chor zurück. Minutenlang schwankt in dumpfem Schweigen der furchtbare Seelenkampf herüber und hinüber. Mit einem Male schwebt aus ihrer Mitte, wie von Geistermund angestimmt, ein wunderbarer Sang empor. Das Sturm- und Siegeslied der evangelischen Kirche „Ein feste Burg ist unser Gott" braust dahin und immer höher und gewaltiger schwillt die Flut der Töne ihnen ums Herz, und als sie am Schlusse singen:

> Nehmen sie den Leib, Gut, Ehr, Kind und Weib:
> Laß fahren dahin; sie habens kein Gewinn,
> Das Reich muß uns doch bleiben!

Da haben die Geister dieses Liedes sie zum schwersten gestärkt – noch einmal küssen die Mütter ihre Kleinen, dann reichen sie ihre letzte süße Habe den Soldaten hin und, als fürchteten sie, das furchtbare Opfer könne sie gereuen, rufen die Väter: „Stoßt ab in Gottes Namen!"[194]

„Am allerbedauernswertesten war das Schicksal, welches den Josef Stadlhuber, einen gebürtigen Laakirchner, traf, der mit seiner Ehefrau Magdalena, einer Bergbauerntochter, auf dem Höllergute am Weg wirtschaftete; er wurde, weil er nicht vom evangelischen Glauben, in welchem ihn seine Eltern erzogen hatten, lassen

---

[193] Strnadt: Bauernkrieg, S. 160 f.
[194] Koch: Luther und das Landl, S. 26 f.

wollte, im Jahre 1754 nach Siebenbürgen verschickt; sein katholisches Weib und seine drei Kinder blieben zurück, ein viertes wurde erst einige Monate nach seiner Transportierung geboren. In Hermannstadt brachte er sich mit Krautschneiden, Bauern- und Taglöhnerarbeit fort. Nach zwanzig Jahren wollte er endlich wieder sein Weib und seine Kinder sehen, machte sich mit seinen geringen Ersparnissen auf den Weg in die Heimat, wurde aber nahe am Ziele bei der Polstermühle vom Gerichtsdiener von Orth angehalten und eingesperrt. Im Schlosse Orth saß er nun, ohne nach menschlichen Begriffen das Mindeste verbrochen zu haben, vom 22. September 1774 bis zum 26. Mai 1775. Der Pfleger erstattete von seiner heimatlichen Rückkehr allerhöchsten Ortes Bericht. Die Kaiserin (Maria Theresia) verordnete am 29. April 1775, daß Joseph Stadlhuber, weil er in seinem Irrglauben immer verharrt und davon nicht abzubringen ist, nochmals nach Siebenbürgen zurückzubringen und ihm zu bedeuten sei, daß er, wenn er in seinem vorigen Irrtum beharre und nochmals zurückkehren solle, gegen ihn mit der gewöhnlichen Strafe vorgegangen werden würde. So geschah es auch, er wurde zum Weitertransporte am 26. Mai in den Wasserturm nach Linz geschickt; seine Ersparnisse von 108 fl. 12 kr. wurden verwechselt, hiervon die Kosten seiner Verpflegung mit Nebengebühren bestritten, wonach der kleine Rest von 36 fl. 55 kr. verblieb, welcher für ihn nach Siebenbürgen geschickt wurde."[195]

Endlich schlug die Befreiungsstunde für die Evangelischen in ganz Österreich, als die letzte Habsburgerin, die Kaiserin Maria Theresia, am 29. November 1780 starb. Ihr Sohn, der erste Lothringer, Kaiser Joseph II., begann rasch mit dem alten Schutt in Österreich aufzuräumen. Er stellte die Missionen ab, hob die Kommissionen in Religionssachen auf, verbot die Verhängung von Geldstrafen in Glaubensdingen und die Wegnahme von Büchern usw. Am 11. Oktober 1781 endlich erließ er das sogenannte Toleranzpatent, worin den Protestanten die Religionsübung freigegeben wurde.[196] Auch die Verbannten durften 1783 wieder zurückkehren, soweit sie nicht in der Fremde an Krankheit oder Heimweh gestorben waren.

Damit war das schreiendste Unrecht an den Evangelischen endlich beseitigt. Nicht als ob sie jetzt schon den Katholischen gleichgestellt worden wären; daran fehlte noch viel. Aber sie durften doch von nun an frei ihres Glaubens leben. Und nun kam es erst zutage, wie viele Evangelische es noch im Lande gab. Von allen Seiten meldeten sie sich als bisher „heimliche Protestanten", die sich jetzt offen zur lutherischen Lehre bekennen wollten. Besonders in den Alpenländern, aber auch in den Städten des flachen Landes bildeten sich bald blühende Gemeinden, evangelische Bethäuser und Schulen entstanden, evangelische Geistliche und Lehrer konnten berufen werden. Eine evangelische Kirche war innerhalb Österreich im Entstehen begriffen.

[195] Strnadt: Bauernkrieg, S. 123.
[196] Vgl. Mecenseffy: Protestantismus, S. 208 ff.

9. Reformation und Gegenreformation im Salzburger Lande[197]

Obwohl das Hochstift Salzburg nicht zu den österreichischen Ländern gehörte, soll es an dieser Stelle doch auch behandelt werden, weil es eben doch in vielfacher Beziehung zu Österreich stand, weil es weiter in Innerösterreich größeren Besitz hatte, und weil die dortigen Bischöfe von Lavant und Seckau Suffragane des Salzburger Erzbischofs waren, endlich weil der Volksmund in Franken gern auch die aus den österreichischen Ländern eingewanderten Exulanten als „Salzburger" bezeichnet, obwohl aus dem Salzburger Gebiet nur verhältnismäßig wenige sich bei uns niedergelassen haben.

Als von Wittenberg 1517 die evangelische Bewegung ausging, saß auf dem erzbischöflichen Stuhl von Salzburg Matthäus Lang[198]. Er war Humanist und hatte als solcher wenig Sinn für theologische Fragen. Aber er war auch Landesfürst, der keine Unzufriedenheit unter seinem Volke wünschte und der darum nicht ohne weiteres auf die päpstlichen Forderungen einging. Das brachte ihn in den Verdacht, als ob er selbst zur Reformation hinneige, wovon er aber in Wirklichkeit weit entfernt war. Als Paul Speratus[199] in Salzburg evangelisch predigte und ziemlich Anhang gewann, ließ ihn Lang anfangs 1520 ausweisen, worauf sich dieser nach Wien begab. Auch die Berufung des Dr. Johann von Staupitz[200] als Stiftsprediger nach Salzburg blieb ohne Bedeutung, da dieser sanfte, innig fromme Mann zwar zu Luther sich neigte, aber nicht den Mut und den Willen aufbrachte, mit der alten Kirche zu brechen; er starb auch schon 1524.

Ende März 1522 erließ Lang sein erstes Religionsmandat. Dieses richtete sich nur an seine Geistlichen, bei denen er die Abstellung der alten Klagen forderte: Vernachlässigung des Breviergebetes, Tragen weltlicher Kleidung und Waffen, Trunk und Wirtshausbesuch, Ausschank von Getränken in den Pfarrhäusern, Handelsgeschäfte, Geldforderung für die Spendung der Sakramente, Halten von Konkubinen, Kinder derselben und des Pfarrers im Hause, ungebildete Vikare in Vertretung abwesender Geistlicher, Verfall von Kirchen und Pfarrhöfen usw. Hier wollte Lang eine höchst notwendige Reformation durchführen. Von Luther war keine Rede; es wurde nur das Predigen von Unberechtigten verboten und zugleich die Mahnung an die Priester gerichtet, das Wort Gottes lauter und behutsam nach der Lehre der Kirche zu verkündigen. Etwas Durchgreifenderes geschah daraufhin im Salzburger Lande nicht.

---

[197] Vgl. Loesche: Protestantismus, S. 274 ff.; Mecenseffy: Protestantismus, S. 190 ff.; Florey: Bischöfe, Ketzer, Emigranten; Florey: Salzburger Protestanten; AK Reformation – Emigration; Marsch: Salzburger Emigration; die aktuelle Forschungslage mit oft differenzierteren Wertungen bei Dopsch/Spatzenegger: Salzburg Bd. II/1.

[198] Lang (1468–1540) war bis 1519 nur Koadjutor des Erzbistums und erst ab dieser Zeit Erzbischof von Salzburg. Vgl. LThK Bd. 6, Sp. 783 (Josef Wodka); Dopsch/Spatzenegger: Salzburg II/1, S. 11 ff.

[199] Speratus (1484–1551) hielt sich bis 1517/18 als Prediger in Salzburg auf. Vgl. auch oben Anm. 37.

[200] Staupitz (um 1468–1524) war seit 1520 Domprediger in Salzburg. Vgl. LThK Bd. 9, Sp. 1026 (Reinoud Weijenborg); RGG Bd. 6, Sp. 342 f. (Ernst Wolf).

Erst im Juli 1523 erging ein strenges Mandat gegen die lutherischen Bücher. Es wurde auch der Augustiner Stephan Agricola (Kastenbauer), der in Rattenberg evangelisch predigte, gefangen gesetzt, nachdem schon 1522 ein anderer Prediger, Jakob Stauß, in Hall des Landes verwiesen worden war. Der Gesellprediger Wolfgang Ruß in Neuötting wurde nach Salzburg vorgeladen, floh aber in seine Heimatstadt Ulm. Doch ging man gegen die Anhänger der Reformation nicht schärfer vor, weil man offenbar die Stimmung des Volkes fürchtete. Ein neues scharfes Mandat mit Androhung von Kerker und Tod konnte nicht wirksam werden, weil der Bauernkrieg 1525 dazwischenkam. Erst nach 1526 ging man schärfer vor, indem man Priester degradierte, die sich zur Lehre Luthers bekannten, und indem man die Sekte der Wiedertäufer hart verfolgte. Die weiteren Versuche Langs, dem immer weiter um sich greifenden Luthertum Einhalt zu tun, erzielten keinen Erfolg, was eine steigende Verbitterung Langs zur Folge hatte. Am 15. April 1531 stellt er den Lutheranern eine Frist zur Unterwerfung, aber die Leute unterwarfen sich nur äußerlich, wenn auch teilweise mit einer Beschwerung ihres Gewissens. Aus solcher Gewissensnot heraus schrieb Martin Lodinger aus Gastein eine Brief an Luther, der ihm aber nur den Rat geben konnte, auszuwandern (1532). Lodinger tat dies und gab dann ein Trostschreiben an seine „Brüder in Christo im Stift Salzburg" heraus, worin er ihnen den gleichen Rat erteilte.

Am 30. März 1540 starb Lang. Seine gegenreformatorischen Bemühungen waren wenig erfolgreich, doch hat er den offenen Abfall zum Luthertum in seinem Lande verhindert. Der Adel hielt sich anscheinend von der Bewegung fern, besaß auch wenig Einfluß und vor allem keine Hoheitsrechte auf seinen Gütern; die Bürgerschaft in den Städten und Märkten war allzu abhängig und in Salzburg selbst eingeschüchtert. Nur in den Bergwerksdistrikten traf der Protestantismus ungescheuter und offener hervor. Von seinem Nachfolger, Erzbischof Ernst von Bayern[201], einem eifrigen Gegner der Protestanten, der sich ganz von einem Jesuiten beraten ließ, ist nur zu sagen, daß er acht evangelisch gewordene Pfarrer aus Niederösterreich, die ihm König Ferdinand 1551 zugeschickt hatte, so lange auf Hohensalzburg gefangen hielt, bis sie sich zum Widerruf bereit finden ließen. Einer von diesen, Simon Gerengel[202], zog dann mit Mutter, Weib und Kind nach Rothenburg o. T., wo er weiter seinem evangelischen Glauben gemäß lebte.

Unter dem Erzbischof Michael[203] (1554—1560) mußte eine angeordnete Visitation feststellen, daß fast das ganze Land dem Katholizismus entfremdet war. Überall forderte man den Laienkelch. Selbst im bayrischen Anteil des Salzburger Sprengels stand es nicht viel besser. Der nächste Erzbischof, Johann Jakob[204] (1560—1586),

---

[201] Ernst von Bayern (1500—1560), Bischof von Passau 1517—1540, administrierte das Erzbistum von 1540 bis zu seiner Abdankung 1554. Vgl. Dopsch/Spatzenegger: Salzburg II/1, S. 111 ff.
[202] Zu dem ursprünglich aus Niederösterreich stammenden Gerengel († 1570/71) vgl. Paul Schattenmann: Simon Gerengel, Ein Exulantenschicksal, in: ZbKiG 11 (1936), S. 148 ff.
[203] Michael Graf von Kuenburg (1514—1560); vgl. Dopsch/Spatzenegger: Salzburg II/1, S. 125 ff.
[204] Johann Jacob von Kuen-Belasy († 1586); vgl. Dopsch/Spatzenegger: Salzburg II/1, S. 167 ff.

gewährte seinem Lande den Laienkelch mit Zustimmung des Papstes, was allerdings nur kurze Zeit währte. Dagegen gingen schärfste Mandate aus gegen die „gefährlichen Bücher", gegen „die deutsche Schule" u. a. Wer das Sakrament nicht unter einer Gestalt empfangen wollte, sollte mit Landesverweisung bestraft werden und im Tode kein kirchliches Begräbnis erhalten. 1580 errichtete er ein Priesterseminar, um dem ungeheuren Mangel an tauglichen Priestern abzuhelfen.

Wolf Dietrich von Raitenau[205] war ein Zögling des Collegium Germanicum in Rom und hatte vom Papst den Auftrag zu schärfstem Vorgehen gegen die „Ketzer" erhalten. Er ließ auch alsbald 1588 das Mandat ausgehen: Wer nicht zur alleinseligmachenden katholischen Religion zurückkehrt, hat die Stadt und das Erzstift zu räumen; sein Haus und Gut hat er zu verkaufen oder zu verpachten, aber nur an Katholiken; das Bürgerrecht der Ausgewanderten ist verwirkt, Geschäfte dürfen sie nur durch Katholiken abwickeln, Vormundschaften sind abzugeben, alle Unmündigen aus „sektischen Orten" abzurufen; in vierzehn Tagen nach Abschluß der Geschäfte haben alle Stadt und Land zu verlassen. Infolge diese Befehls zog eine Anzahl meist der vermöglichsten und vornehmsten Bürger aus dem Lande fort und fand neue Sitze in Wels, Augsburg, Nürnberg und an anderen Orten. Aber gerade diese Erfahrung machte den Erzbischof stutzig; er wollte doch nicht die tüchtigsten und leistungsfähigsten Leute verlieren, wobei er nicht nur an die Bürger in den Städten, sondern vor allem auch an die Beamten und Knappen in den Bergwerken dachte. Die Hauptquelle seiner Einnahmen würde versiegen, wenn er in seinem Kampfe gegen die Protestanten so fortfahren würde. Darum erlaubte er den Gewerken in Gastein die Ausübung des lutherischen Bekenntnisses, sofern sie sich ruhig verhalten würden; auch die Arbeiter im Dürrnberger Salzwerk verfolgte er nicht weiter. Für andere Untertanen gab es freilich strenges Fastengebot u. a. Auch wurde der Katechismus des Jesuiten Canisius eifrig verteilt und sonst sehr für den katholischen Glauben geworben. Es war überhaupt je länger je mehr Wolf Dietrichs Bestreben, durch Belehrung seine Untertanen zur katholischen Kirche zurückzuführen. Deshalb berief er 1583 Kapuziner nach Salzburg und schickte Franziskaner nach Werfen; nur Jesuiten wollten weder er noch sein Domkapitel. Auch gründete er neue Seelsorgestellen und berief auswärtige Priester. Aber er war eine Herrschernatur; darum machte er sich immer mehr zum absoluten Fürsten, der die Stände, den Adel nicht mehr berief, der das Domkapitel beiseite schob, der in die Selbstverwaltung der Hauptstadt Salzburg eingriff, der die Steuern und Abgaben im Lande erhöhte, der auch vor Unstimmigkeiten mit dem Papste nicht zurückschreckte. So erweckte er allenthalben Unwillen und Abneigung. Als er vollends mit dem Nachbarlande Bayern uneins wurde, ging dieses mit dem Domkapitel zusammen, und beide suchten die Absetzung des Erzbischofs ins Werk zu setzen. Wolf Dietrich wollte sich dem durch die Flucht entzie-

---

[205] Raitenau (1559—1617), seit 1587 Salzburger Erzbischof, wurde 1612 vom eigenen Domkapitel und von Bayern zur Abdankung gezwungen. Vgl. ADB Bd. 43, S. 723 ff. (Mayr-Deisinger); Dopsch/Spatzenegger: Salzburg II/1, S. 173 ff.

hen, aber er wurde eingeholt und gefangen gesetzt (27. Oktober 1611). Zwar verzichtete er freiwillig auf seine Würde, aber man behielt ihn trotzdem in unwürdiger Gefangenschaft bis zu seinem Tode (16. Januar 1617).

Marx Sittich[206] (1612–1619) wandte wieder die altbekannten Methoden zur Unterdrückung des Protestantismus an: keine Beerdigung von Ketzern in geweihter Erde, Trennung von Mischehen, Geschäftsverbot für evangelische Handwerker, Verweisung aller Ungehorsamen aus dem Lande, bei Widerspenstigen Einquartierung und Gefängnis, Verbrennung der lutherischen Bücher. Besonders eingehend ließ er das Halten der Fastengebote beaufsichtigen; wehe jedem, in dessen Krauthafen sich am Freitag oder einem anderen Fasttage ein Stückchen Speck oder Fleisch befand, er mußte schwere Geldbuße zahlen. Massenhaft wurden Heiligenbilder, Rosenkränze und katholische Katechismen verteilt, und das Fronleichnamsfest auf das prächtigste gefeiert. Die meisten Auswanderer zogen nach Mähren; wenn sie in der Fremde starben, erhielten die Kinder das im Lande verbliebene Vermögen nur dann, wenn sie wiederkehrten und katholisch wurden. Der Nachfolger Sittichs, Paris Graf Lodron (1619–1653)[207] erneuerte zwar die strengen Mandate seiner Vorgänger, sah aber mit Rücksicht auf die gefahrvolle Zeit des Dreißigjährigen Krieges von Gewaltmitteln ab. Die Folge davon war, daß sich die evangelische Bewegung nur umso mehr festigte. Am meisten taten sich die Salzarbeiter auf dem Dürrnberg bei Hallein und die Bewohner des Defereggentales, eines Seitenarmes des Iseltales in Tirol, hervor.

Diesem für die Evangelischen günstigen Zustande machte der Erzbischof Max Gandolf[208] (1668–1687) ein Ende. Da eine von ihm zu den Defereggern entsandte Kapuzinermission 1684 nichts ausrichtete, gab er den strengen Befehl, die Rädelsführer in Eisen gefesselt nach Salzburg einzuliefern und weiterhin alle, die nicht binnen vier Wochen das katholische Glaubensbekenntnis ablegen würden, des Landes zu verweisen, wobei jedoch die Kinder unter fünfzehn Jahren zurückzubehalten seien. Dieser Befehl wurde am 7. November 1684 gegeben. Vergeblich baten die Bauern um Verschiebung des Termins in Anbetracht des nahenden Winters, vergebens auch um die Erlaubnis zur Mitnahme ihrer Kinder. Wohl nahmen die meisten ihre Kinder heimlich mit, aber sie wurden ihnen in Innsbruck mit Gewalt abgenommen, 278 an der Zahl. Da viele noch zurückgeblieben waren, erging am 7. Januar 1685 neuerdings die Aufforderung zur Räumung des Landes. Etwa eintausend Leute haben im ganzen den Wanderstab ergriffen. Größtenteils fanden sie in Württemberg eine freundliche Aufnahme. Gegen die völlig unberechtigte Zurückhaltung der Kinder protestierten die evangelischen Fürsten, vor allem der Kurfürst von Brandenburg. Doch erst 1691 erlaubte die Salzburger Regierung die Abholung der Kinder, aber nur unter der Bedingung, daß diese selbst sich zur Auswanderung bereit erklärten. Viele suchten

---

[206] Marcus Sitticus Graf von Hohenems (1574–1619); vgl. LThK Bd. 1, Sp. 378 (Ludwig Welti); Dopsch/Spatzenegger: Salzburg II/1, S. 188 ff.
[207] Zu Paris Graf Lodron (1586–1653) vgl. Dopsch/Spatzenegger: Salzburg II/1, S. 196 ff.
[208] Max Gandolf Graf von Kuenburg (1622–1687); vgl. Dopsch/Spatzenegger: Salzburg II/1, S. 227 ff.

daraufhin ihre Kinder heimlich abzuholen; wer jedoch dabei gefaßt wurde, hatte schwere Geldstrafe zu gewärtigen, ja etliche von ihnen wurden sogar nach Venedig als Galeerensträflinge verkauft.

Gleichzeitig ging Erzbischof Max Gandolf gegen die Dürrnberger Knappen vor. Dort wurden zwei führende Persönlichkeiten, Kammel[209] und Josef Schaitberger (Abb. 16)[210], gefänglich eingezogen. Als sie daraufhin 1686 ihre Güter verkauften, wurde das erlöste Geld gerichtlich zurückbehalten; schließlich erfolgte aber doch die Ausweisung aus dem Lande, wobei aber wieder die Kinder nicht mitziehen durften. Bis 1691 mußten so im ganzen sechzig bis siebzig Personen das Land verlassen. Ein Teil konnte sich in Nürnberg niederlassen, die übrigen fanden in Sachsen Bergwerksarbeit. Das geistige Haupt aller Ausgewanderten wie auch der noch im Salzburger Land Verbliebenen bildete fortan Josef Schaitberger in Nürnberg, der von dort seine weithin bekannten, auch in Franken vielgelesenen „Sendschreiben" ausgehen ließ. Am volkstümlichsten ist dieser Mann durch sein vielgesungenes Exulantenlied geworden:

> Ich bin a armer Exulant,
> A so tu i mi schreiba,
> Ma tuet mi aus dem Vaterland
> Um Gottes Wort vertreiba,
> usw.

Nach Max Gandolf bestiegen den erzbischöflichen Stuhl zwei mildgesinnte Männer, die keine unduldsamen Eiferer waren.[211] Die Evangelischen konnten zwar nur heimlich oder doch ganz in der Stille zusammenkommen oder daheim ihre Bibeln und Predigtbücher gebrauchen, da die alten Verbote noch fortbestanden; aber sie wurden nicht verfolgt oder hart bedrückt. Das wurde jedoch völlig anders, als im Jahre 1727 Leopold Freiherr von Firmian[212] zur Regierung kam. Er war nicht umsonst im Collegium Germanicum zu Rom ausgebildet worden und hatte schon als Welschtiroler keinerlei Verständnis für deutsch-evangelisches Empfinden. Es wird ihm der Ausspruch in den Mund gelegt, daß er die Ketzerei aus seinem Lande ausrotten wolle, und wenn „Dornen und Disteln auf den Äckern wachsen sollten". Seine rechte Hand war der gleichgesinnte Kanzler Rall[213], der ebenfalls aus dem Süden

---

[209] Matthias Kämbl; vgl. Dopsch/Spatzenegger: Salzburg II/1, S. 235.

[210] Schaitberger (1658–1733) war Vertreter einer dem Pietismus sehr nahestehenden Frömmigkeitsrichtung. Ursprünglich ein eher wohlhabender Bergknappe, mußte er sich nach seiner Emigration in Nürnberg als einfacher Arbeiter bei einem Drahtzieher und als Autor erbaulicher Schriften seinen Unterhalt verdienen. Auf das Selbstverständnis der späteren Salzburger Emigranten übte er eine kaum zu überschätzende Wirkung aus.

[211] Johann Ernst Graf von Thun (1643–1709, Erzbischof seit 1687) und Franz Anton Fürst von Harrach (1665–1727, Erzbischof seit 1709); vgl. Dopsch/Spatzenegger: Salzburg II/1, S. 235 ff.

[212] Leopold Anton Eleutherius Freiherr von Firmian (1679–1744). LThK Bd. 4, Sp. 143 (Maurus Schellhorn); neuere, abgewogene Bewertung bei Dopsch/Spatzenegger: Salzburg II/1, S. 256 ff.

[213] Der Welschtiroler Gerolamo Nicolo Antonio Christiani aus Rallo, Hofkanzler des Erzbischofs seit 1731; vgl. Dopsch/Spatzenegger: Salzburg II/1, S. 267, 283.

stammte, eine unheimliche, eifernde, verschlagene und grausame Natur. Den Anfang machte er mit der Berufung der Jesuiten in das Land. Diese fanden noch überall die Bekenner evangelischen Glaubens, sowohl unter den Bauern als unter den Bürgern in den Märkten. Luthers Lehre hatte sich von Geschlecht zu Geschlecht fortgeerbt durch die sorgsam aufbewahrten Bibeln und andere evangelische Bücher. Mit allen Mitteln geistlicher und weltlicher Gewalt ging nun der Erzbischof Firmian gegen die Lutheraner vor: Es wurden scheinbare Bekehrungen durch die List und die Ränke der Jesuiten erpreßt, man nahm die evangelischen Bücher fort und verbrannte sie, standhafte Protestanten wurden als Aufrührer und Empörer gebrandmarkt und oft lange eingekerkert in bösen Gefängnissen wie auf der hohen Veste über Salzburg und auf dem Schloß zu Werffen, unerschwingliche Geldstrafen wurden verhängt, die Arbeit in den Bergwerken und Werkstätten entzogen, Soldaten in die Häuser gelegt und schließlich wurden die in ihrem evangelischen Glauben Standhaften zur Auswanderung genötigt unter Zurücklassung der Habe und der Kinder. Aber alle diese Leiden stählten nur den Mut der armen Leute. Sie wandten sich bittend um Hilfe an die evangelischen Stände in Regensburg (Januar 1730 und öfter), allein Firmian ließ alle Vorstellungen derselben wegen Nichtbeachtung der Westfälischen Friedensbedingungen unberücksichtigt. Der Erzbischof und sein Kanzler verkündigten lediglich, daß durch eine Kommission die Sache der Evangelischen wohlwollend untersucht würde und daß sich hierzu alle in eine Liste eintragen sollten mit Angabe ihres Vermögens. Letzteres geschah auch, wobei freilich die führenden Herren ganz entsetzt waren, als sie aus den Listen über zwanzigtausend Namen ersehen mußten. Diese hohe Zahl drängte zur Entscheidung. Das fühlten auch die Evangelischen. Ihre Vertreter, etwa dreihundert an der Zahl, traten am 5. August 1731 im Marktflecken Schwarzach zusammen und schlossen feierlich einen Bund der Treue im evangelischen Glauben auf Leben und Tod. Dazu tauchte jeder die Schwurfinger in ein auf dem Tisch stehendes Salzfaß, führte das Salz zum Munde und schwur mit zum Himmel erhobener Rechten, bis in den Tod am evangelischen Glauben festzuhalten. Sie handelten so in Erinnerung an 2. Chron. 13,5, weshalb ihr Bund auch fortan den Namen „Salzbund" führte.

Das erste, was sie weiter beschlossen, war, eine Gesandtschaft an den Kaiser nach Wien zu schicken. Aber die einundzwanzig Abgeordneten wurden unterwegs festgenommen und nach Salzburg zurückgebracht, wo man sie als Aufrührer und Rebellen grausam behandelte. Vergebens erhoben die evangelischen Gesandten in Regensburg neue Vorstellungen gegen diese ungerechte Behandlung der Protestanten im Salzburger Lande. Vom Kaiser war natürlich keine Hilfe zu erwarten. Da wandten sich die evangelischen Gesandten an ihre Fürsten im Reiche mit der Bitte um deren Vermittlung. Unter diesen Fürsten war es vor allem der Preußenkönig Friedrich Wilhelm I.[214], der sofort eifrigst für die Sache der Bedrückten eintrat. Doch konnte auch

---

[214] Der ‚Soldatenkönig' Friedrich Wilhelm I. (1688–1740), hatte die Regierung seines Landes im Jahre 1713 ergriffen.

Abb. 14: Zeitgenössische Darstellung des ‚Auslaufens' niederösterreichischer Lutheraner zum Gottesdienst nach Hernals (bei Wien).

	1520	1530	1540	1550	1560	1570	1580	1590	1600	1610	1620	1630	1640	1650	1660
Niederösterreich	A (C)	B	B			E E F G	(H) F O——O		D	E	K M L			M	K H
Oberösterreich		A B (C)	B			E	O——O	G	D (H)	E	M H N L D K				
Steiermark	A B (D) (C)	B				E E F G (L)	O——O		H K						
Kärnten	A B (C)	B				E E G O F——O			H K			L			
Tirol	A D C——C														
Salzburg	A D C														
Ungarn nördlich (Burgenland) südlich	A (C)					G F	H				H M				G H

Abb. 15: Synchronoptische Übersicht über wichtige Ereignisse der Reformationsgeschichte in Österreich.

A erste Nachricht über evangelisches Gedankengut
B (wichtige) katholische Visitationen
C Täufer
D Bauernunruhen, Bauernkrieg
E Privilegisierung der Evangelischen (Stände)
F evangelische Kirchenordnungen (Agenden, Visitationen, Superintendenten)
G Beginn der Gegenreformation
H wichtige gegenreformatorische Maßnahmen
K Auswanderung
L Ausweisung
M Kriegshandlungen (vorzugsweise Dreißigjähriger Krieg)
N Verpfändung des Landes
O flacianische Prediger, Streit um die Erbsündenlehre
Buchstaben in Klammern kennzeichnen relative Geringfügigkeit

er zunächst nichts erreichen. Der Erzbischof erließ vielmehr am 31. Oktober 1731, dem Reformationsgedenktag der Evangelischen, das berüchtigte Emigrationspatent, wonach allen Evangelischen öffentlich befohlen wurde, das Land zu verlassen. Dieses Patent wurde auf ausdrückliche Weisung der Regierung am 11. November, Luthers Tauftag, im ganzen Lande bekanntgegeben. Dabei wurde die Behauptung aufgestellt, die Protestanten hätten sich als Rebellen und Friedensstörer erwiesen, weshalb sie der Wohltaten des Westfälischen Friedens nicht teilhaftig seien. Alle nicht fest angesessenen Personen, Dienstboten, Taglöhner, Berg-, Hütten- und Forstarbeiter sollten deshalb sofort ohne Löhnung binnen acht Tagen das Land räumen. Bürger und Handwerker sollten ihres Bürger- und Meisterrechtes verlustig sein; sie sowie alle angesessenen Personen, also auch die Bauern, hätten binnen einer Frist von ein bis drei Monaten ihre Güter und Häuser zu verkaufen und dann abzuziehen (Abb. 17). Bitten um Verlängerung der Termine, um Zuwarten über den Winter hinweg hatten zwar einigen Erfolg, aber inzwischen wurden die Leute von Soldaten, Gerichtsdienern und Priestern so geplagt und verfolgt, daß ein großer Teil doch schon mitten im Winter das Land verließ. Sie hatten nunmehr ja auch die Gewißheit erlangt, daß sie nicht ziellos in die Welt hinausziehen müßten; der König von Preußen hatte ihnen die Zusicherung gegeben, daß sie alle in seinem Territorium Aufnahme finden würden. Auch der bekannte Geistliche Urlsperger[215] in Augsburg, der weithin Verbindungen hatte, nahm sich ihrer fürsorgend an. So konnte denn ein Emigrantenzug nach dem anderen aus Salzburg fortziehen, über Schwaben, Thüringen und Sachsen, zum weitaus größten Teil nach Ostpreußen, wo ihnen eine neue Heimat angewiesen wurde; nur kleinere Teile wandten sich nach Holland und Nordamerika. Die Gesamtzahl aller ausgewanderten Salzburger wird mit zwanzig- bis dreißigtausend angegeben.

---

[215] M. Samuel Urlsperger (1685–1772), seit 1723 Pfarrer zu St. Anna und Senior Ministerii.

Die Einwanderung der Exulanten in Franken und Schwaben

1. Zeit der Wanderung, Zahl der Exulanten

Die Auswanderung aus den österreichischen Ländern setzte um das Jahr 1598 ein und währte etwa bis zum Jahre 1668, also rund siebzig Jahre. Vereinzelte Fälle kamen auch schon vorher vor und sind auch nach 1668 noch zu verzeichnen, aber der Hauptstrom beschränkte sich auf die genannte Zeit. Auch da floß er nicht gleichmäßig, sondern wurde bald stärker, bald schwächer, setzte mitunter einige Jahre fast ganz aus, um hernach um so kräftiger wieder hervorzubrechen.[216]

Um 1598 waren es die Bauernunruhen in Ober- und Niederösterreich, die ein schärferes Vorgehen gegen die Evangelischen durch Kaiser Rudolf veranlaßten. Besonders im Salzkammergut ging man scharf gegen sie vor und veranlaßte dadurch viele zur Flucht in das Ausland. Gleichzeitig begann Erzherzog Ferdinand seine umfassende Gegenreformation in Innerösterreich. Eine neue Welle der Glaubensverfolgung erhob sich dann 1624, als der gleiche Herrscher, der inzwischen als Ferdinand II. zum Deutschen Kaiser gewählt worden war, nach der Niederwerfung des böhmischen Aufstandes die evangelische Bewegung in Oberösterreich auszurotten begann, wobei er teils gegen die „rebellischen" Adeligen vorging, teils die Bürgerschaft in den landesfürstlichen Städten und Märkten vor die Wahl stellte, entweder wieder katholisch zu werden oder auszuwandern. Tausende ergriffen da den Wanderstab, um ihren evangelischen Glauben zu bewahren. Dann brach auch über die Bauern das Unheil herein. Nach dem mißglückten Bauernkrieg 1626 mußten notgedrungen viele von ihnen aus dem Lande flüchten und eine neue Heimat suchen. Gleichzeitig wurde auch in Böhmen die Gegenreformation schonungslos durchgeführt. Nach kurzer Ruhe infolge des Auftretens der Schweden unter König Gustav Adolf kam es zu der für die Evangelischen so unglücklichen Schlacht bei Nördlingen 1634 und zu dem Prager Sonderfrieden 1635, die beide für die Evangelischen in Österreich neue Verfolgungen mit sich brachten und abermals Auswanderungen im Gefolge hatten. Diese setzten sich in den vierziger Jahren fort und führten endlich nach dem Westfälischen Frieden 1648 zu der größten und entscheidenden Auswanderungswelle. Auch Niederösterreich, das bisher eine gewisse Schonung und Duldung erfahren hatte, mußte nun den kaiserlichen Machtwillen über sich ergehen lassen; selbst der dortige Adel mußte sich trotz aller früheren Versprechungen (1620) im Jahre 1656 vor die Wahl gestellt sehen, zwischen Glauben und Heimat zu wählen. Noch wußten sich nicht wenige Evangelischgesinnte etliche Jahre hindurch im Lande zu halten, aber schließlich blieb auch ihnen die bittere Not nicht erspart, den Wanderstab ergreifen zu müssen. Aber langsam ebbte der Auswanderungsstrom nun doch ab, bis er endlich zum Versiegen kam.

[216] Vgl. Schnabel: Protestanten in Regensburg.

Über die Zahl aller österreichischen Exulanten genauere Angaben zu machen, ist zur Zeit noch unmöglich, da noch nicht sämtliche Kirchenbücher in den einschlägigen Ländern durchforscht und ausgezogen sind. Auch die städtischen Bürgerlisten und die Archive in Deutschland und Österreich müßten erst daraufhin durchgesehen werden. Doch gibt es auch jetzt schon einige Anhaltspunkte zu einer nicht allzu weit abirrenden Schätzung. Wenn Dr. Doblinger in Graz die Zahl der aus den altösterreichischen Ländern Ausgewanderten auf nur dreißig- bis vierzigtausend schätzt[217], so ist das entschieden viel zu niedrig gegriffen. Schon die jetzigen, erst über sechs fränkische Bezirke sich erstreckenden Feststellungen aus den Kirchenbüchern ergeben ein ganz anderes Bild. Der österreichische Forscher Czerny[218] kommt zu dem Schlusse, daß „weit über hunderttausend Österreicher ihrem Vaterland den Rücken gekehrt haben", wobei er aus Böhmen allein dreißigtausend „Familienväter" hervorheben muß. Auch diese Zahl dürfte noch zu gering gegriffen sein, weil eben die Familienglieder (Kinder und zum Teil auch Frauen) statistisch nicht zu erfassen sind. Gröschel schätzt etwa hundertfünfzigtausend Exulanten in Franken, glaubt aber, daß auch diese Zahl „sicher noch etwas zu niedrig" sei mit Rücksicht auf die meist nicht erfaßbaren Ehefrauen.[219] Clauß hat besonders aus den Kommunikantenregistern errechnet, daß in Franken auf den Dörfern ein Drittel bis zur Hälfte der Bevölkerung, mitunter noch darüber hinaus, sich nach dem Dreißigjährigen Kriege aus Exulanten zusammensetzte. Auch wenn man diesen Maßstab nicht für alle Einwanderungsgegenden, vor allem nicht für die Städte, anwenden darf, so läßt er doch erkennen, daß wir bei der Zahl der Exulanten noch wesentlich höher greifen müssen. Vielleicht darf man im ganzen – mit Einrechnung der Böhmen, nicht aber der Salzburger – bis auf dreihunderttausend hinaufgehen. Die Salzburger sind genauer festgestellt und beziffern sich auf nahe an dreißigtausend Seelen.[220]

2. Die Einwanderungsgebiete

Die Auswanderer aus Österreich zerstreuten sich „in die halbe Welt", wie ein Geschichtsschreiber sagt. Die Exulanten aus Innerösterreich (ab 1598) wandten sich zu dem benachbarten Niederösterreich, wo ja im allgemeinen noch lange die Evangelischen stillschweigend geduldet wurden. Als später auch dort die Verfolgung einsetzte und zur Auswanderung nötigte, verzogen sich die Exulanten nach Ungarn, wo sich besonders im Westen zahlreiche deutsche Niederlassungen befanden; auch Sie-

---

[217] Doblinger: Österreichische Exulanten, S. 21.
[218] Czerny: Bilder, S. 274.
[219] Gröschel: Exulanten in Franken, S. 85.
[220] Vgl. Simon: Mathematik, S. 226 ff. Genaue Zahlen werden sich aber wohl kaum noch errechnen lassen.

benbürgen war ein beliebter Zufluchtsort. Die Böhmen retteten sich meist nach Sachsen, Brandenburg und in andere benachbarte Gebiete, wohl zum kleinen Teil auch in das nördliche Franken. Der österreichische Adel zog teilweise nach Nord- und Mitteldeutschland, zumeist aber nach Süddeutschland, wo sie vereinzelt bei dem dortigen Landadel, hauptsächlich aber in den größeren Städten Unterkunft fanden. „In der Reichsstadt Nürnberg haben sich in den Jahrzehnten nach 1629 etwa tausend adelige Familien niedergelassen, ihre waffenfähigen Söhne im Heere Gustav Adolfs mitkämpfen lassen und ihre aus der Heimat mitgebrachten Gelder der Stadt Nürnberg im Betrage von mehreren Millionen geliehen, wofür ihnen Nürnberg den Aufenthalt hinter seinen schützenden Mauern während der Kriegsjahre gewährte"[221]. Die österreichischen Bürger aus den Städten und Märkten zogen um ihres Gewerbes willen von selbst die Städte vor, so Regensburg[222], wo schon 1626 ungefähr dreihundert Hausbesitzer aus Oberösterreich gemeldet werden, dann Nürnberg, Ulm, Nördlingen, Weißenburg usw. Ortenburg und Regensburg waren überhaupt für die große Mehrzahl der nach Westen ziehenden Exulanten Durchgangsorte, wo sie zum Teil Frauen und Kinder zurückließen, bis sie in Franken oder Schwaben eine neue Heimstätte gefunden hatten. Diese beiden Gebiete bildeten, soweit sie evangelisch waren, die Hauptniederlassungsgebiete für die Österreicher, also die Markgrafentümer Ansbach und Bayreuth, das Landgebiet um Nürnberg, die Grafschaften Hohenlohe, Oettingen, Pappenheim, Castell und andere herrschaftliche Gebiete, das Herzogtum Württemberg usw.

Man fragt mit Recht, wie es möglich war, so viele Leute in den genannten Ländern unterzubringen. Die Antwort gibt der Dreißigjährige Krieg. Franken und Schwaben gehörten damals zu den am furchtbarsten heimgesuchten Ländern. Aus den Kriegsakten seien nur einige Zahlen zum Belege genannt. Das Stiftsamt zu St. Gumbertus (Ansbach) berichtet im November 1634: Von 421 zum Stift gehörigen Gütern und Höfen in der weiten Umgebung von Ansbach seien nur noch 123 übrig; von den übrigen 298 seien die Bewohner abgestorben oder davongelaufen. Nach einem beigegebenen Verzeichnis lagen öde alle Stiftsgüter in Alberndorf, Steinbach, Brodswinden, Claffheim, Deßmannsdorf, Hirschbronn, Neukirchen, Külbingen, Volkersdorf, Unterrottmannsdorf, Gösseldorf, Wolfartswinden usw. Ähnlich berichtet das Hofkastenamt über die markgräflichen Höfe und Güter: von etwa fünfhundert seien nur noch ungefähr hundertfünfzig vorhanden; der meiste Teil sei gestorben, verdorben und von beiden Armeen verderbt und vertrieben. So stand es überall im Lande; viele Dörfer lagen ganz öde oder waren abgebrannt; und wenn nach dem Prager Friedensschluß auch von da und dort noch Leute in ihre Häuser zurückkehrten, so blieben doch noch allzu viele öd und wüste liegen. Da konnte es den Landesherren und den Grundherren nur hocherwünscht sein, wenn neue Bewohner in das Land hereinka-

---

[221] Clauß: Wie vollzog sich..., S. 52. Die Zahl ist ohne Zweifel weitaus zu hoch gegriffen. Vgl. Schnabel: Exulanten in Nürnberg; Schnabel: Racknitz.
[222] Vgl. Kuhr: Österreicher, Franken, Schwaben; Schnabel: Protestanten in Regensburg.

men, die verlassenen Häuser wieder besetzten und die wüsten Felder wieder bebauten. Und so fanden die österreichischen Exulanten reichlich Raum zur Niederlassung.[223] Wer noch Geld aus der alten Heimat mitbrachte, konnte sich leicht einkaufen; anderen wurde der Kaufpreis gestundet, wieder andere vermochten einzuheiraten. Es regte sich allenthalben frisches Leben zum Aufbau des darniederliegenden Landes.

Die Lehrberger Sterberegister mögen hier einige Beispiele bieten, wie die österreichischen Exulanten ihre neue Heimat teils sofort, teils aber auch erst nach etlichem, und sicherlich meist recht mühevollem und sorgenvollem Suchen fanden:

1705: Matthias Zeller, geb. 1623 auf dem Holzingerhof in der Waldkircher Pfarr im Ländlein ob der Enns, nach dem Tode seiner Eltern 1649 ausgewandert, baute den verödeten Sulzerhof bei Gräfenbuch wieder auf.

1708: Georg Castner, geb. 1621 zu Liegling in der Peuerbacher Pfarrei, mußte in seiner Jugend der Religion wegen viele Drangsale erleiden, reiste oft mit Lebensgefahr nach Ortenburg, um dort das „evangelische Abendmahl" zu empfangen, wanderte im dreißigsten Lebensjahr (1650) aus; später folgte ihm sein Vater, beide ließen sich in Gräfenbuch nieder.

1709: Sara Ensfelder, Witwe zu Ballstadt, geb. 1635 zu Weißenbach im Ländlein ob der Enns, im neunten Lebensjahr (1644) um des Glaubens willen vertrieben.

1710: Michael Schatt, geb. 1629 zu Wirnsdorf in Österreich, 1635 vertrieben, kam zuerst nach Regensburg, wo er das Drechslerhandwerk lernte, später nach Rothenburg, endlich nach Schalkhausen.

1710: Anna Kohn, geb. Rüdel, geb. 1638 zu Raiding in der Leonfelder Pfarrei, kam mit ihren Eltern zuerst nach Regensburg, dann in die Oberpfalz, endlich nach Buhlsbach, wo sie ansässig wurden.

1732: Thomas Pürckstübner, geb. 1650 in der Pfarrei Gramastetten, kam mit seinem Vater zuerst nach Regensburg und als dieser dort keine Unterkunft fand, nach Unterheßbach.

Nicht alle Exulanten fanden also sogleich eine Unterkunft, zumal in den ersten Zeiten der Glaubensverfolgung vor 1635. Aufschlußreich sind hier die Kirchenstiftungsrechnungen fränkischer Pfarreien, die uns vielfach von Unterstützungen an solche durchziehende Leute berichten. Besonders hart hatten es die „vertriebenen Pfarrer" und die „Schuldiener", die oft lange von Ort zu Ort und von Land zu Land wandern mußten, bis sie irgendwo auf einer Pfarr- oder Schulstelle unterkamen. So hören wir aus den Stiftungsrechnungen von Oberampfrach schon 1592 von „einem Pfarrherrn, so in Österreich vertrieben worden", 1608 von zwei Pfarrern aus Steiermark, 1616 wieder von zweien aus „Österreich" (Salomon Hoffmeister und Johann Blank), 1618 von M. Johannes Müdtner aus Steiermark, der mit Weib und drei kleinen Kindern im Pfarrhaus übernacht gelegen, usw. 1621 werden zwei Pfarrerswit-

---

[223] Allerdings erst nach 1637 bzw. 1651 (vgl. oben Anm. 159). Vgl. auch die einschlägigen Veröffentlichungen von Clauß.

wen erwähnt aus Böhmen und Oberösterreich und ein vertriebener „Schulmeister von Eferding" (Oberösterreich). Nach 1624 häufen sich die Pfarrer und Schuldiener aus dem Ländlein ob der Enns, vor allem 1627 bis 1631; dann fehlen die Rechnungen bis 1637 und hatten auch hernach erst von 1656 wieder etwas übrig für Exulanten und andere Bedürftige.[224]

Nachträge.

In österreichischen Archiven begegnen uns nicht selten fränkische Ortsnamen als Wohnsitze von Exulanten bei Erbteilungen, Vormundschaftssachen und dergleichen. So im Stadtarchiv von Freistadt[225] Akt Nr. 262 ein Adam Lengauer „von Räfetshofen unter dem Markgrafen von Ansbach" (= Reinwartshofen bei Thalmässing), dann ein Gall Seydl „im Dorf Ettenstadt" (bei Weißenburg), beide 1650. Oder in den Handlungsprotokollen der Herrschaft Waldenfels Nr. 2 (Landesarchiv Linz) eine Regina Erhart, geb. Petscher, zu Offenbau (bei Thalmässing) 1652, und eine Sara Richner zu „Päring im Markgrafentum Ansbach" (= Bergen zwischen Weißenburg und Thalmässing) 1653.

Beispiele über die Verwüstungen des Dreißigjährigen Krieges:

Im Taufbuch der Pfarrei Pfofeld (21. November 1652) ist zu lesen von der Hand des damaligen Pfarrers: „Der erste Mensch, der nach dem elenden und betrübten dreißigjährigen Kriegswesen zu Rehebühl geboren, welches zuvor, solange ich hier bin, öd und wüst gelegen, auch wenig Häuser noch gestanden, itzt aber von lauter Ländlern wieder besetzt worden, denn neben diesem Drechsler (Mattias Emmendörfer) sonst noch fünf Haushalten zum guten Anfang da sind. Deo gratia in Omnibus!" Ferner im Taufbuch der Pfarrei Flachslanden (26. September 1653) zu dem Orte Borsbach: „welches Dörflein über zwanzig Jahr öd gestanden", und zu den Taufeltern: „so beede vor wenig Wochen mit anderen Verfolgten aus dem Ländlein ob der Enns ankommen".

Nürnberg. Die Stadt wurde besonders von wohlhabenden Emigranten aufgesucht, von Adeligen, Bürgern, Geistlichen und anderen „studierten Leuten", die ihre Söhne gern auf die Universität Altdorf sandten. Auf dem Friedhof von St. Johannis und in der zugehörigen Kirche, dann in der St. Bartholomäuskirche in Wöhrd sind noch Epitaphien und Wappenschilde dort begrabener Adeliger aus Österreich vorhanden. Der 1629 einsetzende Zustrom adeliger Exulanten war trotz des bedeutenden Schutzgeldes, das sie entrichten mußten, so stark, daß schon 1630 die Emporkirche zu St. Lorenz für sie erweitert wurde. Es waren etwa drei Dutzend Adelsfamilien aus Oberösterreich, Steiermark, Kärnten und Krain, die hierher zogen, darunter Namen von bestem Klang, wie die Dietrichstein, Herberstein, Khevenhüller,

---

[224] Entsprechende Angaben über Empfänger, Summen und Daten für Nürnberg zwischen 1619 und 1649 bei Kolbmann: Exulanten in Nürnberg.
[225] Heute verwahrt im Oberösterreichischen Landesarchiv in Linz.

Praunfalk, Stubenberg, Teuffenbach, Traun, Volkersdorff, Windischgrätz, Wurmbrand und Zinzendorf. Auch vertriebene Geistliche fanden sich zahlreich ein; bei einem Begräbnis beteiligten sich 1639 ihrer 39, worunter allerdings auch solche aus Böhmen waren.[226] Führer der Adeligen in Nürnberg waren die Freiherren Hans Adam von Praunfalk und Gall von Racknitz, beide aus der Steiermark. Hans Adam von Praunfalk war auf Neuhaus in Oberösterreich gesessen. Die Praunfalk starben später aus.[227]

Adelige Exulanten. Im Taufbuch zu Gunzenhausen 1681–1695 begegnen mehrere Mitglieder der österreichischen Adelsfamilie von Praunfalk. Als Patin erscheint 1681 ein Fräulein Eva Regine von Praunfalk im Schloß des Herren Zocha zu Wald. Die ersten, 1696 einsetzenden Kirchenbücher von St. Gumbertus zu Ansbach (nur für die Familien des fürstlichen Hofstaates) erwähnen eine Reihe von emigrierten Adeligen; 1712 ff. die von Rauber, 1713 eine Kammerjungfer von Teuffel, 1734 ff. Herrn von Laßberg, 1740 von Hagen, 1744 Baroneß von Völderndorff, 1750 von Güßberg „in Ansbachischen Diensten", usw. Seit 1723 werden öfters die von Kronegk genannt, der Dichter Joh. Friedr. von Kronegk 1731–1758. Vor 1705 heiratete der Brandenburgische Erbmarschall Chr. E. von Künsberg eine Marie Susanne Stettner von Grabenhoff. – „Die Familie von Crailsheim hatte mehrfache verwandtschaftliche Verbindungen mit Emigrantengeschlechtern. So heiratete Friedr. Ernst von Crailsheim 1630 eine Tochter des Freiherrn Carl Jörger von Tollet, Joh. Ulrich von Crailsheim 1666 in zweiter Ehe eine Anna Maria von Praunfalk."[228]

Geistliche Exulanten. Clauß[229] erwähnt folgende Geistliche: M. Kaspar Hammerschmidt, 1628 vertrieben (wohl aus Böhmen), Lorenz Codomann, zeitweise in österreichischen Kirchendiensten, dann Superintendent in Bayreuth. Im Taufbuch zu Unterbibert hat sich 1652 als Pfarrer eingetragen: Johannes Malleolus Austriacus. In Gunzenhausen trat 1544 Sebastian Stiller, der früher schon aus Österreich gekommen war und 1539 Pfarrer in Heilsbronn gewesen war, das Pfarramt an. Vor Stiller hatte bereits der Kaplan Johann Mittenhuber aus Waizenkirchen, der Heimat Leonhard Kaisers, ein kirchliches Amt zu Gunzenhausen übernommen. Ob allerdings die beiden Letztgenannten Exulanten waren, steht nicht fest.

---

[226] Doblinger: Österreichische Exulanten, S. 22. Vgl. auch Lochner: Exulanten in Nürnberg; Schnabel: Exulanten in Nürnberg.
[227] Doblinger: Österreichische Exulanten, S. 23. Der Steiermärker Praunfalk (1604–1655) kann – anders als Racknitz – kaum zu den ‚Führern' (besser: informellen Häuptern) der Exulantengemeinde gezählt werden. Vgl. Schnabel: Racknitz, S. 48 ff.
[228] Clauß: Emigranten in Ansbach, S. 14.
[229] Clauß: Emigranten in Ansbach, passim.

3. Die Herkunftsorte

Nur ein Teil der Kirchenbücher hat uns nähere Angaben über die Herkunft der eingewanderten Exulanten überliefert. In einzelnen Pfarreien wurde hierüber sehr sorgfältig Buch geführt, in anderen geschah dies nur teilweise, in vielen wurde es mehr oder weniger unterlassen. Auch wo es geschah, liest man meist nur die Angabe „ein Ländler" oder „aus dem Ländlein ob der Enns" oder „aus Österreich" – womit nach damaligem Sprachgebrauch nur Niederösterreich, die alte Ostmark, gemeint war – oder „aus Steiermark" usw. Wo jeder Hinweis fehlt, kann nur aus Angaben in anderen Kirchenbüchern oder auch aus den oft recht charakteristischen Namen oder aus anderen Umständen der nötige Schluß gezogen werden. In der Regel muß man sich damit begnügen, daß nur die Pfarrei genannt wird, aus der die Exulanten kamen; doch fehlt es auch nicht an ganz genauen Ortsbezeichnungen. Mitunter ist zugleich die Herrschaft angegeben, unter der sie früher standen.

Freilich läßt sich selbst bei genaueren Angaben nicht immer der Auswanderungsort feststellen. Es gibt nicht wenige gleichlautende Orte und Pfarreien, wie z. B. in Oberösterreich mehrere „Neukirchen" oder „Weißenbach" oder „Kirchberg" oder „Schönau" oder „Reuth" oder „Zell" usw.; welches von diesen gemeint ist, kann nur selten entschieden werden. Nur wenn etwa von zwei Pfarreien gleichen Namens im heutigen Oberösterreich die eine im alten Innviertel gelegen ist, kann mit Bestimmtheit die andere als die richtige angenommen werden, da das Innviertel damals nicht zum „Landl" gehörte, sondern von alters her zu Bayern, weshalb etwaige Exulanten von dort sich stets als Bayern bezeichneten, die überdies damals fast ausschließlich katholisch waren. So bezieht sich z. B. die Bezeichnung „Pfarrei St. Martin" immer auf den im Mühlviertel gelegenen Ort, oder „Pfarrei St. Peter" immer auf „St. Peter am Wimberg (Mühlviertel)", da St. Peter bei Linz neueren Datums ist und die alte Peterspfarrei bei Freistadt längst mit der Pfarrei Freistadt vereinigt war.

Eine weitere Schwierigkeit für die genaue Ortsbestimmung ergibt sich aus dem Umstande, daß die Eingewanderten ihren bayrisch-österreichischen Dialekt sprachen, der für fränkische und schwäbische Ohren recht mißverständlich klang. Sprechfehler und Hörfehler waren dabei unvermeidlich. So entstand z. B. die Schreibweise „Odensee" für „Ottensheim" (Pfarrei und Jesuitenkloster bei Linz), für „Pfarrei St. Veit" die „Feichtinger Pfarr", für Gramastetten die „Cremitzer Pfarr", für Leonfelden die „Lanfelder" oder „Laufelder" oder gar „Lavelner Pfarr" u. ä. Daß „Anthanam" = Attnang sei, oder „Ineting" = Irnding, kann wohl mit einiger Sicherheit vermutet werden, aber was „Kiderreich", „Sehlkirchen", „Machspiel" bedeutet, läßt sich kaum mehr enträtseln; „Kiderreich" könnte Kirch in Aich bedeuten, „Machspiel" Moospolling bei Waizenkirchen oder auch Mosgiel bei Windischgarsten, doch bleiben dies Vermutungen. Sogar das Landl ob der Enns ist verstümmelt worden zu einem „Landl Lotrenz".

Abb. 16: Joseph Schaitberger (1658–1733).

Abb. 17: Die Protestantenemigration aus dem Hauptauswanderungsgebiet Pongau in den Jahren 1731/32.

Der Pongau bildete das Hauptauswanderungsgebiet der Salzburger Protestanten in den Jahren 1731/32. Wegen der knappen Fristen war es nur wenigen gelungen, ihre Höfe vor der Abreise zu verkaufen. Die Graphik vermittelt einen Eindruck vom Umfang der herrenlos gewordenen Güter.

Abb. 18: Erinnerungstafel an die Exulanten aus Kärnten und Krain in der Kirche zu Wain.

Die 1658 in der Kirche des damaligen Ulmer Dorfes Wain angebrachte Tafel erinnert an die Zuwanderung zahlreicher durch die Gegenreformation vertriebener Kärntner und Steiermärker in den Jahren nach 1651. Diese hatten das durch Krieg und Epidemie entvölkerte Wain wieder besiedelt. Das Ölbild, von Ulmer Patrizierfamilien gestiftet, zeigt links in pseudoorientalischer Staffage Abraham mit seiner Familie, wie er auf Gottes Weisung zum Zug von Haran nach Kanaan aufbricht (1. Mose 12). Rechts ist ein langer Zug von Exulanten zu sehen, die sich – mit ihren Habseligkeiten beladen – ebenfalls auf dem Weg in eine neue Heimat befinden. Das Bild stellt durch die Komposition (und ein darunterstehendes, längeres Gedicht) einen engen Zusammenhang zwischen den Emigrationsereignissen im Alten Testament und in der Gegenwart her; es macht daduch nicht zuletzt die Heilsgewißheit deutlich, die die Beteiligten aus ihrem Verhalten ableiten zu können glaubten.

Trotz aller Unklarheiten und Unsicherheiten läßt sich doch im allgemeinen mit Sicherheit feststellen, daß die Mehrzahl der bei uns eingewanderten Exulanten aus Oberösterreich kam, aus dem „Ländlein ob der Enns", oder kurz aus dem „Ländlein", dem „Landl", das Land immer gedacht ohne das bayrische Innviertel. Sehr viele stammten aber auch aus Niederösterreich, damals kurz „Österreich" genannt. Besonders war es hier das sogenannte Waldviertel, d. h. der nördlich der Donau gelegene, an das untere Mühlviertel anschließende Teil von Niederösterreich. Immer wieder lesen wir da die Ortsnamen Arbesbach, Rappottenstein, Großgerungs, Langschlag, Zwettl, Altmelon usw., sämtlich im Waldviertel gelegen. Hier hatte die Gegenreformation eben schon frühzeitig und mit aller Schärfe eingesetzt. Daneben kommen aber auch immer wieder Namen aus Steiermark vor, dann aus Salzburg und Böhmen, seltener aus Kärnten, Mähren und Schlesien, fast gar nicht aus Tirol. Auch Zugewanderte aus der Oberpfalz und Pfalz-Neuburg (Heideck, Hilpoltstein) stellten sich als Flüchtlinge nach der dortigen Gegenreformation vereinzelt ein.[230] Den Wanderern über Ortenburg schlossen sich manche der dort Wohnenden an, obwohl sie nicht zur Auswanderung veranlaßt waren. Selbst aus Altbayern erschienen einzelne.

Nicht selten hören wir von „Katholiken" im Strom der Eingewanderten, die sich dann bei uns zum Katechumenen-Unterricht meldeten. Das ist nicht zum Verwundern, wenn man bedenkt, daß seit 1624, in Innerösterreich seit 1598 keine evangelischen Geistlichen mehr im Lande waren, so daß jede evangelische Unterweisung fehlte, soweit nicht Eltern und Verwandte dafür eintraten. Da war selbstverständlich viel nachzuholen. Manche mögen sich freilich auch durch äußere Gründe haben bestimmen lassen, sich dem Auswandererzug anzuschließen, etwa durch die Aussicht auf besseres Fortkommen; aber viele waren das sicher nicht, denn Glauben und Heimat verläßt man nicht so leicht, wie wir ja deutlich an den im Lande zurückgebliebenen Evangelischen sehen.

Einzelberichte. Aus Regensburg wurde am 30. Mai 1626 berichtet, daß dort ungefähr dreihundert oberösterreichische Hausinhaber säßen, die Armen wären schon weitergezogen. Aus dem Markt Peuerbach waren allein zwanzig Familien gekommen.

Steyr, früher die erste Stadt Oberösterreichs, verarmte ganz. Die meisten Eisenarbeiter zogen fort. 1639 standen 228 Bürgerhäuser leer.[231] – Noch 1652 wanderten aus dem Hausruckviertel 250, aus dem Mühlviertel 283 Lutherische fort.

---

[230] Die Zuwanderung aus den rekatholisierten pfälzischen Gebieten in die städtischen Zentren Frankens und Schwabens, aber auch auf das Land war wohl von erheblich größerer Bedeutung als hier noch angenommen; eine eingehendere Untersuchung darüber wäre ein dringendes Desiderat.

[231] Zu einer etwas differenzierteren Aussage kommt aufgrund neuerer Forschungen Doppler: Steyr.

4. Wie sich die Einwanderung vollzog

Es war nicht so, wie hundert Jahre später bei der Auswanderung der Salzburger: Diese zogen in großen Scharen, meist in Abteilungen von mehreren hundert Leuten, durch das Schwaben- und Frankenland, und zwar innerhalb weniger Monate. Dagegen erstreckte sich die Umsiedlung der Österreicher auf etwa siebzig Jahre, und auch in den Hauptwanderzeiten waren es immer nur kleine Trupps, die sich aus der alten Heimat aufmachten, um in der Ferne ein neues Heim zu suchen. Es waren entweder nur einzelne Familien oder Verwandtschaftskreise oder auch Bekannte, Nachbarn und sonstige Glaubensgenossen, die sich zusammentaten. Auch diese wanderten nicht plan- und ziellos in die Welt hinaus, wenn sie nicht etwa, wie die Geistlichen und Lehrer, gedrängt wurden, innerhalb kürzester Frist — meist innerhalb vierzehn Tagen — das Land zu verlassen; sondern sie hatten offensichtlich zuvor Erkundigungen eingezogen und darum ihre Reise nach ganz bestimmten Gegenden hin gerichtet. Man sieht deutlich, wie die ersten Einwanderer in einem Dorfe oder einer Landschaft ihre Landsleute aus einer bestimmten Gegend nach sich zogen. So haben sich z. B. die Exulanten aus den Pfarreien Oberneukirchen und Zwettl im Mühlviertel mit Vorliebe in der Gegend von Thalmässing niedergelassen, die vom oberen Mühlviertel (Pfarrkirchen und Nachbarpfarreien) auf dem anschließenden Juragebiet um Nennslingen. Aus Gramastetten und Umgebung im Mühlviertel treffen wir die Leute vor allem in der Gegend von Ansbach (Flachslanden, Lehrberg, Brodswinden). In dieser Gegend finden wir auch nicht wenige Eingewanderte aus der Landschaft südlich der Donau: Taufkirchen, Thalheim, Vöcklabruck; daneben noch Exulanten aus dem schon erwähnten Waldviertel in Niederösterreich: Arbesbach, Langschlag und anderen Orten, ferner aus dem südlichen der Donau gelegenen Markt Gresten. In Aha bei Gunzenhausen stoßen wir auf vier Familien aus Thalheim, in Nennslingen und Umgebung auf verschiedene Familien des Namens Erdmannsdörfer aus der Pfarrei Pfarrkirchen und nächster Umgebung im Mühlviertel. Überall erkennen wir mehr oder weniger den Zusammenhang zwischen alter und neuer Heimat.

Oft geschah es, daß zuerst die jungen Leute auswanderten und daß die Alten erst nachzogen, wenn sich die Jungen irgendwo fest angebaut hatten. Oder die Jungen holten sich ihre Bräute aus der alten Heimat nach, wie denn überhaupt, zumal in der Anfangszeit, die Exulanten gern unter sich heirateten. Es war das nur natürlich und verhalf zur leichteren Eingewöhnung in der neuen Heimat. Ja, man kann sagen, daß die Exulanten durch die ganze Art und Weise der Einwanderung ein Stück alter Heimat mit nach Franken und Schwaben hereinbrachten. Es wurde auch sonst ein gewisser Verkehr mit dem Geburtslande aufrecht erhalten, was zwar von dort aus verboten, aber durch den damaligen noch festen Zusammenhang Österreichs mit dem übrigen Deutschen Reiche nicht allzu schwierig war. Besonders dienten die Märkte in der Hauptstadt von Oberösterreich, in Linz, dazu, daß man sich mit den Zurückgebliebenen hin und wieder einmal treffen konnte. Auch durch reisende

Kaufleute, durch abgediente Soldaten und andere Mittelsleute ließ sich unschwer eine Verbindung herstellen. Dies galt vor allem dort, wo Kinder der Exulanten zurückbehalten worden waren.

Mit der Zeit ergab sich freilich von selbst ein Ausgleich in Sprache, Sitte und Lebensführung der Eingewanderten mit der einheimischen Bevölkerung in Franken und Schwaben. Der gleiche Glaube führte beide von selbst zusammen, und die heranwachsende zweite Generation wird schon den Ausgleich so ziemlich vollzogen haben. Die bis in diese Zeit zurückgehende Familienforschung liefert den Nachweis, daß z. B. bei den Heiraten kein Unterschied mehr zwischen Fremden und Einheimischen gemacht wurde. Es war auch nicht so, daß nur die Fremden sich den Einheimischen angeglichen hätten, sondern letztere nahmen auch von den Eingewanderten allerlei an. Hierzu dürfte z. B. die in Franken vordem weit verbreitete Sitte der Hausweberei zu rechnen sein; auch den sogenannten Ländlertanz mag man hierzu rechnen. Manche Eigentümlichkeiten in der Volkssprache trifft man heute noch in Franken genau so wie in Österreich. Eine eingehendere Forschung könnte hier sicher noch vieles feststellen.[232]

Mit vollem Recht hat Clauß[233] festgestellt: „Schon selbst Emigrierte oder ihre Nachfahren gelangten zu Besitz und Ansehen, versahen Ehrenstellen in den Gemeinden, setzten ihrem Andenken durch fromme Stiftungen oder sonstwie ein rühmliches Denkmal." Ihre tiefgegründete Religiosität und ihr fester Charakter bewährten sich eben auch in der neuen Heimat und wandten ihnen von selbst das Vertrauen der alteinheimischen Bevölkerung zu.[234] Nur ein paar Beispiele hiezu:

Im Sterberegister von Windsfeld lesen wir 1658 von Martha Nebmayr, einer Witwe aus Österreich: haec erat parens villici nostri (diese war die Mutter unseres Meierbauern).

Desgleichen von Rosine Nebmayr 1665: Femina haec erat pietatis et virtutum receptaculum (diese Frau war ein Gefäß voll Frömmigkeit und Tugend).

Weiter sagt uns das Sterbebuch von Pfofeld: 1664 Leidner in Rehenbühl: vir bonus atque pius, religionis amans (ein guter und frommer Mann, ein Liebhaber der Religion).

1673 Hollaweger, Strohschneider: pius et religiosus homo (ein frommer und religiöser Mann).

Das Sterbebuch von Aha 1645 zum Tode der Margareta Eckel: „Eine Jungfrau und ledige Dirn, neunzehn oder zwanzig Jahre alt, welche nit allein von ihrer Mutter, der betrübten Wittib, ihren Geschwistern und befreundeten Ländlern, sondern auch von allen benachbarten zu Aha, Manns- und Weibspersonen, jung und alt, die fast alle mit ihr zu Grab gegangen, ein solch gut Zeugnis ihres gottseligen und tugendhaften

---

[232] Vgl. inzwischen Lehnert (Oberösterreichische Exulanten), der allerdings so gut wie keine sicher feststellbaren kulturellen Beeinflussungen durch die Immigranten ausmachen konnte.
[233] Clauß: Emigranten in Ansbach, S. 5.
[234] Vgl. Kuhr: Österreichische Exulanten, S. 180.

Lebens und Wandels mit sich ins Grab gebracht, daß alle christlichen Jungfrauen wohl ein Exempel an ihr haben mögen."

Stiftungen machten unter anderem: Herr Taliensker von Glänegg 50 fl. für die Kirche zu Eyb, Freiherr von Stauf desgl. 12 fl.; Frau Ursula Kraus zu Königshofen verschiedene Beträge; Frau Magdalena Demmert zu Pflaumfeld für die dortige Pfarrpfründe ihr Haus nebst Stadel, Garten und etlichen Grundstücken nebst dem gesamten Inventar.

Zum Schluß noch eine Bemerkung von Clauß[235]: „Unter den Personen, die in der Pfarrer- und Beamtenschaft der Gelehrtenwelt späterer Jahrhunderte, sowohl innerhalb der Markgrafschaft als über ihre Grenzen hinaus einen geachteten Namen erworben haben, finden sich nicht wenige von emigrantischer Herkunft."

Einige dieser Namen wollen wir als Beispiele nennen: Der Dichter Justinus Kerner, der Philosoph Georg Wilhelm Friedrich Hegel, der Dichter Wilhelm Hauff, die bekannte Familie Flattich, der Feldmarschall Georg Derfflinger (Sohn eines Weinschenks in Neuhofen), die Familien Gneisenau, Wolzogen, Zinzendorf und viele andere. Für Franken wären noch genauere Feststellungen zu treffen. Schließlich bleibe nicht unerwähnt die Familie der Freiherren von Speidel.

5. Die Namen der Eingewanderten

Es ist eine bekannte Tatsache, daß jeder deutsche Volksstamm seine besondere Sprache spricht. Zwar sprechen sie alle gut deutsch, auch die Österreicher, aber jeder Stamm hat seine eigenartige Aussprache, seinen bestimmten Dialekt. Und nicht nur die Aussprache ist eigentümlich, sondern auch die Wortformen, die Satzbildung, der gesamte Wortschatz weisen vielfach ein besonderes Gepräge auf. So kann es nicht verwundern, daß auch in der Bildung der Namen die Stammeseigenart sich geltend machte, weniger bei den Personennamen als bei den erst in viel späterer Zeit entstandenen Familiennamen. Die Bildung der letzteren steht ja in engem Zusammenhang mit der kulturellen Entwicklung der einzelnen Volksstämme, schon mit ihrer Siedlungs- und Kolonisationsgeschichte, dann mit der Entstehung der Städte, mit der Vermehrung der Bevölkerung, mit dem Aufkommen der Gewerbe. Weil hier aber eine recht verschiedene Entwicklung der Volksstämme vorliegt, so ergibt sich zwangsläufig auch eine weitgehende Verschiedenheit in der Bildung der Familiennamen. Und darum kann und muß man von besonderen Eigentümlichkeiten der österreichischen Namen sprechen. Man erkennt tatsächlich die österreichischen Einwanderer in Franken und Schwaben heute noch vielfach an ihren Familiennamen. Nicht als ob diese unter allen Umständen ein untrügliches Zeugnis für den österreichischen

---

[235] Clauß: Emigranten in Ansbach, S. 5.

Ursprung einer bestimmten Familie wären; es kann hier auch eine Einwanderung aus Bayern vorliegen, das ja eines Stammes mit den Österreichern ist, und es kann sich auch um schwäbischen Zustrom handeln, da die Schwaben ebenfalls Stammverwandte sind, wenn sich auch diese Verwandtschaft auf viel weiter zurückliegende Zeit bezieht. Aber im großen und ganzen ist der Familienforscher berechtigt, aus den Namen bestimmte Schlüsse auf die Herkunft von bestimmten Familien aus Österreich zu ziehen.

Die Eigenart der österreichischen Familiennamen hängt vor allem damit zusammen, daß Österreich, die alte Ostmark, in ganz außerordentlichem Grade ein Kolonisationsland ist, wie im ersten Teil dieser Geschichte dargestellt wurde. Weiter ist von Bedeutung, daß die Kolonisation sich zu einem sehr großen Teil auf gebirgiges Land erstreckte, auf die schon südlich der Donau aus der Ebene sich erhebenden Höhenzüge (Hausruck, Voralpengebiet), dann auf das ganze südwärts sich ausbreitende Alpengebiet und endlich auf das nördlich der Donau sich hinziehende, teilweise hochaufsteigende Bergland. Städte haben sich in Österreich erst spät und auch dann nur in bescheidenem Umfang gebildet; der weitaus vorherrschende Typus der Bevölkerung ist agrarisch. Daher verhältnismäßig wenig Familiennamen aus Gewerbe und Beruf, dagegen außerordentlich viele aus der Landwirtschaft und ihren Nebenzweigen. Selbstverständlich fehlen auch die aus Personennamen entstandenen Familiennamen nicht, aber sie treten an Zahl weit zurück im Vergleich mit anderen deutschen Volksstämmen. Dagegen überwiegen weit die aus Ortsnamen gebildeten oder aus der Landschaft entnommenen Namen.

Eine stattliche Zahl von Familiennamen lautet auf „inger" (auch nur „ing") aus. Die Träger solcher Namen stammen aus dem ältesten Niederlassungsgebiet in Österreich, wie es bei der Landnahme durch die Bayern besetzt wurde. Die dabei gebildeten Ortsnamen tragen meist die patronymische Endung „ing", wobei freilich nicht übersehen werden darf, daß sich diesen auch erst später entstandene, sogenannte unechte „ing"-Orte zugesellt haben. Alt sind zumeist auch die auf „hofen" auslautenden Orte, aus denen die Familien der „-hofer" oder „-höfer" stammten. Etwas später sind die Orte auf „heim" oder nach der bairischen dumpfen Aussprache auf „ham" gegründet worden, von wo die Träger der Namen auf „heimer", „hamer" oder „ham" ausgegangen sind. Gleiches gilt von den Orten auf „dorf", von wo die Familiennamen auf „-dorfer" oder „-dörfer" stammten. Orte, die mit „bach" zusammengesetzt sind, können sehr alt, aber auch sehr jung sein; von ihnen kommen die Namen auf „-bacher" oder bloß „-bach" oder mit dem Umlaut „-bächer", „-becker" oder kurz „-beck", auch „-weck".

An das wesentlich später in Angriff genommene Siedlungsgebiet, an das Bergland erinnern uns die außerordentlich zahlreichen Familiennamen auf „-berger" (auch kurz „-berg"). Die einstigen Siedler haben ihren Namen wohl gleichzeitig mit ihrer Niederlassung an oder auf einem Berge erhalten. In gleicher Richtung deuten die Namen auf „-ecker" oder „-egger", von einer Bergecke hergenommen; ferner die auf „-thaler", „-kogler" („Kogel" = Berghöhe), „-steiner" oder kurz „-stein", „-leitner"

(„Leite" = Berghang), „-auer" und ähnliche. Überhaupt liefert die Landschaft in ihrer Vielgestaltigkeit eine große Mannigfaltigkeit von Familiennamen: Flüsse und Seen, Wasser und Tobel, Moos und Ried, Lohe und Rohr, Wald und Hag usw. Auf die Siedlungstätigkeit selbst deuten dann andere Namen, wie die vielen auf „-reuth" („reit", „roit", „rath", „rait" u. ä.) auslautenden, von denen nicht wenige Familien ihren Namen tragen. Ebenso die Rodungsnamen, die mit „brennen", „sengen", „schweben", „schlagen" zusammenhängen. Von einer bereits eingetretenen Kultur des Bodens reden dann die von „acker", „wiese", „feld", „garten", „weg", „stätte" u. a. abgeleiteten Benennungen. Hierher gehören auch die nicht wenigen mit „-öder" („-eder", „-etter" u. ä.) gebildeten Familiennamen, die auf eine Spätniederlassung auf einem bisher unbebaut liegengebliebenen Grund und Boden, meist abgelegen von den sonstigen Siedlungen, hinweisen.

Zu all diesen aus der Landschaft und den schon früher gegründeten Ortschaften entnommenen Familiennamen gesellen sich nun die Besonderen ländlichen Berufsnamen. Dahin zählen die vielen Zusammensetzungen mit „-bauer", dann auch mit „-huber", „-lehner" (vom bäuerlichen „Lehen", d. h. der Belehnung durch einen Grundherrn) und ähnliche. Sehr viele Höfe standen in unmittelbarem Dienst eines adeligen oder geistlichen Grundherrn und wurden auf deren Rechnung von Verwaltern bewirtschaftet; diese Verwalter hießen „Maier". Daraus ergab sich von selbst die sehr zahlreiche Bildung von Familiennamen, die mit dem Auslaut „-maier" („-meier", „-meyer", „-mair", abgekürzt „-mar" und „-mer" u. ä.) zusammengesetzt waren. Hierher dürfen auch die nicht wenigen Bildungen mit „-müller" gerechnet werden, dann die mit der Landwirtschaft in Verbindung stehenden „-weber", „-schmiede" („-schmidt", „-schmitt" u. ä.), letztere schon hinübergreifend auf die Eisenindustrie mit besonderen Namenbildungen, weiter das Zimmereigewerbe als Nebenbetrieb der Landwirte, die Holzindustrie usw.

Aus diesem Gesamtbilde ergibt sich die Eigenart der österreichischen Familiennamen. Die bei weitem größte Zahl derselben zeigt dieses eigentümliche, aus Kolonisation und Landesbeschaffenheit gebildete Gepräge, zu denen dann nur eine Minderzahl allgemeiner, aus Personennamen und Berufen, wie sie anderwärts sich finden, gebildeter Namen hinzutritt.

Die Gleichheit der Exulantennamen mit den österreichischen Namen spiegelt sich sehr deutlich in den Kirchenbüchern der Pfarrämter in Österreich wieder. Denn es sind natürlich nicht alle Träger des gleichen Namens ausgewandert, ja nicht einmal die sämtlichen Glieder einer Familie[236]; darum müssen sich im Österreichischen die Exulantennamen noch weiterhin in den Kirchenbüchern vorfinden. So liest man z. B. in dem ältesten Taufbuch von Niederwaldkirchen die im Fränkischen so wohlbekannten Namen der Berger, Erdmannsdörfer, Helmreich, Hemmeter, Kepplinger, Limburger, Linner, Reingruber, Sichhartner, Weger, Wolkenstorfer, Wurzinger u. a.

---

[236] Inzwischen liegen zahlreiche Beispiele vor, daß Familien mit sämtlichen Gliedern ausgewandert sind.

Oder im Taufbuch zu Altenfelden: Baumann, Ehrengruber, Frauenschlager, Häckl, Halbmaier, Hertel, Kollmann, Lindörfer usw.; im alten Trauungsbuch von Wartberg: Baumgärtner, Castner, Eichinger, Felsensteiner, Gruber, Harrer, Hammeter, Koler, Keller, Lehner, Mairhöfer, Meixner, Messerer, Moser, Neubauer, Reisinger, Rohleder, Schienagl, Stamminger, Strobel, Stromer, Weingartner, Wiesinger u. a.; im Traubuch von St. Georgen im Attergau: Bauernfeind, Fuchs, Hinterleitner, Hofinger, Hohenthanner, Holzinger, Hufnagel, Knoll, Kugler, Rudelsberger, Vogelhuber usw. Auch wenn man heutzutage durch eine Stadt Österreichs hindurchgeht und studiert die Namen der Geschäftsinhaber, wird man viele im Fränkischen oder Schwäbischen wiederkehrende Namen antreffen, so daß man nicht selten ganz heimatlich berührt wird.

Anhang

Verzeichnis von Exulantennamen

Es soll im Nachstehenden eine Zusammenstellung von Familiennamen der nach Franken eingewanderten österreichischen Exulanten geboten werden. Die Namen sind lediglich aus den bereits erwähnten Veröffentlichungen von Lic. Clauß, Dr. Gröschel und Georg Barth entnommen, bieten also nur einen Teil des gesamten Namenmaterials. Gleichwohl bieten sie eine solche Fülle von Familiennamen, daß daraus die nötigen Schlüsse auf die Eigenart dieser Namen gezogen werden dürfen. Die Zusammenstellung will selbstverständlich in keiner Weise die genannten Veröffentlichungen ersetzen, was schon aus dem Grunde unmöglich wäre, weil alle näheren Personalangaben fehlen, Herkunfts- und Einwanderungsorte nicht benannt, auch Zeitangaben usw. unterlassen wurden. Wer Familienforschung treiben will, muß schon in den Veröffentlichungen der erwähnten Autoren selbst nachschlagen. Die nachfolgende Zusammenstellung verfolgt nur den Zweck, die Eigenart der österreichischen Exulantennamen aufzuzeigen und dadurch allerdings auf das Vorkommen solcher Namen in den heutigen fränkischen und schwäbischen Gemeinden aufmerksam zu machen. Es soll dargestellt werden, wie viel Exulantenblut seinerzeit zu uns hereingeflossen ist und sich heute noch in der religiösen Haltung unserer Gemeinden geltend macht, obwohl inzwischen dreihundert Jahre verflossen sind. Der Dienst des geistlichen Amtes an den Gemeinden kann dadurch eine wesentliche Förderung erfahren. Und wenn dazu Geistliche und interessierte Laien bestimmt würden, selbst in den Kirchenbüchern und in archivalischen Urkunden entsprechende Nachforschungen anzustellen, so wäre der Zweck der dargebotenen Zusammenstellung vollkommen erfüllt.

Eines ist freilich bei der Vergleichung der Familiennamen in den heutigen Gemeinden mit denen im nachfolgenden Verzeichnis oder auch mit denen in den Kirchenbüchern und sonstigen urkundlichen Quellen stets zu beachten, daß nämlich die Schreibweise der Namen im Laufe der Zeit vielfach gewechselt hat. Und nicht erst im Laufe der Jahre, sondern auch schon in der damaligen Zeit. Man war damals nicht gewohnt, nach der Schreibweise der Namen zu fragen, sondern man hat diese nach dem Gehör wiedergegeben. Dabei waren Fehler unvermeidlich, einerseits infolge der undeutlichen, besonders dialektmäßigen Aussprache der betreffenden Persönlichkeiten, andererseits infolge der ungenauen Aufnahme in das Gehör der Kirchenbuchführer oder Urkundenschreiber. Dazu kam, daß man in jener Zeit überhaupt kein Gewicht auf Rechtschreibung legte, sondern oft recht willkürlich verfuhr, je nach der Gewohnheit der Schreibenden. So liebte der eine etwa den Doppellaut „ey" statt „ei", der andere dafür „ai" oder „eu" oder auch „ej", der eine den Kehllaut „g" oder „gg", der andere „k" oder „ck" oder gar „ckh". Sehr gerne schrieb man „ff" statt einfachem „f", oder „w" statt „b", „tz" statt „z", „dt" oder „tt" statt „d" oder „t" usw. Nicht selten findet man in der gleichen Urkunde denselben Namen verschieden geschrieben. Ein typisches Beispiel bietet die Schreibweise des Namens „Maier"; sie erscheint bald als „Meier", bald als „Meyer" oder „Mejer", „Mair", „Meir", „Mar" u. ä. Oder um noch einige Beispiele zu nennen: „Käppel" erscheint als „Käppl", „Keppel", „Köpel", „Göbel"; „Riedel" als „Rüdel", „Redel", „Rehel"; „Haibeck" als „Heubeck", „Heynbeck", „Habeck", „Haybacher"; „Geiselsöder" als „Gassenseder", „Gasselseher"; „Staleder" als „Stalleder", „Staletter", „Starrleder", „Stadeleder", „Stahllederer"; „Saalbaum" als „Zahlbaum" und „Zollbaum"; „Ellinger" als „Öllinger"; „Affenbaum" als „Ofenbaum"; „Traumbauer" als „Tranbauer" und „Trambauer"; „Reithammer" als „Ruithamer"; und so weiter in Hunderten von Fällen. Öfters spielt auch eine falsche Namensdeutung herein. So wird aus einem „Fürbeck" ein „Bierbeck", aus einem „Friebert" ein „Frühwirth", aus einem „Kanabauer" ein „Kaiebauer", aus einem „Ehrhold" ein „Ehehalt", aus einem „Agentobler" ein „Augendopler", und so weiter.

Es würde zu weit führen, in der folgenden Zusammenstellung alle vorkommenden verschiedenen Schreibweisen eines Namens aufzuführen; es kann das einmal in einem künftigen großangelegten und allumfassenden Verzeichnis sämtlicher aufgefundenen Exulanten geschehen. Hier muß es genügen, die gebräuchlichsten Schreibweisen zu gebrauchen und nur gelegentlich wichtige Verschiedenheiten anzudeuten, besonders wo die Möglichkeit besteht, daß es sich um verschiedene Familien handelt. Im übrigen muß der Leser sich selbst das Obengesagte vor Augen halten.

Bezüglich der von Ortsnamen abgeleiteten Familiennamen können die vom Bundesamt für Statistik in Wien herausgegebenen Ortsverzeichnisse wertvolle Dienste leisten, ebenso die von den Bischöflichen Ordinariaten zusammengestellten Realschematismen der Pfarreien. Auch auf den Band „Das Land ob der Enns" von Konrad Schiffmann sei verwiesen.

Herkunftsnamen von Orten im alten Niederlassungsgebiet[237]

1. Von Ortsnamen auf „ing"

Es sind das in der Mehrzahl die ältesten Ortsnamen aus der Zeit der Einwanderung der Baiern und der Landnahme. Freilich befinden sich unter den heute auf „ing" auslautenden Orten viele, die diese Endung ursprünglich nicht hatten, sondern sie erst später durch mundartliche Angleichung erhielten, sogenannte falsche „ing"-Orte. Es war nur natürlich, daß bei der Zunahme der Bevölkerung junge Leute keinen Raum mehr im Altniederlassungsgebiet fanden und darum zur Neusiedlung auf bisher unkultiviertem Gebiet genötigt wurden. Dorthin nahmen sie auch den Herkunftsnamen mit, der auf „inger" auslautete. Eine solche Benennung erwies sich besonders in späterer Zeit als notwendig, etwa vom 13. Jahrhundert an, als die Zeitverhältnisse zur Bildung von Familiennamen überhaupt drängten. Bei der großen Zahl der „ing"-Orte war es eine natürliche Folge, daß auch die Zahl der auf „inger" auslautenden Familiennamen eine ganz erhebliche war und heute noch ist. Unter den österreichischen Exulanten treffen wir folgende an:

Achinger	Bitzinger	Egelfinger	Gattinger
Adlinger	Bosinger	Eichlinger	Gartinger
Aichinger	Businger	Eitzinger	Geberinger
Aininger	Braminger	Ellinger	Göringer
Aitinger	Brandinger	Öllinger	Gostinger
Euchtinger	Breuning (!)	Ensinger	Göttringer
Amslinger	Breusinger	Enzinger	Götzinger
Asinger	Brumlinger	Fadinger	Griesinger
Attringer	Brünlinger	Fattinger	Gröninger
Auinger	Buchinger	Fellinger	Haaringer
Awinger	Büchinger	Felbinger	Haberinger
Auringer	Buinger	Ferniger (!)	Hauberinger
Bachinger	Büringer	Fettinger	Hadinger
Baumgartinger	Cadringer	Fötinger	Heidinger
Bangerdinger	Gadringer	Fitinger	Hafninger
Baucherdinger	Dallinger	Fichtinger	Hänsinger
Bärwolfinger	Dollinger	Fitzinger	Hasinger
Beintinger	Danninger	Pfitzinger	Haßlinger
Beintzinger	Daubinger	Foringer	Hebringer
Benninger	Dehlinger	Freilinger	Hechinger
Bensinger	Döllinger	Freiinger	Hecking (!)
Berringer	Deiringer	Freisinger	Heidlinger
Behringer	Denninger	Friedinger	Heizinger
Berisinger	Dillinger	Füllinger	Hellinger
Berthinger	Dizinger	Fürninger	Helmlinger
Betzlinger	Dorninger	Fürlinger	Herbinger
Beulinger	Edlinger	Gadringer	Hertmontinger
Bietinger	Öttlinger	Gottringer	Heußeringer

[237] Die nachstehenden Listen von Herkunftsnamen aus dem österreichischen Raum könnten inzwischen verschiedentlich erweitert werden; hier soll jedoch die außerordentliche kompilatorische Leistung Rusams unverändert stehenbleiben.

Hiesinger
Hinderinger
Hinterholzinger
Hochhaltinger
Hosinger
Holzinger
Höninger
Hoßlinger
Hubinger
Hündinger
   Hindinger
Jerglinger
Iglinger
Illinger
Indinger
Innerlochinger
Insinger
Irlinger
Itzinger
Kädringer
Käplinger
   Keplinger
   Köblinger
Käsbatzinger
Katringer
   Kattinger s. C u. G!
Kemminger
Kerlinger
Kerzinger
Kießling (!)
Kobinger
Kodringer
Kopplinger
Kritzinger
Kropflinger
Kröpflöthinger
Lamminger
Langenpreißinger
Lechinger
Leiminger
Leisinger
   Leizinger

Lemminger
Lininger
Luthringer
Madinger
Mairinger
Manninger
Maringer
Mautinger
Meißinger
Meßinger
Meßlinger
Mischling (!)
Mittinger
Morchinger
Moringer
   Mohringer
Nadmeßing (!)
Neulinger
Neunlinger
Nölinger
Noldinger
Nossinger
Nudringer
Oblinger
Obminger
   Obning (!)
Oedlinger
   Edlinger
Offinger
Öllinger s. E!
Örlinger
   Irlinger
Ortinger
Osinger
Ößinger
Öttinger
Pechinger
Pechtinger
Penninger s. B!
Perisinger s. B!
Petzlinger
Pfenninger

Pferinger
Pidinger
Pißlinger
Plödinger
Rachinger
Redlinger
   Redlicker (!)
Reindinger
Reisinger
Reittinger
   Röthinger
Reutinger
   Rießlinger
Rischinger
Risinger
Ruetzinger
Rüglinger
Satzinger
Säuringer
Schachinger
Schächinger
Schärtinger
Schellinger
Scheringer
Schillinger
Schlipfinger
Schmidinger
Schneidinger
Schöninger
Schuldenzuckinger
Seckinger
Seilinger
   Zeilinger
Seizinger
Seminger
Seringer
Sichinger
Sichlinger
Sittlinger
Sommendinger
Spahinger
Sperling (!)

Scherling
Stackinger
Stockinger
Staudinger
Steininger
Steiniger
Stelinger
Stettinger
Stockinger
Strominger
Suntzinger
Thanninger
   Danninger
Trautinger
Veichtinger s. F!
Vierlinger
Volkinger
Vorsting (!)
Wallinger
Wasinger
Weginger
   Wächinger
Weidinger
   Weidringer
Weilinger
   Weinlinger
Weitzinger
Wenninger
Wiering (!)
Wiesinger
Wiltinger
Winzinger
Wiplinger
Wollinger
Woringer
Wurzinger
Wüstinger
Zainziger
Zatzinger
   Satzinger
Zeilinger
Zeindlinger

2. Von Ortsnamen auf „heim" und „ham"

Zum ältesten Ausbau der ersten Siedlungsschicht gehören die auf „heim" auslautenden Orte. Sie treten gern in der altbairischen Mundartform „ham" auf. Doch muß man auch bei diesen Ortsnamen unterscheiden zwischen den wirklich alten Niederlassungen, die in der Regel mit einem Personennamen zusammengesetzt sind, und späteren Gründungen, die meist mit einer landschaftlichen Bezeichnung gebildet wurden. Die „heim"-Orte sind nicht allzu zahlreich, weshalb auch die aus solchen Ortschaften kommenden Neusiedler nur in beschränkter Zahl den Herkunftsnamen auf „heimer" bzw. „hamer", „hammer" oder abgekürzt „ham" aufweisen. Folgende sind hier zu vermerken:

Ahamer	Dastelsamer	Hegelhamer	Polsamer
Arnheimer	Doppelhammer	Iechtenheimer	Reithammer
Auernheimer	Dupeltsheimer	Kapham	Ruithamer
Auerhann	Durnsamer	Kapfhaan	Rusam
Asam	Ehammer	Kertenheimer	alt: Ruesamer
= Asenham?	Engelsheimer	Lehnheimer	Schmidthammer
Brunnhaimer	Engelsamer	Lierhammer	Stegheimer
Brunnhemer	Engolfshammer	Lindhammer	Stockheimer
Buchhammer	Feldhammer	Machenhamer	Sulzheimer
Busamer	Feldheimer	Mitheimer	Thalhammer s. D!
Dalheimer	Florhammer	Mitheiner	Westhemer (!)
Thalhammer	Froschheimer	Moshammer	Wundsamer
Dollhammer	Hamhamer	Neresheimer	

3. Von Ortsnamen auf „dorf"

Eine weitere Ausbaustufe der Altsiedlungen bezeichnen die Orte auf „dorf". Sie tragen im ersten Teil fast immer einen Personennamen und erscheinen wesentlich zahlreicher als die Orte auf „heim". Die aus ihnen stammenden Kolonisatoren machen sich kenntlich durch den Auslaut ihres Familiennamens auf „dorfer" oder „dörfer":

Abdorfer	Erdmannsdörfer	Kirchdorfer	Scherndorffer
Alersdorfer	Freidörfer	Königsdörfer	Schneidendorfer
Altendorfer	Frohndörfer	Krötendörfer	Schwitzendorfer
Altendörfer	Gifersdorfer	Krottendorfer	Siegersdörfer
Ammersdörfer	Glaßdörfer	Labersdorfer	Spritzendorfer
Aßdorfer	Hagendorfer	Lampersdörfer	Steigersdorfer
Bendendörfer	Handorfer	Langendorfer	Steindorfer
Berndorfer	Heimdorfer	Lindörfer	Trautendörfer
Bimmersdörfer	Helfersdörfer	Lohndorfer	Triebendörfer
Binschdorfer	Hendörfer	Männerstörfer	Ussendörfer
Bogendörfer	Hiesendörfer	Medingdorfer	Uttendorfer
Brodendörfer	Hohendorfer	Mergendorfer	Volkersdorfer
Budendörfer	Hubersdorfer	Mittendorfer	Weberndorfer
Dandorfer	Hundsdorfer	Mottendorfer	Webersdörfer
Deitersdorfer	Hussendörfer	Mühldorfer	Wegersdörfer
Dietersdorfer	Jägerdorfer	Neudörfer	Weglersdorfer
Eckendorfer	Jeringsdorfer	Oberndorfer	Wiedelsdörfer
Emmersdorfer	Isendörfer	Ostendorfer	Wolkersdorfer
Emmendörfer	Kehrsdörfer	Pendorfer	
Ennesdorfer	Kemmendörfer	Rubenstörfer	

4. Von Ortsnamen auf „hofen" und „hof"

Sie kommen in ziemlicher Zahl vor. Die zum Altausbau gehörigen Orte, wohl meist grundherrschaftliche Großhöfe, lauten auf „hofen" aus; die auf „hof" endigenden gehören im allgemeinen einer späteren Siedlungsperiode an. Die aus ihnen hervorgegangenen Siedler weisen sich durch den auf „hofer" oder „höfer" auslautenden Familiennamen aus. Hier sind aufzuführen:

Ardtnetzhofer	Genthofer	Odhöfer	Viehhöfer
Bentzhöfer	Gernhofer	Pfenninghofer	Vorthofer s. F!
Biberhöfer	Gersthofer	Punkenhofer	Wagenhofer
Blauhöfer	Grubhofer	Ranhöfer	Waldhofer
Buikenhofer	Hanhöfer	Rendlhofer	Walchofer (!)
Danhöfer	Herrgottshöfer	Rödelshofer	Walkshofer
Dumhofer	Intzenhofer	Rothenhofer	Warnhöffer
Egelhofer	Kalhofer	Röttingshöfer	Weckhofer
Eitelhöfer	Kohlhofer	Sandhöfer	Weghöfer
Enzenhofer	Kirnhöfer	Schachenhofer	Weigethöfer
Farthöfer	Koppenhofer	Schönhöfer	Wiedenhöfer
Fatthofer	Lasihofer	Schützenhöfer	Windhöfer
Forsthofer	Maierhofer	Schwinghofer	Wolfhöfer
Fronhöfer	Mayrhöfer	Seehöfer	Wolhöfer
Furthofer	Marhofer	Sindhofer	Zellhöfer
Garthofer	Meigelhöfer	Stitzenhofer	Zollnhofer
Gebelstoffer	Mittelhöfer	Sundershofer	
Geishöfer	Mönchshofer	Unterhofer	

Herkunftsnamen von Orten im späteren Siedlungsgebiet

Gemeint sind hier vor allem die Orte, die in ihrer Benennung die erst später besiedelte Landschaft widerspiegeln und darum von Berg und Tal, Fluß und Bach, Wald und Wiese, See und Aue usw. zu uns reden. Gewiß finden sich auch unter den in der Gruppe I aufgeführten Ortsnamen manche, die in ihrer Zusammensetzung solche landschaftlichen Merkmale aufweisen, aber sie geben dort nicht den Ausschlag, da dort der Nachdruck auf den auslautenden charakteristischen Siedlungsbezeichnungen „Hof", „Heim" „Dorf" und dem patronymischen „ing" ruht. Aber hier in Gruppe II ist es gerade der Auslaut, der aus der Landschaft entnommen ist und dem Ortsnamen sein Gepräge gibt. Entsprechend gestalten sich dann auch die Familiennamen von Personen, die aus solchen Orten stammen. Sie sind in ihrer Art außerordentlich verschieden; doch ragen einzelne Gruppen besonders hervor und werfen ein bezeichnendes Licht auf die von den Kolonisten seinerzeit, meist ziemlich spät, besetzten und kultivierten Landschaften (Berg- und Waldland mit viel Talgehänge, Bächen, Flüssen, Mooren usw.).

1. Von Ortsnamen auf „bach"

Niederlassungen, deren Namen auf „bach" endigt, können schon sehr früh entstanden sein, können aber ebensowohl erst aus ganz später Zeit stammen. Mitunter hat der Erstsiedler dem Bache seinen Namen gegeben, in der Regel aber erhielt der Siedler von dem schon vorhandenen Namen des Baches seinen Familiennamen. Dieser erhielt dabei den Auslaut „bacher" oder mit dem Umlaut „bächer" (becher, becker) oder abgekürzt „beck" (auch „weck"). So ergaben sich folgende Exulantennamen:

Ackspeck	Eschbach	Igelsbeck	Röttenbacher
Appeneschbacher	Eschelweck	Käßbacher	Röttelbacher
Abmeschbacher	Eschlbecker	Mailnpeck	Schalenbeck
Aspacher	Eybeck	Meisenbeck	Siebenbeck
Balweck	Feigenbeck	Mühlbacher	Steinbeck
Bierbeck	Fürbeck	Mühlbeck	Tausenbeck
Biernbacher	Gernbacher	Muschenbeck	= Dauschenbacher?
Bilßbacher	Grafenbeck	Muschweck	Thonbacher
Boiweck	Grasbeck	Mußbeck	Tiefenbacher
Bruckbacher	Großbeck	Nußbeck	Viehbeck
Büchelbacher	Grießbacher	Ölbeck	Vierbeck s. F!
Buschweck	Grießbeck	Öschbacher	Vornbacher
Cröttenbacher	Greßbeck	Eschbacher s. o.!	Wattenbach
Danglsbecker	Haibeck	Raitzenbeck	Weißbeck
Daßbeck	Heubeck	Raspacher	Wesenbeck
Dauersbacher	Habeck	Respacher	= Besenbeck?
Dauschbacher	Hahnbeck	Ratzenbeck	Wesenbecker
Dauschenbach	Heynbeck	Rechtebacher	Zollweck
Degenbeck	Heybacher	Reichenbeck	
Deuretzbacher	Hüttenbacher	Roßbacher	

2. Von Ortsnamen auf „berg"

Österreich ist zum weitaus größten Teil ein Berg- und Gebirgsland. Selbst die südlich der Donau hinstreichende Ebene zeigt sich meist wellig mit verschiedenen Höhenzügen und auch Bergrücken. Da ist es kein Wunder, daß sich so viele Bergnamen finden. Von ihnen haben auch die Niederlassungen an oder auf ihnen in recht zahlreichen Fällen den Namen erhalten, und mit diesen war auch der Familienname wenigstens für die ersten Ansiedler und später für die Auswanderer gegeben. Die Exulanten weisen folgende „berger" auf:

Abelsberger	Arnsberger	Bauernberger	Bittenberger
Abenberger	Artztberger	Beketsberger	Braunberger
Abendberger	Azeberger	Benberger	Braunsberger
Achberger	Bamberger	Berger	Brochenberger
Adesberger	Baumberger	Bergner	Bubenberger
Altenberger	Bomberger	Bielberger	Buchberger
Amberger	Bannesberger	Biminsberger	Buntzenberger

Creutzberger
Cropfenberger
Dietenberger
Dirnberger
Dobersberger
Dornberger
Doschberger
   Duschberger
Dürsberger
Ebenberger
Eckersberger
Edersberger
Ehrenberger
Eigesberger
Eisenberger
Eitzenberger
Elisberger
Eltenberger
Endresberger
Enselsberger
   Enßlisberger
   Enslersberger
   Enzlinsberger
Ensenberger
Eselberger
Eysenberger
Feuchtenberger
Flammberger
   Flomberger
Flohberger
   Flochberger
Freiberger
Freudenberger
Frindtberger
Fronberger
Fuchsberger
Gagberger
Geißelberger
Geußnberger
Göbberger
Goldberger
Grauberger
Greifenberger
Grillenberger
Grießberger
Grötenberger
Grubenberger
Guckenberger
Güttenberger
Hackelberger

Hamberger
Haselberger
Haubenberger
Heckelberger
   Heckersberger
   Heckenberger
Heerberger
Hefnersberger
Heheberger
   Höhberger
Heidenberger
Helfenberger
Hemetzberger
Hessenberger
Heuberger
Himmelberger
Hinterberger
Hirschberger
Hohenberger
Hüllenberger
Jeßberger
Innetzberger
   Enetzberger
Kaltenberger
Kandtenberger
Kapfenberger
   Kopfenberger
Katzenberger
Kieberger
   Kühneberger
Kirchberger
Kizberger
Königsberg
Koppenberger
Kraheberger
   Kreberger
Kraneberger
   Kronberger
Krautberger
Kremberger
Kremßperger
Kreusberger
   = Creutzberger?
Krisenberger
Krötenberger s. G!
Kuffberger
Lamberger
Lammerberger
Laßberger
Leinberger

Leysenberger
Lichtenberger
Lietenberger
Lilienberger
Lippenberger
Lohberger
   Lohnberger
Manitzberger
   Meinhardsberger,
   später Monatsberger
Massenberger
Mittenberger
Mühlberger
Nornberger
Nürnberger
Obesberger
Ochenberger
Ölberger
Ortensberger
Oßberger
Ottenberger
Pfaffenberger
Pflugsberg
Pilberger
Plänckelberg
Plankenberger
Ploberger
Ponberger
Pramberger
Puntzenberger
Rabesberger
Ramberger
   Romberger
Rechenberger
Rehberger
Reißenberger
Rieffsberger
   Rieffelsberger
Rietberger
   Rittberger
Riezenberger
Rodberger
Rodelberger
Römischberger
Rübisperg (!)
Rudersberger
Schabatzberger
Schafelsberger
Schaffberger
Schamberger

Schaumannsberger
Schaumberger
Schedelberger
Scheibenberger
Scherberger
Scherlberger
Scheuberger
Schigberger
Schindelberger
Schlagberger
Schlaberger
Schloberger
Schmalberger
   Schmollenberger
Schmidberger
Schneeberger
Schönberger
Schoßberger
Schroberger
Schrotberger
Schrotzberger
Schwangberger
Schwertberger
Seybelsberger
Spiegelberger
Spitzenberger
Stadelberger
Steinberger
   Stanberger
Steinesberger
Stranberger
Straußberger
Stromberger
Stulberger
Sumasberger
Umberger
Veitsberger
Waltenberger
Weinberger
Widenberger
   Wirdenberger
Wiesenberger
Willmesberger
Wimberger
Wimmersberger
Wintersberger
Wolfsberger
Zedersperger
Zwingerberger

133

3. Von anderen der Berglandschaft entnommenen Ortsbezeichnungen

Eck (Bergecke, Bergnase):

Abecker	Heidecker	Langecker	Schönecker
Bauerecker	Heydegger	Lichtenecker	Schwabecker
Bernecker	Helmecker	Liechtenäcker	Selmecker
Bornecker	Huberecker	Mitterecker	Steuerecker
Dreyecker	Hungerecker	Miederecker	Stürzenhofecker
Elmecker	Kaltenecker	Mühlecker	Wartdecker
Gansecker	Kieffenecker	Oberecker	Wiesenecker
Gensecker	Klaußecker	Redlecker	Zinneck
Haberecker	Kornecker	Rüdecker	Zynegger
Hoberecker	Lamecker	Schaffreger	Zennegger
			Zenneck

Kogel (Berghöhe):

Kogler
Kugler
Gugler
Oberkogler

Ruck (Bergrücken):

Bambrucker
Baumrucker

Buck (niedriger Höhenrücken):

Bücklein
Hohenbog

Hauck (Höhe):

Hauger
Haug

Staufen (Berg):

Stauffer

Fels:

Felßner

Bühl (Anhöhe):

Bühler	Beihler	Lindlbühler	Steinbühler
Biller	Büchler	Linsenbühler	Weißenbühler
Pühler	Danbühler	Linzbühler	
Böhler	Kirchenbüchler	Linkspühler	
Beuler	Lindenbühler	Sandbühler	

Stein (Felsen):

Bernsteiner	Felsensteiner	Hohlensteiner	Prinzensteiner
Blausteiner	Felsenstein	Holzsteiner	Pinzensteiner
Blobensteiner	Gräbensteiner	Koppenstein	Steiner
Blomsteiner	Heyligsteiner	Kobensteiner	Stein
Breitensteiner	Hirschsteiner	Kittsteiner	Steinl
Becksteiner	Hirsteiner	Kießsteiner	Schwarzensteiner
Casteiner	Hundssteiner	Lugenstein	Wallsteiner
Gasteiner	Holnsteiner	Pallensteiner	Wettersteiner
			Willensteiner

Leite (Berghang):

Arnleitner	Hagleidner	Leidler	Sonnleitner
Auleitner	Hochleiter	Mühlleitner	Sengleitner
Bachleitner	Haußleuter	Oberleitner	Stegerleuter
Bösenleitner (!)	Hinterleitner	Pemleitner	Strangleitner
Ehrenleutner	Hirschleitner	Pfaffenleider	Strohmleitner
Ehleutner	Hießleitner	Redleiter	Ungleutner
Endtleitner	Kaltenleuthner	Schönleitner	Zahnleutner
Fuchsleidner	Leitner	Schoberleitner	
Galeitner	Leitel	Schobelleitner	

Tal:

Brunthaler	Grunthaler	Mennethaler	Thalmann
Buchstaler	Heildaller	Münchthaler	Wetzenthaler
Dettenthaler	Heiligenthaler	Neuenthaler	Wormthaler
Freyenthaler	Hüfenthal	Ottenthaler	Reinthaler
Fürthaler	Krottentaler	Reichenthaler	
Vierthaler	Markthaler	Thaler	

Boden (Talboden):

Bothner
Bödenler
Bötnler

Tobel (Engtal):

Agatobler	Dobler	Kühdopler	Wiebelsdobelein
Augendopler	Ehrdopler	Martobler	
Dengedobler	Ehedopler	Werzeldobler	

Grube (tiefe Talmulde):

Altengruber	Grieber	Löschengruber	Steingruber
Berngruber	Grübler	Münzengruber	Walßgruber
Birngruber	Haselgruber	Menzengruber	Weißgruber
Ehrngruber	Helletzgruber	Nothgruber	Weißengruber
Engruber	Kalkgruber	Obergruber	Wolfsgruber
Gruber	Kolgruber	Reingruber	
Grubner	Ländesgruber	Schönamsgruber	

Graben:

Gräbner
Grobner
Hüttgraber

4. Von Ortsbenennungen nach den Gewässern des Landes

Flüsse (Enns, Gusen, Rodel, Pram, Mur):

Enser   Murr
  Enzer   Pramer
Gußner   Radler
Gusel   Rottler

Bäche (zu „bach" siehe Ziff. 1, daneben „ach"):

Acher   Solach
Bacher   Steinacher
Hussach   Steiniger

Brunnen (Quellen):

Brunner   Kaltenbrunner
Bodenbrunner   Kühebrunner
Ennsbrunner   Siebenbronner
Geißelbrunner   Sügbronner

Seen:

Seemann
Himmelseher
Osterseher

Wasser:

Fedtner	Kniewaser	Weyermann
Fürtner	Teichler	Wieder
Kling	Wassermann	
Klingen	Wasserthoma	

Lache (feuchtes, sumpfiges Gelände):

Gerlach	Lager
Kauerlacher	Mitlacher
Kranlacher	Waldlacher
Lachner	

Moos (= Moor, Sumpf):

Behmoser	Obermoser
Dottermoser	Röhrmoser
Moser (sehr oft)	Zeemoser
Moßwölfel	Zermoser

5. Von örtlichen Bezeichnungen nach der Vegetation des Landes

Wald:

Grafenwähler	Lichtenwalder	Stegenwalder
Grodenwaller	Lichtenwahlner	Waldner
Grünwald	Mosewald	Wallner

Holz:

Bannholzer	Durchholzer	Großholzer	Holzlein
Bonholzer	Eichholzer	Hinterholzer	Hölzel
Bauholzer	Endtholzer	Hochholzer	Interholzer
Buchholzer	Gemeinholzer	Holzner	Unterholzer
			Ziehenholz

Hag:

Haager	Högen
Hagen	Hagenstoffel
Hägen	

Schachen (Waldstück):

Danschacher Schocher
Schacher Veitschag

Lohe (lichter, grasiger Wald):

Crantzloh Löchner
Götzenloher Löger
Lenglocher

Hecke, Staude, Busch:

Bisch Kindeslshecker
Dorner Schlehdorn
Grünsteudel

Ried:

Egenrieder
Oppenrieder
Rittner

Rohr:

Rorer
Rorich
Fürnrohr

Heide:

Hader Heydner
Haider Heyden
Heid Heidemann
Heidel

Grün:

Grehn
Grüner
Kreen

Sand:

Sandtner

Bäume:

Assenbaum	Buchbaum	Kerstbaum	Kriechbaumer
Osenbaum	Buxbaum	Keßbaum	Krüglbaum
Baumer	Feldbaum	Kirßbaumer	Lehrbaum
Baumheckel	Hagenbaum	Kriechenbaum	Nußbaum
Birnbaum	Kerschbaum	Kriegbaum	Rosenbaum

Saalbaum	Albersthan	Tänner	Roßbucher
Zahlbaum	Aichel	Scharndonner	Lindner
Zollbaum	Aychler	Tscherndanner	Oberlinder
Stengenbaum	Birker	Schwandonner	Pürckstübner
Störzenbaum	Birklein	Fiecht	Birkstammer
Weichselbaum	Bucher	Feucht	Holzapfel
Weixelbaumer	Buchner	Feuchtner	Kronewett
	Dänner	Heinbucher	(= Wacholder)
			Rebenstock

Aue:

Auer	Gracklauer	Matauer	Reiffenauer
Auger	Grünauer	Modauer	Rosenauer
Armnauer	Glockauer	Muhrauer	Schönauer
Arneuer	Herrau	Neidauer	Stichauner (!)
Aschauer	Immlauer	Niederauer	Wallsauer
Brandauer	Korntauer	Oberauer	Wasenauer
Brattauer	Langenauer	Pranauer	Weisenauer
Donauer	Lengauer	Rabenauer	Wilnauer
Egelauer	Lanauer	Rammelauer	
Eschenauer	Liebenauer	Raschauer	
Fruschauer	Machauer	Rodauer	

Wang:

Bißwanger	Eschwanger
Burwanger	Holzwang
Dürrnschwang	Wenger
Edelwanger	

6. Von ländlicher Kulturarbeit zeugende Orts- und Familiennamen

Reuten:

Reuther	Raitel	Buchreiter	Langreuther
Reiter	Redel	Donreuter	Ochsrädtlein
Roiter	Reudler	Gutzreuter	Parreuter
Rother	Rädlein	Hochradel	Sepenreuter
Ruitner	Raid	Hochrödel	Sichreuther
Rottner	Rath	Hochreuter	Straßenreuter
Rötter	Kreid	Hahreuter	Vogelreuther
Retner	Altreuter	Hartenreuter	Wallenreuter
Rader	Bernreuther	Hinterreuter	Wallroth
Rattler	Bornreuter	Kreitner	Wienraid
Reutel	Bromreuter	Kindelsreuter	Wurat

Brennen:

Abrandtner	Brendlein
Brand	Brandstätter
Brandner	Ehrenbrandtner
Brendel	

Sengen:

Asanger	Gsenger
Feuersenger	Osanger

Schwenden:

Schwendtner	Ehrnschwender
Schwandtner	Hagenschwander

Stockreste (von der Stulterarbeit):

Stocker	Steck
Stöckel	Stuck
Stückler	

Schlagen (des Waldes):

Schlager	Eckenschlager	Merkenschlager	Waldschlager
Schlög	Eckeringschlager	Merkelschlager	Wittigschlager
Schlegel	Frauenschläger	Pruckschlegel	Wittenschlager
Boschlager	Fronschläger	Pischschläger	
Dornschläger	Hengschlegel	Sengstschläger	
Dürneschleger	Kirchschlager	Sengstschlegel	

Feld:

Bretfelder	Feldler	Heufelder	Pirkenfelder
Bartenfelder	Fellner	Kornfelder	Querchfelder
Burnfelder	Felmer	Landfelder	Reinfelder
Endtsfelder	Föhler	Landfehlner	Salfelder
Ennsfelder	Felbener	Lavelner	Traunfelder
Feldner	Haberfelder	= Leonfeldner	Windsfelder

Acker:

Adacker	Bohnacker	Hofhacker (!)	Schauhacker (!)
Behacker	Gundacker	Nothacker	Sitzacker
Besacker	Gundacher	Ortacker	
Bösacker	Hahnacker	Rubacker	

Wiese:

- Wieser
- Wiesner
- Wieserner
- Breitwieser
- Pritwieser
- Creutzwieser
- Königswieser

Garten:

- Baumgärtner
- Baumgarttner
- Brügartner
  vielleicht slawisch
  = Prägartner
- Gartner
- Gärtner
- Hopfengärtner
- Steingärtner
- Steingarterer
- Weingart
- Weixelgartner

Peunt:

- Beuntner

Zagel (Endstück einer Flur):

- Zagler

Haus:

- Deffeltshauser
- Fellnhauser
- Forhauser
- Hauser
- Häußer
- Hauserer
- Hohenhauser
- Holzhauser
- Neuhäuser
- Oberhauser
- Offenhäuser
- Richthauser
- Steinhauser
- Umbhaus
- Waldhauser

Hütte:

- Hüttner

Stätte:

- Amstetter
- Gramastetter
- Bamastetter
- Hochstetter
- Jackstetter
- Kürstetter
- Ochstetter
- Seilgenstetter
- Sossenstetter
- Stettner
- Stättner
- Städler
- Staidler
- Sulzstedtner

Stadel:

- Hofstadler

Dorf:

- Dorfer
- Dorfner

Anger:

Angerer

Weg:

Aßenweger	Eschenwecker (!)	Hollweger	Mayrweger
Austerweger	Farrenwäger	Hohenwecker	Weger
Baumweger	Gebweger	Hohweger	Wegner
Beckelweger	Grasswäger	Leutzenweger	Wäger
Bechelweger	Großweger	Lentzenweger	Wecherer
Beierweger	Hollaweger	Lippschwäger	

Straße:

Straßer
Straßner

Brücke:

Brucker   Baubrücker
Bruckner   Brückel
Brückner   Prigel

Steg:

Steger
Stöger
Stöcher

Steig:

Rittsteiger

Öden (ödliegendes Gemeindeland, von Einzelsiedlern angebaut):

Öder	Bohmeder	Gaßeder	Kebleder
Eder	Baumeder	Greifenöder	Kemmeter
Ederer	Catheder	Gräfeneder	Kleinöder
Etner	Katheder	Habersoder (!)	Kochet
Ötter u. ä.	Grammeter	Halberzeder	Königsöder
Alberseder	Crommetter	Helbertseder	Krameder
Ameseder	Emet	Hammeter	Leibezeder
Ammonseder	= Ebenöd?	Haneder	Leuboldsöder
Beneder	Fischeder	Haugenöder	Luckeneder
Berneder	Fischötter	Hemmeter	Lunkenöder
Baselseder	Flexeder	Heydnöder	Lucanöder
Barcheder	Flichseder	Heymeter	Machezeder
Benlöder	Füreder	Holzöder	Michlöder
Billnetter	Fuxöder	Hoppeneder	Mitteneder
Blineder	Gassenseder	Hoppennieder	Mitenad
Bonneder	Geiselsöder	Humpeneder	Mühlöder
Breitenöder	Gasselseher	Kataseder	Neidelsöder

Obenöder	Rödelsöder	Staletter	Unleder
Obeneter	Rotheneder	Starrleder	Venholneder
Obeseder	Rottenetter	Stadeleder	Vockeneder
Omeseder	Rumöder	Steckleder	Vogeleder
Rabeter	Schustereder	Steineder	Wolleder
Reinlasöder	Schudeneder	Sternöder	Zehneter
Reineleseder	Stahleder	Thumseleder	= Zehenter?
Reindelsöder	Stallederer	Uneder	

Sonstige Herkunftsnamen

Bei den nachfolgenden Familiennamen läßt sich nicht überall ein Nachweis erbringen, daß sie aus bestimmten Orten oder Landschaften herrühren; es kann eine solche Herkunft vielfach nur vermutet werden. Die Möglichkeit ist darum nicht ausgeschlossen, daß mancher Name eine alte Berufsbezeichnung in sich birgt oder daß auch ein alter deutscher Personenname dahintersteckt. Auch slavische Herkunft ist nicht ausgeschlossen. Die oft mehr als mangelhafte Schreibung der Namen in den urkundlichen Überlieferungen nötigt überdies zu weitgehenden Vorbehalten. In diesem Sinne seien die nachstehenden Exulantennamen verzeichnet:

Agner	Cronenbürger	Gögner	Kagerer
Aigner	Crotter	Gölner	Kammerer
Amment	Depser	Gönner	Kapfer
Arauner	Diemerger	Görtzer	Kapfler
Ureiner	Dirker	Götscher	Kästler
Artner	Distler	Gräner	Kästlein
Ortner	Dollheuber	Graßel	Keger
Ascheneller	Doßelner	Grässel	Kehrer
Astner	Drabard	Groderer	Kempner
Babner	Dresler	Großer	Kestner
Bachmann	Dürer	Großner	Keutner
Bankottner	Eberneuber	Haderer	Kirchgasser
Bargfridt	Ebner	Hamat	Klampfer
Bartner	Eller	Hammer	Kleeheb
Bauckner	Embtner	Han	Knopler
Baudner	Flenzer	Harlos	Kodner
Benitzer	Freysiesen	Harrer	Kopper
Besenmater	Frörer	Heimader	Kotter
Besemarter	Füllmader	Heymather	Kragler
Betschner	Gacker	Helmer	Krandner
Bingast	Galster	Herkommer	Kresser
Pingest	Gänser	Hirner	Kreutzer
Blasser	Gäßlein	Horn	Krotter
Bogner	Gaßner	Horner	Krummer
Bottner	Geißner	Hornring	Lahner
Bunscher	Genter	Hütsgern	Lohner
Camer	Gerether	Janitscher	Laibacher
Cammerer	Gienger	Innsbrückner	Landgromer
Capelner	Glaßriegler	Inßburger	Langler

Lauberer	Padner	Schadler	Steuber
Lautner	Parzer	Schantzer	Steurer
Legler	Portzer	Schaubner	Stixen
Leiser	Peterer	Schauer	Störer
Linsenboden	Peugger	Scheller	Strimmitzer
Linz	Peuntlein	Scheubler	Stübner
Luger	Planer	Scheubner	Stumpner
Mader	Pommer	Scheuer	Treuber
Magenschat	Brommer	Schlatter	Tupfrer
Malser	Prieger	Schleicher	Überwimmer
Manderer	Ramser	Schletterer	Unterrobler
Maßler	Räner	Schlöderer	Vogelsinger
Mathama	Rauthner	Schneller	Völkner
Meicherner	Reindel	Schoderer	Wadeler
Mieser	Reinel	Schönebner	Wandschamler
Mitterer	Reiser	Schottner	Webertaufer
Möderer	Reusner	Schweiger	Weinzierlein
Morgner	Reizenartner	Seinser	Weinzichlin
Mösel	Renner	Sichartner	Weißkircher
Mottner	Reutelhübler	Siegmader	Welser
Mühlborzer	Rinnerer	Sperer	Weninger
Mümmler	Riser	Spitaler	Wiesenburger
Nader	Rogner	Spitzer	Winkler
Niedermesser	Ronweller	Stapfer	Wubner
Niederstraßer	Rosser	Stopfer	Würzweiller
Obaseider	Rübler	Steber	Zahner
Offner	Rubner	Steiger	Zauner
Ortmann	Ruckriegel	Steinbeißer	Zeirzer
Ortner	Rüstner	Steinbruch	Zierzerer
Ottner	Sambter	Steinder	Zeitzer
Ostäckel	Samler	Steinmäßel	Zeller
Oster	Samenturger (!)	Steinparzer	Zöhler
Ostermann	Schabner	Steinporter	Zuckermantel

Hierher gehören auch die allgemeinen Stammesbezeichnungen:

Baier	Frank	Schwab
Beurer	Hunger	Schwarzlender
Baierfrieder	Krainer	Türk
Behmer	Oberländer	

Berufsnamen

Unter den von einem Berufe abgeleiteten Exulantennamen sind in erster Linie die aus der Landwirtschaft stammenden zu nennen, entsprechend dem weit überwiegend agrarischen Charakter der österreichischen Länder. Doch treten hier die meisten in Städten ausgeübten Berufe wesentlich stärker hervor in den Familiennamen, als dies bei den bisher aufgezählten Namen der Fall war. Eine scharfe Scheidung zwischen Stadt und Land läßt sich allerdings nicht vollziehen, da auch landschaftlich eingestellte und auf dem Lande wohnende Leute häufig noch im Nebenberufe gewerblich tätig waren, z. B. in der Weberei, Zimmerei, Waldarbeit, Schmiede-, Maurer- und anderer Tätigkeit. Umgekehrt pflegten auch Stadtbewohner, besonders in den kleinen Städten, neben ihrem Hauptberufe in irgend einem Gewerbe noch vielfach Landwirtschaft zu treiben.

1. Die mit dem Wort „Bauer" gebildeten Familiennamen

Bauer	Deinselbauer	Kirchbauer	Rastelbauer
Pauer	Edelbauer	Klammbauer	Reißenbauer
Paur	Fürbauer	Kohlbauer	Riegelbauer
Beuerlein	Gabitzbauer	Krettenbauer	Ringbauer
Bauer am Weg	Gaubitzbauer	Kroißbauer	Rosenbauer
Achbauer	Glaubitzbauer	Lachbauer	Rothbauer
Arbauer	Gaisbauer	Langbauer	Scheiterbauer
Arnbauer	Geußbauer	Leidenbauer	Schlottbauer
Artbauer	Geisenbauer	Lettenbauer	Schmidbauer
Bachbauer	Gallbauer	Liebbauer	Schwarzbauer
Banßbauer	Gollbauer	Loderbauer	Stadelbauer
wohl = Ganßbauer	Gänsbauer	Lützenbauer	Steinbauer
Beckerbauer	Genßpaur	Marschbauer	Traunbauer
Berkertbauer	Gatterbauer	Meidelbauer	Trambauer
Brechenbauer	Geidenbauer	Mitterbauer	Tranbauer
Brechtelsbauer	Gmeinbauer	Mitterkirchbauer	Uhlbauer
Birgbauer	Gräblpaur	Nagelbauer	Vaterbauer
Crobauer	Gräbelbauer	Neubauer	Weichbauer
Krohbauer	Hanfbauer	Oberbauer	Wiesenbauer
Graubauer	Heiderbauer	Pempauer	Witenbauer
Dannenbauer	Herrenbauer	Rainebauer	
Donbauer	Holzbauer	Rannabauer	

2. Die mit den Worten „Huber" und „Lehner" zusammengesetzten Namen

Bezeichnete das Wort „Bauer" in alter Zeit den Besitzer eines Vollhofes, so war der „Huber" der Inhaber eines Halbhofes, einer Hube oder Hufe. Der „Lehner" dagegen hatte ein Gut inne, das ihm von einem Grundherrn gegen bestimmte Abgaben zur Nutzung überlassen, „geliehen" worden war und darum „Lehen" (= Leihe) hieß. Die Größe des Lehens war verschieden, schwankte für gewöhnlich zwischen einem Halbhof und einem Viertelshof. An Exulantennamen sind hiebei zu nennen:

Huber	Kastenhuber	Wurmhuber	Kindlehner
Hubmann	Klingelhuber	Zornhuber	Kühnlechner
Hubmer	Königshuber		Meßerlechner
Hübner	Lettenhuber	Lehner	Mühllöhner
Huebner	Maierhuber	Löhner	Oberlehner
Hober	Mollenhuber	Lechner u. ä.	Pfaffenlehnlein
Hubler u. ä.	Niederhuber		Rodlehner
Bachhober	Oberhuber	Almanslehner	Rudelöer
Böhmhuber	Oberhüber	Almeslehender	Schmidlehner
Brunnhüber	Reutelshuber	Bahnlöhner	Schneidlehner
Buchhübner	Riesenhuber	Böhmlehner	Schullehner
Burzhueber	Rißhuber	Bebenlehner	Steglöhner
Flockenhuber	Rüsselhuber	Behamlehner	Steinlechner
Forthober	Schacherhuber	Bronnlechner	Sturmlehner
Grauhuber	Schergenhuber	Chorlehner	Weglehner
Hackuber	Schmidhuber	Federlöhner	Weglöhner
Illihuber	Stelzhuber	Gadelehner	Zulehner
Kammerhuber	Vogelhuber	Gartenlöhner	

3. Sonstige Berufsnamen aus der Landwirtschaft (einschließlich der „Müller")

Wiedemann, auch Wittmann (Bebauer des Pfarr-Widums), ähnlich Baumann, vielleicht auch Kirchleb. Söllner (Inhaber einer „Selde", eines Kleingutes), Bratensöllner, Köbler (Inhaber einer Behausung mit wenig oder auch keinem Besitz). Zur Viehzucht und Käsebereitung zählen: Schwaiger (Schwäger), Schweizer, Foisner, Keßner. Einhebung des Zehnten: Zehenter, Zehnmeister.

Andere Berufe: Drescher, Haberkorn, Rockstroh, Imler und Pymann (= Bienmann) (Bienenzucht). Mit dem Flachsbau hängen zusammen: Die vielen Weber, dazu Bürgweber, Ländlerweber, Reichweber, Leinisch, Zwirner (Zwerner).

Hierher gehören auch die vielen Mühlen auf dem Lande und die entsprechenden Namen:

Bruckmüller	Contzmüller	Kambmüller	Krottenmüller
Brunnmüller	Enzingmüller	Kitzmüller	Grodtmüller
Bronnmüller	Einzigmüller	Kränmüller	Kumpfmüller
Buchmüller	Freymüller	Kräemüller	Ledermüller
Buckelmüller	Hoffmüller	Krönmüller	Maiermüller

Markmüller	Offenmüller	Scherrmüller	Steinmüller
Mosmüller	Polsenmüller	Schiffermüller	Traumüller
Neumüller	Rattelmüller	Schlözmüller	Wallmüller
Niedermöller	Riedmüller	Segmüller	Wiesmüller
Niederreichmüller	Rommelmüller	Stegmüller	Wintermüller
Obermüller	Rammelmüller	Steigenmüller	Ziegelmüller

Weiter sind hierher zu rechnen die Namen auf „Maier" (siehe nachfolgende Zusammenstellung).

4. Die mit dem Berufsnamen „Maier" gebildeten Familiennamen

Die „Maier" waren die Verwalter und Bewirtschafter der von den Grundherren (Fürsten, Klöster, Adelige usw.) für ihren eigenen Lebensbedarf unterhaltenen Güter und Höfe, meist Großhöfe. Da es in Österreich sehr viele solche Gutshöfe gab, so gab es auch viele Maier; daraus erklärt sich die Vielzahl der aus diesem Berufe entstandenen Familiennamen. Die Schreibweise des Namens „Maier" ist außerordentlich mannigfaltig: Maier, Meiner, Mayer, Meyer, Mair, Meir, Majer, Mejer, Major, Mar, Mahr, in Zusammensetzungen mitunter abgekürzt in „mer". Da fast bei jedem Namen eine mehrfach verschiedene Schreibweise in den Kirchenbüchern und anderen Urkunden erscheint, ist es zwecklos, alle die Verschiedenheiten zu vermerken. Es wurde deshalb im Nachfolgenden eine einheitliche Form gewählt, und zwar diejenige, die einerseits der lateinischen Grundform des Wortes und andererseits der österreichischen Aussprache am nächsten kommt, die Form „Maier". Als Exulantennamen treten auf:

Achmaier	Brandmaier	Eiselmaier	Hachmaier
Aichmaier	Britzelmaier	Ellmaier	Halbmaier
Eichmaier	Bruckmaier	Emaier	Hauffenmaier
Angelmaier	Brunnhubmaier	Ettamier	Hauffmaier
Angermaier	Buchmaier	Edmaier	Hausenmaier
Artmaier	Casermaier	Edmar	Haußmaier
Aumaier	Casenmaier	Faulmaier	Hedelmaier
Azenmaier	Cremelmaier	Filtzmaier	Heidelmaier
Bachmaier	Dankmaier	Gadernmaier	Heilmaier
Bachelmaier	Dankenmaier	Gattermaier	Heylmaier
Bamaier	Danselmaier	Gadelmaier	Heldenmaier
Battermaier	Demmelmaier	Geiselmaier	Hemermaier
Bottenmaier	Denkmaier	Gerstenmaier	Hetmaier
Bechermaier	Diepmaier	Gillmaier	Hetmar
Pechmaier	Dittelmar	Gootomaier	Hiebmaier
Bestelmaier	Dittmaier	Grießmaier	Hiemaier
Beuerlmaier	Dobelmaier	Grimmelmaier	Hintermaier
Biermaier	Dollmer	Grolmaier	Hittenmaier
Billmaier	wohl = Talmaier	Großmaier	Hüttelmaier
Bielmaier	Dorfmaier	Gubmaier	Hitzmaier
Biringmaier	Ebmaier	Güntzelmaier	Hochmaier
Bißmaier	Ebmer	Habermaier	Hollenmaier
Bognermaier	Eckmaier	Habmaier	Holzmaier
Bonnmaier	Eienmaier	Hobmaier	Hoymaier

Hubmaier	Malmaier	Praxmaier	Strohmaier
Hubmar	Malzmaier	Prutzelmaier	Stromer
Hütmaier	Meidelmaier	Rabmaier	Stumpmaier
Huetmaier	Mertelmaier	Radelmaier	Süssenmaier
Ittenmaier	Märlmaier	Raintmaier	Thalmaier
Jungmaier	Minnamaier	Rallmaier	Thobermaier
Kammermaier	Minnemar	Reitmaier	Volmaier
Kappelmaier	Minnimer	Roidtmaier	Vorredmaier
Käßmaier	Mittermaier	Riegelmaier	Wagnermaier
Katzmaier	Mittelmaier	Rittenmaier	Waltenmaier
Kathmer	Mönchmaier	Rohrmaier	Wegmaier
Kaymelmaier	Münchmaier	Rothmaier	Weißmaier
Kemmelmaier	Mosenmaier	Rubmaier	Weißmer
Kaysermaier	Moßmaier	Rüdelmaier	Wellmaier
Kellermaier	Nebmaier	Salmaier	Wenkenmaier
Kirchmaier	Nebmer	Salmer	Westermaier
Kleißmaier	Neumaier	Sandmaier	Wiemaier
Kletzmaier	Nehmaier	Schachamaier	Wimmer
Klingemaier	Niemaier	Schadtmaier	Wiesmaier
Knollmaier	Nehmer	Schallmaier	Wißmar
Kohlmaier	Niedermaier	Schaupmaier	Wißmer
Kreehmaier	Obermaier	Scheffmar	Wißmarein
Kreiselmaier	Owenmaier	Schellmaier	Wittenmaier
Kremmelmaier	Oettmaier	Schemer	Witmer
Kriegmaier	Ödmaier	Schreibermaier	Wiedmer
Krueßmaier	Ettmaier	Schöffelmaier	Wibner
Kürmaier	Otmaier	Sigelmaier	Wolfmaier
Lachenmaier	Packmaier	Sonnenmaier	Wollmer
Lehmaier	Pechmaier	Speckmaier	Wunschmaier
Lemmer	Pichelmaier	Spießmaier	Zalmaier
Lettenmaier	Pilmer	Stadelmaier	Zalemer
Linsenmaier	Bilmaier	Stegenmaier	Zedelmaier
Löbmaier	Plaselmaier	Steigenmaier	Zeylmaier
Lohmaier	Polmaier	Stempmaier	Zeilemaier
Madelmaier	Posmaier	Stochmaier	Zuckmaier

5. Nichtlandwirtschaftliche Berufsnamen

Die Namen dieses Abschnittes werden mit dem ausdrücklichen Vorbehalt aufgeführt, daß bei einigen dieser Namen die Herkunft aus einem Berufe nicht fest nachgewiesen ist, sondern lediglich vermutet werden darf.

Amtsbezeichnungen:

Ammon	Verwalter der Ein-	Hauptmann	Jäger
= Amtmann	künfte	Richter	Hofmann
Kastner	Körner	Vogtsknecht	Zehrmeister
= herrschaftlicher	Kerner	Forstner	Schaffner
			Schranner

Holzbearbeitung:

Hauer	Zimmermann	Wagner	Spindler
Holzmann	Seger	Fornwagner	Kiener
Buchenwerker	Säger	Büttner	Stützer
Kohler	Schreiner	Schäffler	
Brenner	Drechsler	Binder	
Bechtrager	Tischner	Schindler	

Eisenbearbeitung:

Schmied	Schmidtigel	Kalteis	Faber
Schmidt	Schmidtgrebner	Übeleisen	= Schmied (lat.)
Schmitt u. ä.	Schmidtkunz	Blattner	Büxner
Bachschmidt	Schmidtpeter	Keßler	Sperer
Barkenschmidt	Schwarzmann	Geßler	Spörer
Braunschmidt	Eisentraut	Messerer	Sporer
Feldschmidt	Eyselein	Nagel	Spörlein
Hammerschmidt	Bauereisen	Schienagel	Zeiner
Spachschmidt	Fechteisen	Spannagel	
Schmiedel	Freßeisen	Weicknagel	
Schmidtiel	Kalzeisen	Hämmerlein	

Gastgewerbe:

Wirth	Brauer	Schröter
Jungwirth	Preuer	Wirthwein
Neuwirth	Prujer	Leibgab
	Preu	

Dazu aus Gasthofbezeichnungen:

Kaiser	Graf
König	Hausel
Herzog	

Sonstige Gewerbe:

Beck	Krügler	Schuchmann	Gaugeler
Bäck	Pappenscheller	Schuster	Hupfer (?)
Becker	Patermann	Bader	Kaufmann
Pysterer	Glaasner	Schneider	Kramer
Pfitzer	Kloßner	Burgschneider	Krämer
Pfister	Wechsler	Hosenknopf	Cremer
= Bäcker (lat.)	Schütz	Steinbrecher	Fischer
Lederer	Schauwerker	Maurer	Fischhaber
Fellhauer	Tagleber	Bauwerker	Huter
Gerber	Taglieber	Ziegler	Hafenrichter
Schuch	Trager	Geiger	Federer
Schuech	Treiber	Pfeifer	Krüger

Hierher sind wohl auch zu zählen die Namen:

Gromeister	Decker	Stopfer
Grameister	Schurer	Schapler
Leßmeister	Schaupner	Schnabler
Bögler	Störer	Setzer

und vermutlich noch manche andere, jetzt nicht mehr bekannte Berufsnamen.

Aus Personennamen entstandene Familiennamen

Eine verhältnismäßig nur geringe Zahl von Exulantennamen ist aus ursprünglichen Personennamen hervorgegangen, wie aus der nachfolgenden Aufzählung ersichtlich ist. Aber auch bei dieser Aufzählung muß immer noch mit der Möglichkeit gerechnet werden, daß einzelne Namen Herkunftsbezeichnungen oder Berufsbenennungen enthalten. Eine genauere Feststellung über die Ableitung der Namen könnte nur auf Grund eingehender Nachforschungen in österreichischen Kirchenbüchern und Archiven erfolgen. In diesem Sinne ist die nachfolgende Zusammenstellung aufzunehmen:

Adel	Bellmann	Breunvolk	Demert
Adelgaiß	Bengel	Brock	Demper
Aheuer	Bentz	Bubner	Dietlein
Aichhorn	Berchtold	Bülig	Dietel
Ailfer	Bernthold	Bulzel	Dietrich
Ainkricker	Berntoll	Bum	Dödel
Albrecht	Bernwolf	Burkhard	Dommel
Albrechs	Berschof	Bursch	Dondelmann
Anischel	Beysel	Busch	Dörrer
Angel	Biber	Büttel	Dörsch
Anschals	Bick	Caderich	Drähner
Appel	Bink	Carl	Drängel
Arholl	Biel	Carol	Dreßel
Arholt	Bilzel	Christmann	Drinkel
Ärtel	Bimann	Christoffel	Droschen
Ertel	Bindel	Cramel	Drügler
Aschler	Birzel	Cratt	Dunsward
Assum	Bizel	Croil	Dürr
Auffart	Bischof	Greul	Ebel
Autner	Bitter	Dangel	Eber
Backer	Blätel	Dankel	Eberhard
Baldt	Blätterlein	Daschner	Eckard
Barthel	Bletz	Dauer	Eckel
Basch	Blümbl	Daut	Eggel
Basel	Bögel	David	Eckerlein
Baßler	Boll	Dax	Eckmann
Bast	Brem	Dehmer	Eglof
Berrfokler	Brehm	Demas	Ehehalt
Bell	Breulein	Demel	Ehrhold

Ehehard	Geilhart	Hebwarter	Kahn
Ehard	Gelten	Heberlein	Kohn
Erhard	Genglen	Hechtel	Kuhn
Ehemann	Gengel	Heckel	Kämmerlein
Ehrmann	Gesell	Hedel	Kapfer
Eichhorn	Gessel	Heder	Käppl
Einfalt	Gierl	Heimb	Keppel
Eitel	Girbert	Helmreich	Köpel
Elfers	Girn	Hempel	Karl
Eltlein	Gischel	Herander	Karr
Emmert	Glantz	Hering	Kahr
Enderlein	Glottwich	Hermann	Kautz
Engelhard	Gmach	Hertel	Kazmann
Englisch	Göbel	Herzog	Kehr
Entelin	Köpel	Hetzner	Kern
Erckel	Gockel	Heuchelein	Kernstock
Ersproster	Goll	Heybler	Kipf
Eßproßer	Götz	Hcyl	Kißling
Eyschill	Götzel	Heyland	Klampfer
Ettel	Grad	Hickenober	Klient
Ezel	Gramelt	Hiesel	Knapp
Faust	Grärich	Hilbel	Knoll
Feiertag	Graß	Hillart	Knöller
Fenzel	Gräzel	Himpf	Kögert
Fessel	Greff	Hirsch	Konrad
Fetz	Greßlein	Hirschel	Kopp
Finz	Gretsch	Hochmann	Koppelt
Förschler	Greuel	Hösel	Korb
Förstel	Greyß	Höler	Kragel
Franz	Grimm	Holl	Kramel
Freidel	Gröbel	Hönig	Kromel
Freundel	Gröpel	Hopelt	Kranich
Frey	Grübel	Hopel	Krantz
Friedel	Grobmichel	Horntasch	Krauß
Friedlein	Grog	Horränderlein	Kraußer
Frodel	Gülich	Horrwarther	Krem
Fröhlich	Günzel	Hösch	Kreyß
Fröschel	Guth	Huhmann	Kreiß
Frühwirth	Gütlein	Huiß	Krieg
= Friebert	Haaß	Hunger	Kühnlein
Fuchs	Hack	Hüntlein	Külch
Füller	Hall	Jahn	Kurst
Fürbaß	Halm	Jankel	Kurz
Fürk	Händel	Jel	Kurzmann
Fürst	Harrer	Indger	Küßner
Gan	Hartel	Innermichel	Küßpart
Gaußrab	Haselt	Jobst	Küttel
Geider	Häslin	Jordan	Lachmann
Geier	Hebart	Jung	Länglin
Geiler	Hebert	Justel	Latteuer

151

Lechsel	Mürl	Rauh	Schätzlein
Lixel	Mirlein	Raum	Schaudi
Löxel	Nägelein	Redel	Schedel
Leiberd	Nathan	Riedel	Scheez
Leitsmann	Natter	Rüdel	Schein
Lendter	Nader	Reeg	Scheipel
Lew	Neckel	Rehel	Schenkel
Liebhardt	Neider	Reich	Schenz
Liedel	Nesterer	Reichard	Schepel
Limpert	Neudel	Reif	Scherl
Lipold	Neumann	Reinstel	Scherzel
Lippel	Neuner	Reinhard	Scheuerlein
Lödel	Neuser	Reinlein	Schiller
Löll	Noderer	Reiß	Schimpel
Lösch	Olm	Reuschel	Schindel
Lesch	Opitz	Riebein	Schlaff
Löschel	Örtel	Rindtmann	Schleicher
Lostin	Ertel	Rinerich	Schlor
Ludner	Ärtel	Rintel	Schmizel
Lügl	Ostertag	Rirer	Schmoll
Luimann	Parkfrieder	Rogängel	Schmuderer
Lukas	Parßlauf	Rockangel	Schneller
Lumpf	Paulus	Rohn	Schober
Lupf	Pauls	Rösch	Schöberl
Mahel	Pauli	Roth	Schöberlein
Mahler	Petz	Rothaupt	Schoff
Malebonn	Pfabel	Rothganger	Schön
Mang	Pfann	Rothlämb	Schramm
Mann	Pfeffer	Rüger	Schrammel
Marthold	Pfindel	Riecker	Schremel
Martismann	Pful	Rumpel	Schröder
Märtlein	Philipp	Runger	Schroz
Megelein	Pickel	Ronger	Schütter
Mehner	Pöhen	Ruppert	Schutzel
Meingast	= Böhm?	Reppert	Schwäger
Meller	Polz	Ruß	Schwarz
Merkel	Praub	Rüssel	Schweickhardt
Merklein	Preiß	Rutmann	Schwenk
Mettel	Prem	Safran	Seibold
Mörtel	Brehm	Salfner	Seidel
Mattel	Premel	Sam	Seydl
Metzner	Preuschel	Sanftzieher	Seil
Mockel	Rahn	Schachtl	Sesser
Model	Ramel	Schad	Seufried
Moidel	Ramler	Schatt	Seyßer
Moller	Ramolt	Schädel	Sichart
Morgner	Randel	Schalla	Sigel
Muck	Rappelt	Schalli	Simon
Mülterlein	Rabell	Schalt	Sinfalt
Münch	Rauch	Schatz	Six

Sommer	Thäl	Wartel	Wohlfahr
Speigner	Thum	Warter	Woldel
Sperl	Thumbhardt	Wegelin	Wolf
Steintzel	Traidel	Wehner	Wollesmann
Stephan	Tratner	Weichart	Wuden
Sterlein	Tremel	Weigel	Wurm
Stierlein	Trinkel	Weinhard	Wüstum
Steudel	Troger	Weiß	Zehm
Stiebel	Trost	Weißkern	Zeiger
Stieber	Urban	Wendel	Zerrer
Stigler	Urft	Wenk	Ziher
Stix	Valentin	Wenkler	Zischler
Stöber	Veit	Wey	Zitzelmann
Strauß	Vilhelg	Weymann	Zoller
Strobel	Vocker	Wieholl	Zorer
Stummer	Vogel	Wigel	Zülch
Sturm	Voitsteffan	Wild	Zürnhold
Stürmer	Volkmar	Wilhelm	Züster
Sühnlein	Volkner	Will	Zwaner
Sündel	Wabelt	Willand	Zweigel
Sutig	Wacker	Wieland	Zwing
Tacker	Wadel	Wimmel	
Tatschner	Waidmann	Winter	
Teufel	Wanderer	Wipfler	

Sogenannte Übernamen

Unter den Exulantennamen finden wir eine kleine Anzahl, die sich durch ihre eigentümliche Gestaltung als besondere Beinamen, als sogenannte Übernamen zu erkennen geben. Es mag schon unter den bisher aufgeführten Familiennamen sich mancher bei näherer Untersuchung als Übername ausweisen, wenn sie auch als solche sich nicht auf den ersten Blick zu kennen geben. Doch dürften die nachfolgenden Namen ziemlich sicher als solche gelten:

Bierwipfel	Lukatelkettner	Scheibenreif	Springindrosen
Eulnschink	Nagenranft	Scheuchenstuel	Stieglitz
Frühstück	Nimmervoll	Schießwalt	Stillkraut
Heuwetter	Obenaus	Schneeweiß	Strützel
Haurein	Ochsenkopf	Schönweiß	Stubenvoll
Harein	Ofenblaß	Schuldenzucker	Trinkfaul
Hörauf	Pfannenbutzel	Schüttelwolf	Unbehauen
Höra	Pfannziegel	Schwammenkrug	Ungericht
Kreuchauf	Ramschüssel	Schwanzer	Zenker
Kucknander	Rebhühnlein	Schwingenkrug	Zucker
Kurzenmantel	Rührnschopf	Schwingenschuch	Zwölfer
Lochstrümpfer	Rührschneck	Siebentritt	
Löchstrumpf	Schauenpflug	Silberweiß	

Slavische Namen

Es sind auffallend wenig Exulantennamen, die ihre Herkunft aus dem slavischen Sprachschatz verraten, obwohl doch im Norden des österreichischen Volksstammes die Tschechen und Slovaken wohnten und im Süden die Slovenen tief in das österreichische Alpengebiet eingedrungen waren. Muß man auch annehmen, daß die bisher aufgezählten Namen manchen slavischen enthalten, so bleibt doch ihre Zahl auffallend gering. Zu berücksichtigen ist freilich, daß in der Zeit, als die Familiennamen entstanden, die Germanisierung der in das deutsche Siedlungsgebiet eingedrungenen Slaven bereits so weit vorgeschritten war, daß es für diese nahe lag, auch deutsche Namen anzunehmen. Doch reicht auch das nicht zur Erklärung der Sachlage. Man wird vielmehr damit rechnen müssen, daß die slavische Bevölkerung weit weniger als die deutsche geneigt war, das große Opfer für den evangelischen Glauben zu bringen und die angestammte Heimat zu verlassen. Man beugte sich im allgemeinen willig der Gegenreformation, wobei auch mitgewirkt haben mag, daß der katholische Kultus an sich dem mehr gefühlsmäßig eingestellten Slaventum leichter zusagt als dem mehr vom Gewissen aus handelnden Deutschtum. Als slavisch dürften nachstehende Exulantennamen zu gelten haben:

Ablitz	Dapul	Marill	Ribnitz
Bartsch	Eylack	Morill	Robersch
Benkowitz	Famla	Mehlmartz	Sams
Bettschnitz	Fepsch	Melmack	Schlempi
Bezenka	Gastink	Metschel	Schurian
Biser	Habiz	Mitzim	Stahlbitznig
Blankolm	Hellperlin	Moßkan	Stalwitz
Blasink	Horitsch	Nabernick	Thus
Boderkel	Kahnwetsch	Offernick	Tuschin
= Bodechtel	Keßky	Padutschnick	Vaase
Briberneck	Kolfus	Paix	Warnick
Buschabeck	Kramel	Persin	Warneck
Muschweck	Kratel	Pirisch	Watzeck
Cametschky	Kubitz	Plasnick	Wurddack
Candutsch	Laschin	Polack	Ziß
Christalnig	Losnich	Posgiller	Ziska
Dallmick	Maleb	Recha	Zitschkin
			Zölß

Literaturverzeichnis

Das Literaturverzeichnis wurde vom Bearbeiter erstellt. Es enthält das von Rusam benützte und in der Erstauflage nur abgekürzt zitierte Schrifttum. Ergänzt wurde dieses durch wichtige ältere Werke und zahlreiche jüngere Arbeiten, die seither zum Thema erschienen sind. Dem Interessierten soll es damit ermöglicht werden, über ältere und neuere Forschungen Zugang zu Quellenmaterialien, aber auch zu aktuellen Ansätzen und Neubewertungen zu finden, die Rusams Untersuchung noch nicht kennen konnte. Vollständigkeit strebt es ausdrücklich nicht an.

Verwendete Siglen:

ADB   Allgemeine Deutsche Biographie, 56 Bde., Leipzig 1875 ff.
AK   Ausstellungskatalog.
AO   Archiv für Geschichte von Oberfranken, 1838 ff.
ARG   Archiv für Reformationsgeschichte, 1903 ff.
BbKiG   Beiträge zur bayerischen Kirchengeschichte, 1895–1925.
BlFF   Blätter für Fränkische Familienkunde, 1926 ff.
GFF   Gesellschaft für Familienforschung in Franken, Nürnberg.
JffL   Jahrbuch für fränkische Landesforschung, 1935 ff.
JGGPÖ   Jahrbuch der Gesellschaft für die Geschichte des Protestantismus in Österreich, 1886 ff.
LThK   Lexikon für Theologie und Kirche, 10 Bde., Freiburg i. Br. 1957–1968.
MIÖG   Mitteilungen des Instituts für österreichische Geschichtsforschung, 1880 ff.
NDB   Neue Deutsche Biographie, Berlin 1953 ff.
NF   Neue Folge.
ÖBL   Österreichisches Biographisches Lexikon 1815–1950, Graz–Köln bzw. Wien 1957 ff.
PRE   Realenzyklopädie für protestantische Theologie und Kirche, 24 Bde., 3. Aufl. Leipzig 1896–1913.
RGG   Die Religion in Geschichte und Gegenwart, 7 Bde., 3. Aufl. Tübingen 1957 ff.
ZbKiG   Zeitschrift für bayerische Kirchengeschichte, 1926 ff.

AK Der oberösterreichische Bauernkrieg 1626, Linz 1976.
AK Reformation – Emigration, Protestanten in Salzburg (Ausstellung Schloß Goldegg/Pongau), Salzburg 1981.
AK Wittelsbach und Bayern, Bd. II: Um Glauben und Reich, Kurfürst Maximilian I., ed. Hubert Glaser, München–Zürich 1980.
Andrian-Werburg, Klaus Frh. von: Die ersten Exulanten in Coburg – Zeichen der frühen Gegenreformation, in: Jahrbuch der Coburger Landesstiftung 25 (1980), S. 111 ff.
Barth, Georg: Verzeichnis der oberösterreichischen Exulanten im Bezirk des ev.-luth. Dekanats Thalmässing, in: Freie Schriftenfolge der GFF 14, Neustadt/A. 1962, S. 133 ff.
Barton, Peter F. (ed.): Im Zeichen der Toleranz, Aufsätze zur Toleranzgesetzgebung des 18. Jahrhunderts im Reiche Josephs II., Wien 1981.
Bosl, Karl (ed.): Handbuch der Geschichte der böhmischen Länder, 4 Bde., Stuttgart 1967–1970.
Buchinger, Erich: Die „Landler" in Siebenbürgen, Vorgeschichte, Durchführung und Ergebnis einer Zwangsumsiedlung im 18. Jahrhundert, München 1980.
Bossert, G[ustav]: Die Liebestätigkeit der evangelischen Kirche Württembergs für Österreich bis 1650, 2 Teile, in: JGGPÖ 25 (1904), S. 375 ff.; 26 (1905), S. 2 ff.
Clauß, Hermann: Ein Nürnberger Verzeichnis österreich. Emigranten vom Jahre 1643, in: BbKiG 13 (1907), S. 226 ff., 271 ff.
Clauß, Hermann: Oesterreichische und salzburgische Emigranten in der Grafschaft Oettingen, Nördlingen 1909.
Clauß, Hermann: Neue Verzeichnisse österreichischer Exulanten, in: BbKiG 19 (1913), S. 74 ff., 115 ff.
Clauß, Hermann: Österreichische Exulanten in Schwabach und Umgebung (Schwabacher Geschichtsblätter, 2), Schwabach 1927.
Clauß, Hermann: Österreichische und salzburgische Emigranten in der Ansbacher und Gunzenhäuser Gegend, Ansbach 1929.

Clauß, Hermann: Wie vollzog sich die Einwanderung der vertriebenen Österreicher in unserer Gegend und wie stark war sie?, in: Gröschel: Weißenburg, S. 52 ff.
Czerny, Albin: Bilder aus der Zeit der Bauernunruhen in Oberösterreich 1626, 1632, 1648, Linz 1876.
Czerny, Albin: Einige Blätter aus der Zeit der Gegenreformation in Oberösterreich, Linz 1884.
Czerny, Albin: Der zweite Bauernaufstand in Oberösterreich 1595–1597, Linz 1890.
Czerwenka, Bernhard: Die Khevenhüller, Geschichte des Geschlechtes mit besonderer Berücksichtigung des XVIII. Jahrhunderts, Wien 1867.
Dannheimer, Wilhelm: Österreichische (u. altbayerische) Emigranten im ehem. Gebiet der Herrn von Lentersheim auf Ober-Steinbach (Mittelfr.), in: Blätter des Bayerischen Landesvereins für Familienkunde 9 (1931), S. 76 ff.
Dannheimer, Wilhelm: Österreichische Exulanten in der Umgebung von Neustadt a. d. Aisch, in: Die Heimat Jg. 1942, Nr. 14–17.
Dannheimer, Wilhelm: Österreichische und altbaierische Emigranten in der Umgebung von Rothenburg, in: Die Linde 32 (1950), S. 22 f., 48; 33 (1951), S. 39, 61 ff., 78 f., 87 f.; 34 (1952), S. 4, 28, 68; 35 (1953), S. 7.
Dedic, Paul: Der Protestantismus in Steiermark im Zeitalter der Reformation und Gegenreformation (Schriften des Vereins für Reformationsgeschichte, 149), Leipzig 1930.
Dedic, Paul: Neue Quellen zur Geschichte des Protestantismus in Innerösterreich (Aus dem Raupachschen Nachlaß in der Hamburger Stadtbibliothek), in: ARG 39 (1942), S. 220 ff.
Dedic, Paul: Kärntner Exulanten des 17. Jahrhunderts, in: Carinthia I 136–138 (1948), S. 108 ff.; 139 (1949); S. 388 ff.; 140 (1950), S. 768 ff.; 142 (1952), S. 550 ff.; 145 (1955), S. 577 ff.; 147 (1957), S. 628 ff.; 150 (1960), S. 277 ff.; 154 (1964), S. 257.
Dippold, Th.: Oesterreichische Exulanten im Bayreuth-Kulmbacher Land, in: AO 36 (1952/54), H. 2, S. 194 ff.
Doblinger, Max: Österreichische Exulanten in Franken, in: Gröschel: Weißenburg, S. 19 ff.
Doblinger, Max: Die emigrierten Ragknitzer, in: Blätter für Heimatkunde 14 (1936), S. 62 ff.
Doblinger, Max: Der Protestantismus in Eferding und Umgebung bis zum Toleranzpatent, in: JGGPÖ 72 (1956), S. 31 ff.
Doeberl, Michael: Entwicklungsgeschichte Bayerns, Bd. I, München 1906.
Doppler, Caecilia: Reformation und Gegenreformation in ihrer Auswirkung auf das Steyrer Bürgertum (Dissertationen der Universität Wien, 135), Wien 1977 (= Phil. Diss. Wien 1968).
Dopsch, Heinz / Hans Spatzenegger (ed.): Geschichte Salzburgs, 3 Teile in 5 Bden., Salzburg 1981–1988.
Eder, Karl: Glaubensspaltung und Landstände in Österreich ob der Enns 1525–1602, Linz 1936.
Eichmeyer, Karl: Oberösterreichische Toleranzgemeinden in der josephinischen Zeit, in: Barton: Toleranz, S. 405 ff.
Eichmeyer, Karl / Helmuth Feigl / Rudolf Walter Litschel: Weiß gilt die Seel und auch das Guet, Oberösterreichische Bauernaufstände und Bauernkriege im 16. und 17. Jahrhundert, Linz 1976.
Fischer, Gerhard: Oberösterreichische Exulanten des 17. Jahrhunderts, Heimatgeschichtlicher Versuch, Linz 1933.
Florey, Gerhard: Bischöfe, Ketzer, Emigranten, Der Protestantismus im Lande Salzburg von seinen Anfängen bis zur Gegenwart, Graz–Wien–Köln 1967.
Florey, Gerhard: Geschichte der Salzburger Protestanten und ihrer Emigration 1731/1732 (Studien und Texte zur Kirchengeschichte und Geschichte, I/2), Köln 1977.
Foertsch, Emma: Register zu den Jahresberichten und Jahrbüchern des Historischen Vereins für Mittelfranken, in: Jahrbuch des Historischen Vereins für Mittelfranken 88 (1975/76), v. a. S. 21 f. (s. v. Österreich).
Fontana, Josef, u. a.: Geschichte des Landes Tirol, 4 Teile in 5 Bden., Bozen–Wien 1985–1988.
Franz, Günther: Der Dreißigjährige Krieg und das deutsche Volk, Untersuchungen zur Bevölkerungs- und Agrargeschichte (Quellen und Forschungen zur Agrargeschichte, 7), 3. Aufl. Stuttgart 1961.
Fuchs, Walther Peter: Das Zeitalter der Reformation (Gebhardt Handbuch der deutschen Geschichte, 9. Aufl.), München 1973.
Gennrich, P[aul]: Das Evangelium in Deutschösterreich und die Gegenreformation (1576–1630) (Schriften für das deutsche Volk, 6), Halle 1889.
Grieninger, Karl: Neustadt am Kulm, ein Zufluchtsort für protestantische Glaubensflüchtlinge im 17. Jahrhundert, in: Karl Pühl (ed.): Heimat um den Rauhen Kulm I, Neustadt am Kulm 1986.

Gröschel, Karl (ed.): Exulanten in Stadt und Bezirk Weißenburg und Dekanat Heidenheim (Weißenburger Heimatbücher, 9), Weißenburg i. B. 1935.
Gröschel, Karl: Die Exulantensammelstelle in Weißenburg in Bayern, Organisation und Ziel, in: Gröschel: Weißenburg, S. 56 ff.
Gröschel, Karl: Liste der in das heutige Bezirksamtsgebiet Weißenburg i. B. und in das heutige Dekanatsgebiet Heidenheim eingewanderten Exulanten, in: Gröschel: Weißenburg, S. 62 ff.
Gröschel, Karl: Exulanten in Franken, in: JffL 2 (1936), S. 80 ff.
Großner, Rudolf: Österreichische Exulanten, Salzburger Emigranten und Fremde im Gebiet des evangelisch-lutherischen Dekanats Erlangen und in den Gemeinden Heroldsberg und Vach, in: BlFF 10 (1971–78), S. 194 ff.
Großner, Rudolf: Exulanten und Ortsfremde im Gebiet des ehem. evang.-luth. Dekanats Münchaurach im 17. Jahrhundert, in: BlFF 10 (1971–78), S. 537 ff.; 11 (1979–83), S. 33 ff.
Grüll, G[eorg]: Die Matrikeln in Oberdonau, Linz 1939.
Gutkas, Karl: Geschichte des Landes Niederösterreich, 5. Aufl. St. Pölten 1974.
Gutkas, Karl: Geschichte Niederösterreichs, München 1984.
Haider, Siegfried: Geschichte Oberösterreichs, München 1987.
Hantsch, Hugo: Die Geschichte Österreichs, 2 Bde., 4. Aufl. Graz–Wien–Köln 1959.
Hausmann, Friedrich: Protestanten als Flüchtlinge in der Grafschaft Ortenburg, insbesondere im frühen 17. Jahrhundert, in: Helmut Maurer / Hans Patze (ed.): Festschrift für Berent Schwineköper, Zu seinem siebzigsten Geburtstag, Sigmaringen 1982, S. 537 ff.
Heilingsetzer, Georg: Der oberösterreichische Bauernkrieg 1626 (Militärhistorische Schriftenreihe, 32), Wien 1976.
Heilingsetzer, Georg: Die Bayern in Oberösterreich (1620–1628), Bayerische Pfandherrschaft, kaiserliche Gegenreformation und Aufstand der Bauern, in: AK Wittelsbach und Bayern, Bd. II/1, S. 416 ff.
Heller, Hartmut / Gerhard Schröttel (ed.): Glaubensflüchtlinge und Glaubensfremde in Franken, 26. Fränkisches Seminar des Frankenbundes 10.–12. Oktober 1986 in der Heimvolkshochschule Schloß Schney bei Lichtenfels/Ofr., Würzburg 1987.
Herrmann, P[aul] Georg: Österreichische Exulanten in den Kirchenbüchern von Neudrossenfeld, in: AO 36 (1952/54), H. 2, S. 192 f.
Herrmann, P[aul] Georg: Steiermärker Exulanten im nördlichen Frankenwald, in: AO 36 (1952/54), H. 2, S. 193 f.
Herrmann, Willy: Exulanten in der Hesselberggegend, in: BlFF 1 (1926–28), S. 112 ff.
Hetzelein, Georg: Franken in Kärnten – Kärntner in Franken, in: Die Stimme Frankens 30 (1964), S. 45 ff.
Hildmann, Otto: Die Vertreibung Evangelischer aus der Ortenburgischen Herrschaft Gegendt bei Villach in Kärnten, 1651, in: Memminger Geschichtsblätter 19 (1933), S. 35 ff., 41.
Hoensch, Jörg K.: Geschichte Böhmens, Von der slawischen Landnahme bis ins 20. Jahrhundert, München 1987.
Holzschuher, Karl / Paul Georg Herrmann: Exulanten in Hof, in: AO 36 (1952/54), H. 3, S. 18 ff.
Horand, Adalbert Heinrich: Österreichische Exulanten, in: Anzeiger für Kunde der deutschen Vorzeit NF 9 (1862), Sp. 316 ff., 353 ff., 393 ff., 433 ff.
Hübel, Ignaz: Die 1620 in Nieder- und Oberösterreich politisch kompromittierten Protestanten, in: JGGPÖ 59 (1938), S. 45 ff.; 60 (1939), S. 105 ff.
Huber, Alfons: Geschichte Österreichs, 5 Bde., Gotha 1885–1896.
Janssen, Johannes: Geschichte des deutschen Volkes seit dem Ausgang des Mittelalters, Bd. IV und V, Freiburg im Breisgau 1885 f.
Johansson, Joh[annes]: Österrikes Martyrkyrka, Några drag ur det evangeliska österrikes 400-åriga historia samt några minnen från resor i österrike somrarna 1927 och 1928, Linköping 1930.
Kaff, Brigitte: Volksreligion und Landeskirche, Die evangelische Bewegung im bayerischen Teil der Diözese Passau (Miscellanea Bavarica Monacensia, 69), München 1977.
Kitzmann, H.: Österreichische Exulanten in den westlich von Neustadt a. d. Aisch gelegenen Dörfern, in: Die Heimat Jg. 1942, Nr. 13 f.
Knapp, Albert: Oesterreichische Exulantenlieder evangelischer Christen aus der Zeit des dreißigjährigen Krieges, Stuttgart 1861.
Koch, J[acob] E[rnst]: Luther und das Landl, Bilder aus der Geschichte der evangelischen Kirche Oberösterreichs, Leipzig 1931.

Kolbmann: Exulanten in Nürnberg, Auszüge aus den Nürnberger Stadtrechnungen 1619–1649 (Familiengeschichtliche Schriften, 1), Schorndorf 1924.

Koller-Neumann, Irmtraut: Die Gegenreformation in Villach, in: Neues aus Alt-Villach 13 (1976), S. 7 ff.

Korb, Gerhard: Exulanten in der Umgebung von Neustadt a. d. Aisch (Die Fundgrube, 11), Regensburg 1957.

Kuhr, Georg: Österreicher, Franken, Schwaben u. a. in den Trauungsbüchern der evangelischen Neupfarrkirche in Regensburg 1640–1651, in: BlFF 10 (1971–78), S. 41 ff.

Kuhr, Georg: Waldviertler Exulanten in Deutschland, in: Das Waldviertel 25/36 (1976), S. 65 ff.

Kuhr, Georg: Österreichische Exulanten: Gründe der Auswanderung, Orte der Zuwanderung und Bedeutung für Franken nach dem Dreißigjährigen Krieg, in: Heller / Schröttel: Glaubensflüchtlinge, S. 161 ff.

Kuhr, Georg / Kilian Butz: Exulantenforschung mit niederösterreichischem Quellenmaterial aus dem Waldviertel und aus der Herrschaft Hausegg bei Gresten, in: BlFF 10 (1971–78), S. 9 ff.

Lehnert, Walter: Die oberösterreichischen Exulanten im ehemaligen Brandenburg-Ansbachischen Oberamt Stauf-Landeck, Versuch einer volkskundlich-historischen Eingliederungsforschung (Freie Schriftenfolge der GFF, 14), Neustadt/Aisch 1962.

Leistner, Georg: Exulanten in der ehemaligen Wolfsteinischen Grafschaft Sulzbürg-Pyrbaum, in: BlFF 10 (1971–78), S. 167 ff.

Lenker, Richard: Glaubensflüchtlinge im Kulmbacher Land, in: Geschichte am Obermain 14 (1983/84), S. 110 ff.

Lochner, [Georg Wolfgang Karl]: Oesterreichische Exulanten in Nürnberg, in: Anzeiger für Kunde der deutschen Vorzeit NF 3 (1855), Sp. 161 ff., 193 ff., 217 ff., 336.

Loesche, Georg: Zur Geschichte des Protestantismus in Ober-Österreich, in: JGGPÖ 45/46 (1925), S. 47 ff.

Loesche, Georg: Geschichte des Protestantismus im vormaligen und im neuen Österreich, 3. Aufl. Wien-Leipzig 1930.

Loserth, Johann: Die Reformation und Gegenreformation in den innerösterreichischen Ländern im XVI. Jahrhundert, Stuttgart 1898.

Loserth, J[ohann]: Akten und Korrespondenzen zur Geschichte der Gegenreformation in Innerösterreich unter Ferdinand II., 2 Teile (Fontes Rerum Austriacarum, 2. Abt. Bd. 58 und 60), Wien 1906/07.

Loserth, Johann: Zur steiermärkischen Emigration, Nach den Landrechtsakten des steiermärkischen Landesarchivs, in: JGGPÖ 38 (1917), S. 71 ff.

Lutz, Heinrich: Das Ringen um deutsche Einheit und kirchliche Erneuerung, Von Maximilian I. bis zum Westfälischen Frieden 1490 bis 1648, Frankfurt/M.–Berlin 1987.

Marsch, Angelika: Die Salzburger Emigration in Bildern, Weißenhorn 1977.

Mauer, Wilhelm: Österreichische Exulanten in Württemberg, in: Blätter für Württembergische Familienkunde 3 (1929), S. 113 ff.

Mecenseffy, Grete: Geschichte des Protestantismus in Österreich, Graz–Köln 1956.

Mecenseffy, Grete: Österreichische Exulanten in Regenburg, in: JGGPÖ 73 (1957), S. 131 ff.

Oberleitner, Karl: Die evangelischen Stände im Lande ob der Enns unter Maximilian II. und Rudolph II. (1564–1597), Nach handschriftlichen Quellen, Wien 1862.

Popelka, Fritz: Geschichte der Stadt Graz, Bd. 1, Graz 1959.

Raupach, Bernhard: Presbyterologia Austriaca Oder Historische Nachricht von dem Leben, Schicksalen und Schriften der Evangelisch-Lutherischen Prediger, welche in dem Ertz-Herzogthum Oesterreich unter und ob der Enns, von Zeit zu Zeit, bis zu der großen Reformation A. 1624 und A. 1627 im öffentlichen Lehr-Ammt gestanden [...], Hamburg 1741.

Reingrabner, Gustav: Protestanten in Österreich, Geschichte und Dokumentation, Wien–Köln–Graz 1981.

Reingrabner, Gustav: Aus der Kraft des Evangeliums, Geschehnisse und Personen aus der Geschichte des österreichischen Protestantismus, Erlangen 1986.

Reißig, Walter: Ungarndeutsche Exulanten in Coburg nach dem Dreißigjährigen Kriege, in: Jahrbuch der Coburger Landesstiftung 27 (1982), S. 109 ff.

Riedmann, Josef: Geschichte Tirols, München 1983.

Riezler, Sigmund von: Geschichte Bayerns, 8 Bde. Gotha 1878–1914; Bd. 1 in wesentlich veränderter 2. Auflage (in 2 Teilen) Stuttgart–Gotha 1927.

Schiffmann, Konrad: Historisches Ortsnamen-Lexikon des Landes Oberösterreich, 2 Bde., Linz 1935–1940.
Schiffmann, Konrad: Das Land ob der Enns, Eine altbaierische Landschaft in den Namen ihrer Siedlungen, Berge, Flüsse und Seen, 2. Aufl. München–Berlin 1922.
Schlosser, Fr[iedrich] Chr[istoph]: Weltgeschichte, 19 Bde., 27. Aufl. Berlin 1909.
Schnabel, Werner: Österreichische Exulanten in Nürnberg, Zur Geschichte der Reichsstadt im 17. Jahrhundert, Zulassungsarbeit Erlangen–Nürnberg 1985 (Typoskript).
Schnabel, Werner Wilhelm: „Der Exulanten Preiß", Gall von Racknitz im Nürnberg des 17. Jahrhunderts, in: Zeitschrift des Historischen Vereines für Steiermark 80 (1989), S. 39 ff.
Schnabel, Werner Wilhelm: Oberösterreichische Protestanten in Regensburg, Materialien zur bürgerlichen Immigration im ersten Drittel des 17. Jahrhunderts, in: Mitteilungen des Oberösterreichischen Landesarchivs 16 (1989).
Schoener, Edmund: Oesterreichische, salzburgische und altbayerische Einwanderer im Bezirk der heutigen evangelisch-lutherischen Diözese Pappenheim von 1630 bis 1750, in: BlFF 1 (1926/28), S. 1 ff.
Seefried, Otto: Geschichte des Marktes Gresten in Niederösterreich, Gresten 1933 (aktualisierte Neuauflage u. d. T.: 750 Jahre Gresten, Gresten 1982).
Simon, Matthias: Evangelische Kirchengeschichte Bayerns, Bd. 2, München 1942.
Simon, Matthias: Mathematik in der Kirchengeschichte, II: Zur zahlenmäßigen Stärke der Exulanteneinwanderung in Brandenburg-Ansbach, in: ZbKiG 30 (1961), S. 226 ff.
Spindler, Max: Handbuch der bayerischen Geschichte, 4 Bde. in 6 Teilen, 2. Aufl. München 1977–1981.
Stieve, Felix: Der oberösterreichische Bauernaufstand des Jahres 1626, 2 Bde., 1. Aufl. München 1891, 2. Aufl. Leipzig 1904.
[Strnadt, Julius]: Der Bauernkrieg in Oberösterreich, Linz 1925.
Stülz, J.: Geschichte des regulierten Chorherrenstiftes St. Florian, Linz 1835.
Sturmberger, Hans: Georg Erasmus von Tschernembl, Religion, Libertät und Widerstand, Ein Beitrag zur Geschichte der Gegenreformation und des Landes ob der Enns (Forschungen zur Geschichte Oberösterreichs, 3), Graz–Wien–Köln 1953.
Sturmberger, Hans: Kaiser Ferdinand II. und das Problem des Absolutismus, Wien 1957.
Sturmberger, Hans: Aufstand in Böhmen, München 1959.
Sturmberger, Hans: Adam Graf Herberstorff, Herrschaft und Freiheit im konfessionellen Zeitalter, Wien 1976.
Waldau, Georg Ernst: Geschichte der Protestanten in Oestreich, Steiermarkt, Kärnthen und Krain vom Jahr 1520 biß auf die neueste Zeit, Bd. 2, Ansbach 1784.
Wiedemann, Theodor: Geschichte der Reformation und Gegenreformation im Lande unter der Enns, 5 Bde., Prag–Leipzig 1879–1886.
Wopper, Joseph / Paul Georg Herrmann: Exulanten in Wunsiedel (einschließlich Soldaten), in: AO 37 (1955), S. 17 ff.
Wurm, Heinrich: Die Jörger von Tollet, Linz 1955.
Zeeden, Ernst Walter: Das Zeitalter der Glaubenskämpfe (Gebhardt Handbuch der deutschen Geschichte, 9. Aufl.), München 1973.
Zöllner, Erich: Geschichte Österreichs, Von den Anfängen bis zur Gegenwart, München 1961.

Abbildungsnachweis

Schutzumschlag: Privatbesitz. (Mit freundlicher Genehmigung durch Herrn Pfarrer Prof. Gerhard Florey, Salzburg, und das Amt der Salzburger Landesregierung).

Abb. 1: Privataufnahme. (Mit freundlicher Genehmigung durch Herrn Dr. Reinhard Rusam, Ansbach).

Abb. 2: Mit freundlicher Genehmigung des Verlages C. H. Beck aus: Kurt Reindel: Bayern im Mittelalter, München 1970, S. 146 f.

Abb. 3: Mit freundlicher Genehmigung des Verlages K. G. Saur aus: Eberhard Büssem / Michael Neher (ed.): Arbeitsbuch Geschichte, Neuzeit I Repetitorium, 4. Aufl. München u. a., S. 158 f.

Abb. 4: Landeskirchliches Archiv, Nürnberg (2° 1173).

Abb. 5: Mit freundlicher Genehmigung des Propyläen-Verlages aus: Heinrich Lutz: Das Ringen um deutsche Einheit und kirchliche Erneuerung, Von Maximilian I. bis zum Westfälischen Frieden 1490 bis 1648, Frankfurt/Main-Berlin 1987, S. 323.

Abb. 6: Mit freundlicher Genehmigung des Martin-Luther-Verlages aus: Gustav Reingrabner: Aus der Kraft des Evangeliums, Geschehnisse und Personen aus der Geschichte des österreichischen Protestantismus, Erlangen 1986, S. 35.

Abb. 7: Aus: Karl Eder: Glaubensspaltung und Landstände in Österreich ob der Enns 1525–1602, Linz 1936, Tafel 16.

Abb. 8: Mit freundlicher Genehmigung der Verlage Hirmer und R. Piper aus: AK Wittelsbach und Bayern, Bd. II/2: Um Glauben und Reich, Kurfürst Maximilian I., ed. Hubert Glaser, München-Zürich 1980, S. 318.

Abb. 9: Mit freundlicher Genehmigung des Böhlau-Verlages aus: Gustav Reingrabner: Protestanten in Österreich, Geschichte und Dokumentation, Wien-Köln-Graz 1981, S. 102.

Abb. 10: Mit freundlicher Genehmigung des Landratsamtes Roth aus: Heimatkundliche Streifzüge, Schriftenreihe des Landkreises Roth, Heft 1, 1982, S. 19.

Abb. 11: Mit freundlicher Genehmigung des Evangelischen Presseverbandes Wien aus: Dieter Knall (ed.): Auf den Spuren einer Kirche, Evangelisches Leben in Österreich, Wien 1987, S. 40.

Abb. 12: Mit freundlicher Genehmigung des Heeresgeschichtlichen Museums, Wien, aus: Georg Heilingsetzer: Der oberösterreichische Bauernkrieg 1626 (Militärhistorische Schriftenreihe, 32), Wien 1976, S. 43.

Abb. 13: Mit freundlicher Genehmigung des Verlages Gustav Fischer aus: Günther Franz: Der Dreißigjährige Krieg und das deutsche Volk, Untersuchungen zur Bevölkerungs- und Agrargeschichte (Quellen und Forschungen zur Agrargeschichte, 7), 3. Aufl. Stuttgart 1961, S. 71.

Abb. 14: Mit freundlicher Genehmigung des Evangelischen Presseverbandes Wien aus: Knall: Auf den Spuren einer Kirche, a. a. O., S. 37.

Abb. 15: Mit freundlicher Genehmigung des Böhlau-Verlages aus: Reingrabner: Protestanten in Österreich, a. a. O., S. 172.

Abb. 16: Aus: Hermann Gollub: Die Salzburger Protestanten, Wien-Leipzig 1939, Tafel 1.

Abb. 17: Mit freundlicher Genehmigung des Universitätsverlages Anton Pustet aus: Heinz Dopsch / Hans Spatzenegger: Geschichte Salzburgs, Bd. II/1, Salzburg 1988, S. 284.

Abb. 18: Mit freundlicher Genehmigung des Evangelischen Pfarramtes Wain. Die Aufnahme wurde durch Herrn Gerhard Köstler, Landeskirchliches Archiv Nürnberg, gemacht.

Register

Personenregister

Dieses Register enthält die im Text genannten Personen und Familien, nicht aber die im Anhang aufgeführten Exulantennamen, die dort nach namenkundlichen Gesichtspunkten geordnet sind.

Abkürzungen: Bf. = Bischof, Ebf. = Erzbischof, Ehg. = Erzherzog, Fst. = Fürst, Gf. = Graf, Hg. = Herzog, Hl. = Heiliger, Kf. = Kurfürst, Kg. = König, Ks. = Kaiser, Mgf. = Markgraf.

Adalbert, Mgf. der Ostmark 11
Agricola, Stephan 106
Albrecht I., Kg., Hg. von Österreich 11, 12
— II., Hg. 12
— IV., Hg. von Österreich 13
—, Ehg. von Österreich 51, 61
—, Kf. von Brandenburg 24
Alkhoffer, Christoph 33
Althan, von 64
Ameseder X
Angerholzer, Tobias 80
Anna von Österreich 51
Anzengruber, Ludwig 18
Attanger, Pangraz 33
August, Kf. von Sachsen 31
Aupöck, Hans 81
Ayden, Michael 33

Backmeister, Lucas 33
Bauernfeind 125
—, Hans 33
Baumann 125
Baumgärnter 125
Berger 124
Blank, Johann 115
Bodechtel X
Bonifatius, Hl. 14
Brahe, Tycho 39
Brandt, Kaspar 88
—, Thomas 88
Breuner, von 64
—, Seifried Leonhard von 75, 76
Bruckner, Anton 18
Bugenhagen, Johannes 24
Buquoy, Charles Bonaventura de Longueval, Gf. von 63

Calixtus 24
Calvin, Johannes 94
Canisius, Petrus 30, 36, 107
Capeller, Thomas 90
Caraffa, Carlo 94
Castner 125

—, Georg 115
Christiani di Rallo, Gerolamo Nicolo Antonio 109
Christoph, Hg. von Württemberg 31
Chyträus, David 32, 34
Clauß, Hermann X, XII, 113, 117, 121, 122
Codomann, Lorenz 117
Commendone, Giovanni Francesco 36
Corbinian, Hl. 14
Crailsheim, von 117
—, Friedrich Ernst von 117
—, Johann Ulrich von 117
Cronperger, Thomas 90
Czerny, Albin 13

Demmert, Magdalena 122
Derfflinger, Georg 122
Dietmair 45
Dietmar von Aist 17
Dietrich, Veit 35
Dietrichstein, von 57, 64, 116
Doblinger, Max 113
Döberl, Michael 5, 19
Dürer, Albrecht 17

Ebner-Eschenbach, Marie von 18
Eckel, Margarethe 121
Egkmülner, Philipp 33
Ehrengruber 125
Eichinger 125
Eleuterobius, Leonhard 24
Emmendörfer, Matthias 116
Emmeram, Hl. 14
Ensfelder X
—, Sara 115
Ennstalgau, Gfen. vom 12
Erdmannsdörfer 120, 124
Erhart, Regina 116
Ernst von Bayern, Ebf. von Salzburg 106
—, Ehg. von Österreich 39, 46, 51, 52, 54
Ettmeyer X

Fabricius 59
Fadinger, Stephan 73, 75, 79

162

Falbe, Georg 65
Felsensteiner 125
Ferdinand I., Ks. 21, 23, 25—27, 29—31, 34, 39, 51, 106
— II., Ks. 29, 44, 49—51, 53, 54, 59, 60, 62—66, 69, 73, 76, 81, 82, 84, 90, 92—94, 96, 112
— III., Ks. 84, 91, 98, 99
— I., Ks. von Österreich 98
—, Ehg. von Tirol 34, 49, 51
Flacius, Matthias 32
Flattich 122
Flußhardt, Jörg von 33
Frank, Johann 28
Franz I., Ks. 98
— II., Ks. 98
— I., Ks. von Östereich 98
Franz Anton Fst. von Harrach, Ebf. von Salzburg 109
Franz Joseph I., Ks. von Österreich 98
Frauenschlager 125
Freisleben s. Eleutherobius
Friedensheim 64
Friedrich II., Ks. 20
— III., Kg. 12
— V., Kf. von der Pfalz 59, 62
— der Streitbare, Hg. von Österrreich 11
— I., Gf. von Hohenzollern 10
Friedrich Wilhelm I., Kg. von Preußen 110
Frödl, Hans 71
Fuchs 125
Fürst, Wolf 71
Fux, Sebastian 81

Gabriel, Abt von Seitenstetten 96
Gennrich, Paul 44
Georg von Slatkonja, Bf. von Wien 24
— III. Stobaeus von Palmberg, Bf. von Lavant 52
Gera auf Waldenfels, von 82, 89
Gerengel, Simon 106
Geyer, von 64
Gneisenau, von 122
Goethe, Johann Wolfgang von 17
Grabner auf Rosenburg, von 27, 64
—, Leopold von 32
Grausgruber, Hans 81
Gregoritzky, von 64
Grillparzer, Franz 18
Grimoald, Baiernherzog 14
Gröschel, Karl X, XII, 113
Gruber 125
Grünauer, Georg 88
Grünbacher, Abraham 70, 71
Grundemann von Falkenberg, Konstantin 65, 84, 89
Grünthal, von 82
Güßberg, von 117

Gustav II. Adolf, Kg. von Schweden 85, 112, 114
Güstl, Jakob 36

Hackelberger von Höhenberg 64
Hackl, Ulrich 41
Häckl 125
Hagen, von 117
Hager von Altensteig 27
—, Wilhelm 71
Haintzl, Matthias 88
Haizenauer, Kilian 80
Halbmaier 125
Hametner, Maria 99
Hammerschmidt, Kaspar 117
Hammeter 125
Handl, Hans 88
Harrer 125
Hauff, Wilhelm 122
Hausleitner, Hans 80
Hayden, Christoph 81
Haydenreich, Andreas 36
Haydn, Joseph 18
Hegel, Georg Wilhelm Friedrich 122
Heinrich II., Ks. 9, 15
— II. Jasomirgott, Hg. von Österreich 11
Helmreich 124
Hemmeter 124
Herberstein, von 57, 82, 116
—, Andreas von 55
Herberstorff, Gf. Adam von 65—67, 70—77
Hermann von Altaich 18
Hermann der Cherusker 6
Hertel 125
Heubeck X
Hilleprandt, von 64
Himmelberger, Hans 80
Hinterleitner 125
Hippolyt, Hl. 15
Hochwanger, Christoph 81
Höber, Melchior 33
Hörlesperger, Tobias 71
Hoffmeister, Salomon 115
Hofinger 125
Hofkirchen, von 64
Hofmannn 81
—, Georg 80
Hohenfelder auf Aistersheim, von 82
—, Achaz von 33
Hohenthanner 125
Hollaweger 121
Holstein, Herzog von 76, 78
Holzinger 125
Holzmüller, Lazarus 80
Homberger, Jeremias 34
Hoß, Wolf 72
Hoyos, von 27

163

Huber, Alfons 5, 12, 22, 46, 79
—, Johannes 48
Hubmayer, Balthasar 25
Huetter, Georg 33
Hufnagel 125
Hundtsperger, Abraham 41

Igelspöck, Sara 98
Ignatius von Loyola 29

Johann Ernst von Thun, Ebf. von Salzburg 109
Johann Jakob von Khuen-Belasy, Ebf. von Salzburg 106
Jörger von Tollet 27, 82
—, Carl 117
—, Christoph 24, 27
—, Dorothea 27
—, Helmhard 44
—, Wolfgang 24, 33
Joseph I., Ks. 98
— II., Ks. 98, 101, 104

Kämbl, Matthias 109
Kär, Michael 88
Käser (Kaiser), Leonhard 25, 117
Kahr, Simon 99
Kammel s. Kämbl
Kaplan, Achaz von 33
Karl der Große, Ks. 8–10
— IV., Ks. 12
— V., Ks. 23, 51
— VI., Ks. 98, 101, 102
— VII., Ks. 98
—, Ehg. von Österreich 33, 34, 50, 51, 53, 54
Karl Gustav, Hg. von Pfalz-Zweibrücken 85
Kaunitz-Rietberg, Anton Wenzel von 101
Keller 125
Kepler, Johannes 34, 35, 54
Kepplinger 124
Kerner, Justinus 122
Khevenhüller, von 57, 70, 72, 83, 100, 116
Kirchhammer, von 82
Klesl, Melchior 40, 41, 44, 46, 50
Knoll 125
Koch, Jakob Ernst III. XII, 1
Königsmarck, Hans Christoph von 85
Kohlender, Georg 33
Kohn, Anna 115
Koler 125
Kollmann 125
Konrad von Scheyern 18
Kraus, Ursula 122
Kreller, Christoph 89
Krieg, Melchior 72
Kronberger X
Kronegk, von 117
—, Johann Friedrich von 117

Kropfinger, Max 33
Kuefstein, von 27, 64
Kuenringer 15
Künsberg, Christian Ernst von 117
Kürenberger, der 17
Kugler 125
Kurz, von 64, 72
—, Ferdinand Sigmund Gf. von 96
Kurz, Franz 72

Lachperger, Adam 71
Lamberg, von 57
Lamormain, Guillaume 52, 94
Landau auf Rappottenstein, von 27, 64
Laßberg, von 117
Lechner, Michl 88
Lehner 90, 125
Leidner 121
Leiß, Abt von Altenburg 96
Leitner, Thomas 88
Lempruch, von 61
Lenau, Nikolaus 18
Lengauer, Adam 116
Leopold I., Ks. 98
— II., Ks. 98
— von Österreich, Bf. von Passau 51
Leopold Anton Eleutherius von Firmian, Ebf. von Salzburg 109, 110
Leutner, Johann 71
—, Sigmund 89
Lieb, Gall 80
Limburger 124
Lindegg, von 64
Lindörfer 125
Linner 124
—, Sebastian 72
Linsenbühler X
Liutpold, Mgf. von Baiern 8
— I. von Babenberg, Mgf. der Ostmark 10
Lodinger, Martin 106
Loesche, Georg XII, 1
Losenstein, von 27, 82
—, Achaz von 33, 70
Loyola s. Ignatius
Ludwig der Bayer 12
Luther, Martin 24, 25, 27, 31, 35, 105, 106, 110, 111

Madlseder, Wolfgang 80
Mairhöfer 125
Malleolus, Johann 117
Mammer, Abraham 71
Mansfeld, Ernst II. Gf. von 59
Marbod, Kg. der Markomannen 5, 6
Marcus Sitticus von Hohenems, Ebf. von Salzburg 108
Marhoffer, Sara 98

Maria von Bayern 53
—, von Spanien 39
Maria Anna von Bayern 53
Maria Theresia, Ksin. 98, 101, 102, 104
Mark Aurel, römischer Ks. 6
Marpeck, Sigmund 88
Martin Brenner, Bf. von Seckau 52, 55, 56
Martinitz, Jaroslaw Gf. von 59
Matthäus, Johannes 35
Matthäus Lang, Ebf. von Salzburg 105, 106
Matthias, Ks. 29, 40, 41, 44, 46—50, 58, 59, 61, 62, 93
Maurer, Mert 90
Mayr, Balthasar 80
—, Tobias 80
Max Gandolf von Kuenburg, Ebf. von Salzburg 108, 109
Maximilian I., Ks. 23, 25
— II., Ks. 31, 33—36, 39, 47—49, 51, 53, 62, 93
— I., Hg. und Kf. von Bayern 52, 53, 59, 64, 65, 73, 83
— von Tirol, Ehg., Hochmeister des Deutschen Ordens 35, 51, 52
Medici, Giovanni Angelo 30
Megau, von 36
Megier, von 64
Meinetsberger X
Meinhard, Gf. von Görz 11
Meixner 125
Melanchthon, Philipp 31
Melchior Klesl, Bf. von Wien, s. Klesl
Melhorn, Benedikt 32
Mellenthein, von 64
Merakschi, von 27
Messerer 125
Meyerhöfer X
Michael, Abt von Gleink 43
Michael von Kuenburg, Ebf. von Salzburg 106
Minnameyer X
Mittenhuber, Johann 117
Mittermüller, Hans 89
—, Sigmund 89
Mollarth, von 27
Moser 125
Mozart, Wolfgang Amadeus 18
Müdtner, Johannes 115
Müller, David 71
Münzenrieder, Hans 94
—, Matthäus 94
Muschinger, von 64

Nader, Sebastian 71
Nebmayr, Martha 121
—, Rosine 121
Neubauer 125
Neuhaus, Georg von 33

Neuhödl, Hans 71
Nüdtner, Johann
Nütz, von 64

Odilo, Baiernherzog 14
Oelbauer, Melchior 72
Oellinger, Sara 99
Ortenburg, Johann Gf. von 56
Ortner, Mert 89
Ostermayr, Niklas 89
Otto I., Ks. 12
Ottokar II., Kg. von Böhmen 11, 21
— von Steier 18

Pappenheim, Gottfried Heinrich von 76—78
Paris Graf Lodron, Ebf. von Salzburg 108
Paur, Michael 71
Paurnösel, Georg 81
Pechschuster, Philipp 81
Perner, Georg 71
Petscher, Regina 116
Peurl, Sigmund 89
Pfenninger, Hans 89
Philipp II., Kg. von Spanien 51
Pinder, Leopold 72
Pius IV., Papst 30
Plank, Christoph 81
Plankenberger, Wolf 81
Podetl, Andre 36
Polheim, von 27, 82
—, Andreas von 33
—, Weikart von 44
Prändschuch, Thomas 88
Praunfalk, von 117
—, Anna Maria von 117
—, Eva Regine von 117
—, Hans Adam von 117
Preiner, Georg 71
Puchheim, von 27, 64
Puechmoidt, Adam 89
Pühringer 102
—, Joseph 103
Pürckstübner, Thomas 115

Raabs, Gfen. von 10
Racknitz, Gall von 117
Raindtmayr, Hans 89
Rall s. Christiani
Rauber, von 117
Rebegau-Poigen, Gfin. von 15
Rebel, Hans 90
Rechberg, Stephan 88
Redenbacher X
Regius, Urban 25
Reingruber 124
Reinmar von Hagenau 17

Reisenbuch 94
Reisinger 125
Reiter, Georg 81
Reuter, Christoph 32
Richner, Sara 116
Riezler, Sigmund von 5, 6, 8, 18
Ringel, Jakob 81
Rödern, von 82
–, Erasmus von 70
Römer, von 64
Roggendorf, von 27
Rohleder 125
Rosegger, Peter 18
Rudelsberger 125
Rudolf von Habsburg, Kg. 11, 21
– II., Ks. 39, 44, 46–48, 50, 51, 54, 58, 112
– II., Hg. von Österreich 11, 12
– IV.; Hg. von Österreich und Steiermark 12, 13
Rüdel, Anna 115
Rupert, Hl. 15, 20
–, Bf. von Worms 14
Ruprecht III. von der Pfalz, Kg. 12
Rusam X
–, Georg VII–IX, XIV–XVI
Ruß, Wolfgang 106

Salaburg, von 36
Sandperger 81
Satzinger, Philipp 88
Schaitberger, Josef 109
Schatt, Michael 115
Schaunberg, von 27
Scheiber, August 81
Scheichl, Hans 71
Scherer, Georg 30, 41, 43
Schick, Christoph 33
–, Thomas 28
Schiefer, Wolfgang 31
Schienagl 125
Schilling, Kaspar 24
Schlecht, Simon 90
Schlosser, Friedrich Christoph 47
Schönkirchen, Hans Wilhelm von 43
Schrambl, Hans 72
Schreibmüller XVI
Schromb 90
Schrotzberger X
Schweitzer, Matthäus 36
Schwenckh, Hans 72
Schwingenkrug, Susanna 99
Seeau, Gf. von 101
Seefried, Otto (Gf. von) 97
Segger, Narziß von 33
Seydl, Gall 116
Sichhartner 124
Sigmund, Kg. 12

Simon, Matthias XI, XIII
Sinzendorf, von 27
Slawata, Wilhelm Gf. von 59, 60
Sonderndorf, von 64
Spat, David 76, 81
Speidel, von 122
Speratus, Paul 24, 25, 105
Sperl, August XV
Spindler von Hofegg, Johann Baptist 65
Sprintzenstein, von 36, 64
Stadel, von 64
Stadlhuber, Josef 103, 104
–, Magdalena 103
Stamminger 125
Starhemberg auf Albrechtsberg, von 23, 27, 64, 82
–, Erasmus von 44
–, Gotthart von 42
–, Gundacker von 33
–, Heinrich Wilhelm von 82
–, Reichart von 44
Stauf, von 122
Staupitz, Johann von 105
Stauß, Jakob 106
Steiniger, Hans 90
Steininger, Helena 90
Stermüller, Hans 90
Stettner von Grabenhoff, Marie Susanne 117
Stieve, Felix 22, 80
Stifel, Michael 27
Stifter, Adalbert 18
Stiller, Sebastian 117
Stockhorner von Starein 27
Strattner, Christoph 71
Strauß, Jakob 25
–, Richard 18
Steicher, Hans 71
Streun zu Schwarzenau, Reichart von 31
Stricker, Der 17
Strizel, Hans 81
Strnadt, Julius 79–81
Strobel 125
Strohmair, Tobias 71
Stromberger, Sigmund 88
–, Thomas 90
Stromer 125
Stubenberg, von 57, 117

Talienskar von Glänegg 122
Tauber, Kaspar 25
Teuffel, von 27, 64, 117
Teuffenbach, von 117
Thalhoch von Falkenstein 15
Thanner, Hans 33
Theodo, Baiernherzog 14
Thomas Hren, Bf. von Laibach 56
Thonradl, von 64

Thurn, von 64
—, Heinrich Matthias Gf. von 57, 63
Tiechler, Sebastian 71
Tilly, Johannes Tserclaes Gf. von 59, 63, 85
Traun, von 117
Trauttmansdorf, von 57
Trepta 36

Underholzer, von 64
Urlsperger, Samuel 110

Vätterer, Elias 81
Venier 83
Vischer, Hans 80
Völderndorff, von 117
Vogel, Georg 87
Vogelhuber 125
Volkersdorff, von 27, 82, 117
—, Hans Caspar von 33
Vorauer 80

Walther von der Vogelweide 17
Weger 124
Weingartner 125
Welser, Philippine 34
Wenzel, Kg. 12
— III., Kg. von Böhmen 12
Wiellinger, Achaz 75, 80
Wiesinger X, 125

Wiguleus Fröschl von Marzoll, Bf. von Passau 23
Wildgans, Anton 19
Wilhelm V. der Fromme, Hg. von Bayern 52
—, Georg 71
Windhag, von 64
—, Joachim von 96
Windischgrätz, von 57, 117
Winfried s. Bonifatius
Wittigonen 10, 15
Wolf Dietrich von Raitenau, Ebf. von Salzburg 45, 107
Wolfram von Eschenbach 17
Wolkenstorfer 124
Wolzogen, von 64, 122
Wrangel, Carl Gustav 85
Wurm, Wolfgang 81
Wurmbrand, von 64, 117
Wurzinger 124

Zansinger X
Zelking, von 82, 89
Zeller, Christoph 73—75, 79
—, Matthias 115
Zeuß, Kaspar 5
Ziegler, Benedikt 88
Zimmermann, Hans 89
Zinzendorf, von 94, 96, 117, 122
—, Hans Friedrich von 43
Zocha, von 117

Ortsregister

Admont 9, 55
Aha 120, 121
Aigen 35, 45, 76
Aistersbach 81
Alberndorf 113
Albrechtsberg 64
Altdorf 116
Altenburg 15, 96
Altenfelden 42, 125
Altmelon 119
Ansbach XV, 114, 116, 117, 120
Ansfelden 18
Arbesbach 32, 95, 119, 120
Aschach 42, 74
Attnang 118
Augsburg 25, 26, 68, 69, 107, 111
Aussee 55

Bad Hall 81
Ballstadt 115
Bamberg 9, 46, 83
Basel 25
Baumgarting 71
Bayreuth 114, 117
Berchtesgaden 9
Bergen 116
Bergham 71
Borsbach 116
Braunau 58
Breiteneich 35
Breitenfeld 85
Brodswinden 114, 120
Bruck 27, 33
Brunnwald 99
Buhlsbach 115

Castell 114
Cilli 55
Claffheim 114

Dachau 5
Deßmannsdorf 114
Dorf 71
Dorf an der Pram 81
Dürnkrut 11

Ebelsberg 75
Eferding 27, 42, 67, 76, 79, 81, 91, 116
Eggenburg 3
Egnern 71
Eisenerz 55
Els 31

Engelhartszell 10
Enns 14, 33, 41, 67, 68, 74, 75, 81
Ennsdorf 69
Erkapollingen 72
Erlangen XV
Eschelberg 85
Ettenstadt 116
Eyb 122

Feistritz 8
Flachslanden 116, 120
Frankenburg 70, 71, 87, 99
Frankenmarkt 9
Freising 9, 14, 20
Freistadt 33, 37, 48, 67, 69, 74, 78, 87, 116, 118

Gallneukirchen 100
Gars 96
Gastein 106, 107
Geiersberg 78
Geras 15
Gleink 43
Gloggnitz 8
Gmunden XV, 24, 33, 49, 67, 77–81, 100
Gobelsburg 31
Gösseldorf 114
Göttweig 15, 65
Goisern 103
Goldwörth 87
Gottsdorf 48
Gramastetten 36, 85, 86, 115, 118, 120
Graz 8, 14, 28, 33–35, 51–55, 113
Gräfenbuch 115
Gresten 43, 94, 96, 97, 99, 120
Griesbach 95
Grieskirchen 27, 42, 74, 80
Gröbming 55
Großgerungs 119
Günzburg 59
Gunskirchen 79
Gunzenhausen XII, 117, 120
Gurk 14

Haag 63, 78
Hag 102
Haibach 73, 76, 81
Hall 5, 25, 49, 106
Hallein 108
Hallstatt 5, 45, 103
Haslach 45, 76, 78
Hausham 71–73
Hehenberg 81

Heideck 119
Heilsbronn 117
Helbertschlag 90
Hermannstadt 104
Hernals 44, 93
Herrieden 9
Hilpoltstein 119
Hirschbronn 114
Hofkirchen 76
Hohenfurt 15
Horn 3, 4, 30, 35, 49, 62—64, 96

Iglau 25
Imbach 36
Ingolstadt 25, 41, 51, 52
Innsbruck 22, 23, 28, 29, 35
Inzersdorf 44, 93, 95
Irnding 118
Ischl 5, 45, 103

Judenburg 34, 54, 55

Kalham 81
Kamegg 96
Kefermarkt 17
Kerschbaum 75, 90
Kirch in Aich 118
Kirchberg 118
Kirchdorf 46, 88
Kitzbühel 49
Klagenfurt 3, 14, 33—35, 54, 56
Klostergrab 58
Königshofen 122
Korneuburg 4
Krems 3, 4, 30, 32, 35, 40, 41, 48
Kremsegg 103
Kremsmünster 9, 15, 74, 103
Külbingen 114

Lärndorf 88, 89
Laibach 33, 34, 54, 56
Lambach 76, 102
Landshag 78
Langenlois 3
Langheim 15
Langschlag 119
Lasberg 75, 81
Laufen 103
Lauingen 59
Lavant 14, 52, 105
Lehrberg 115, 120
Leibnitz 8
Leipzig XV
Lembach 74, 79, 95
Leoben 3, 33
Leonfelden 28, 36, 78, 115, 118

Leopoldschlag 100
Lest 8
Leutershausen 95
Liegling 115
Lienz 49
Lilienfeld 15, 96
Lindau 69, 83
Linz 5, 15, 28, 29, 33, 35, 42, 45, 49, 63, 65, 67, 68,
 70, 74—76, 80, 81, 88, 91, 92, 102—104, 116
Loosdorf 35
Lorch 5, 14
Loreto 52, 54
Losenstein 80
Losensteinleithen 70
Lungitz 8

Marburg 3, 14, 33
Maria Laach 48
Maribor 3
Marienwerder 24
Mauthausen 78
Melk 15, 35
Meran 49
Messern 35
Millstatt 33
Mondsee 9, 15
Moospolling 118
Mosgiel 118
München X, 18
Münster 86, 90
Münzbach 78

Natternbach 80
Nennslingen 120
Neuburg an der Donau 73
Neufelden 74
Neuhaus 75
Neuhofen 122
Neukirchen 71, 114, 118
Neukirchen am Wald 78, 79, 81
Neumarkt 80, 90
Neuötting 106
Niederaltaich 9
Niederhausegg 43
Niederwaldkirchen 124
Nördlingen 112, 114
Nürnberg 1, 69, 83, 85, 101, 107, 109, 114, 116, 117

Oberneukirchen 28, 36, 86, 87, 120
Obernonndorf 31
Obertraun 100
Oberweißenbach 30, 87
Ödenburg 85
Oettingen 114
Offenbau 116
Olmütz 25

169

Ortenburg 66, 85, 87, 99, 114, 115, 119
Orth 73, 104
Osnabrück 86, 90
Ottensheim 29, 74, 83, 118

Pappenheim 114
Parz 73, 80
Passau 4, 5, 9, 14, 15, 20, 23, 25, 45, 60, 76, 83
Passberg 90
Peilstein 76
Pernstein 73
Peuerbach 42, 74, 78, 79, 115, 119
Peunt 71
Pfaffenhofen 5
Pfaffing 72
Pfarrkirchen 120
Pflaumfeld 122
Pfofeld 116, 121
Pinsdorf 77, 78
Prag 12, 29, 39, 45, 46, 63, 85, 112, 114
Prendt 90
Preßburg 85
Puchheim 73, 102
Pürstein 85
Pulgarn 29, 83

Raab 25
Raabs an der Thaya 4
Raiding 115
Rappottenstein 35, 64, 97, 119
Rattenberg 106
Regensburg 1, 7, 9, 11, 14, 15, 18, 20, 66, 69, 83, 87, 99, 102, 110, 114, 119
Reichenau 65, 82, 86
Reichenthal 81, 87—89
Reinwartshofen 116
Retz 62
Reuth 118
Ried 63
Riedau 42, 80
Rohrau 18
Rohrbach 42, 70, 74
Rom 14, 52, 109
Rosenburg 64
Rostock 32, 34
Rothausen XV
Rothenburg o. T. 106, 115
Rottenmann 27, 55
Ruhsam XV
Rutzing 88

Sachsen XV, XVI
Sachsenberg 9
Salzburg 1, 3, 9, 14, 15, 18, 20, 45, 105—108, 110, 111
Sarleinsbach 74, 76

Saxen 9
Schärding 26
Schalkhausen 115
Schaunburg 74
Schladming 27, 55
Schlägl 15, 45, 70, 76, 92
Schmalkalden 35
Schönau 48, 118
Schörffling 37
Schwabach XV
Schwarzach 110
Schwaz 25
Schweinfurt 10
Seckau 14, 52, 105
Seitenstetten 15, 96
Sierning 41
Spitz 10, 32
St. Agathen 73, 74, 79
St. Bernhard 30
St. Florian 9, 15, 23, 28, 72, 74
St. Georgen im Attergau 125
St. Germain en Laye 1
St. Martin 87
St. Michael 31
St. Oswald 45
St. Peter am Wimberg 42, 118
St. Pölten 3, 10, 15, 42
St. Veit 53, 118
Stein 30, 48
Steinbach 114
Steinbühl 100
Steyr 3, 12, 24, 28, 33, 40, 42, 43, 49, 68—70, 80, 81, 119
Steyregg 29, 80

Taufkirchen 120
Tegernsee 9
Thalheim 120
Thalmannsfeld XV
Thalmässing 116, 120
Tragwein 81
Traunkirchen 29, 83, 102
Trient 36
Tulln 3

Ulm 69, 83, 106, 114
Unterrodbach XV
Unterrottmannsdorf 114
Urfahr 74

Venedig 28
Villach 3, 54, 56
Vöcklabruck 33, 67, 68, 78, 91, 120
Vöcklamarkt 71
Völkermarkt 53
Vösendorf 44, 95

Volkersdorf 114
Vorderweißenbach 98, 99

Waidhofen an der Thaya 30, 48
Waidhofen a. Ybbs 97
Waizenkirchen 25, 26, 74, 79, 117, 118
Waldburg 88, 89
Waldenfels 88, 89, 116
Waldkirchen 115
Wallern XII, 102
Wartberg ob der Aist 87, 125
Wehleiten 71
Weinberg 89
Weißenbach 115, 118
Weißenburg X, XII, XV, 114, 116
Weißenkirchberg 95
Weißenkirchen 31
Weitra 48
Wels 3, 5, 33, 67, 68, 76, 91, 107
Werffen 107, 110

Wesenufer 76
Wien 1, 3, 4, 11, 14, 15, 17, 18, 24, 25, 28, 29, 40, 41, 43, 44, 47, 49, 62, 64, 66, 72, 105, 110
Wiener Neustadt 3, 15
Wiesenfeld 95
Wilhering 15, 28, 30, 36, 87, 88
Windischgarsten 118
Windischgrätz 27, 55
Windsfeld 121
Wirnsdorf 115
Wittenberg 24, 27, 28, 31, 105
Wolfartswinden 114
Wolfsegg 78
Worms 30
Würzburg 17, 24

Ybbsitz 97

Zell 78, 118
Zwettl 15, 36, 42, 44, 45, 88, 99, 119, 120